"十四五"时期国家重点出版物出版专项规划项目

智能建造理论·技术与管理丛书

国家自然科学基金重大项目课题

"结构服役性能演化机理与寿命智能预测方法"（52192664）

地铁全寿命周期安全风险智能分析、诊断及应用

主　编　周　诚　　王　帆　　方　琦

副主编　李成谦　　余宏亮　　陈丽娟

参　编　余群舟　　陈　健　　刘文黎　　覃文波

　　　　宫培松　　莫志刚　　董　超

主　审　岳清瑞

U0359658

机械工业出版社

本书基于国家数字建造技术创新中心逾十年来的研究与实践，从安全风险的角度，结合智能化方法，系统地阐述了地铁工程建设项目全寿命周期中存在的风险特征、影响因素、分析方法和演化规律，并结合理论模型给出了管理方法和应对策略。本书详细介绍了地铁工程全寿命周期安全风险智能管理的相关内容，主要包括绪论、地铁工程全寿命周期安全风险特点与智能分析方法、设计阶段的安全风险智能识别、施工阶段的安全风险智能分析、运营阶段的安全风险智能诊断、地铁工程全寿命周期安全风险分析诊断实践及总结与展望。

本书可作为普通高等学校工程管理、智能建造、土木工程和交通工程等相关专业本科生或研究生的参考书，也可供相关科研与工程技术人员使用。

图书在版编目（CIP）数据

地铁全寿命周期安全风险智能分析、诊断及应用／周诚，王帆，方琦主编. -- 北京：机械工业出版社，2024. 12. --（智能建造理论·技术与管理丛书）.
ISBN 978-7-111-77325-2

Ⅰ. U231-39

中国国家版本馆 CIP 数据核字第 2024YF8251 号

机械工业出版社（北京市百万庄大街 22 号　邮政编码 100037）
策划编辑：林　辉　　　　　　责任编辑：林　辉　宫晓梅
责任校对：韩佳欣　刘雅娜　　封面设计：张　静
责任印制：常天培
固安县铭成印刷有限公司印刷
2025 年 1 月第 1 版第 1 次印刷
169mm×239mm · 14.25 印张 · 289 千字
标准书号：ISBN 978-7-111-77325-2
定价：78.00 元

电话服务　　　　　　　　　　网络服务
客服电话：010-88361066　　机 工 官 网：www.cmpbook.com
　　　　　010-88379833　　机 工 官 博：weibo.com/cmp1952
　　　　　010-68326294　　金 书 网：www.golden-book.com
封底无防伪标均为盗版　　机工教育服务网：www.cmpedu.com

前　言

　　近年来，我国地铁新线路的建设和运营规模均保持了较高的增长速度。地铁建设快速发展的同时也带来了一系列安全挑战，主要包括复杂的地质条件、高度密集的城市布局以及庞大的乘客流量等。这些因素相互作用，不但显著增加了地铁工程的安全风险，而且加剧了风险分析诊断的复杂性和不确定性。因此，有效的安全风险分析诊断成为确保地铁工程顺利实施的关键环节。通过系统地识别和分析潜在风险，并采取相应的预防和缓解措施，不仅能有效降低安全风险，还为地铁工程的安全运行和广大乘客的安全提供坚实保障。在当前地铁建设快速发展的背景下，高效风险分析诊断显得尤为重要，它确保了地铁工程的顺利进行，为城市交通的稳定运行提供了坚固基础。

　　在地铁工程设计阶段，主要安全挑战源于对设计方案中潜在安全风险的识别能力不足，包括专业人才短缺、安全知识积累与共享不充分。在针对设计方案进行风险识别的过程中，传统方法由于具有较大工作量与人工易出错的特点，往往难以达到理想的效果。施工阶段所面临的挑战更为严峻，既包括地下工程的高难度、复杂的水文地质条件和较差的城市施工环境等客观物理因素，又包括从业人员文化水平较低、安全意识不足及技术经验缺失等人为管理因素。这些相互交织的因素共同加剧了施工阶段发生事故的可能性。运营阶段面临的挑战则包括设备老化、维护保养不到位、周边环境和自然因素的影响、技术更新带来的问题、人为操作失误以及管理体系的缺陷等。

　　信息技术的快速发展，特别是人工智能、大数据分析、物联网等技术的应用，为地铁安全风险分析诊断提供了新的工具和方法。这些技术不仅提升了风险识别的准确性和效率，还为风险预防和应对提供了更有效的手段。在地铁工程的复杂性面前，传统的管理模式逐渐显露出其局限性，迫切需要探索和应用新的风险识别与管理工具。智能化工具的应用不仅改变了地铁工程的传统管理方式，还为全寿命周期安全风险的智能化管理提供了更全面、深入的解决方案。因此，整合各种智能工具和分析模型对提升地铁安全风险管控水平至关重要。

　　本书每一章都围绕地铁安全风险分析诊断的不同方面展开，相互之间联系紧密，形成一个完整的理论和实践框架。

第1章为绪论，概述了地铁建设的现状、安全事故及原因，并强调了安全风险分析诊断的意义，同时探讨了安全风险分析理论发展进程和诊断智能化发展趋势。

第2章着重于介绍地铁工程全寿命周期安全风险特点与智能分析方法，包括风险的基本概念和风险模型的智能化分析方法。

第3章深入分析设计阶段的安全风险智能识别，讨论了理论方法、智能识别算法、智能推理机制及智能识别系统。

第4章聚焦于施工阶段的安全风险智能分析，包括风险建模基础、仿真模型、安全组织管理模型和智能分析模型。

第5章关注运营阶段的安全风险智能诊断，涉及地铁运营安全风险、隧道结构安全风险智能诊断模型以及信号系统运营维护管理模型。

第6章通过实际案例展现地铁工程全寿命周期安全风险分析诊断的实践过程。

第7章总结全书，并展望未来研究的方向和发展趋势。

本书系统地分析了地铁安全风险分析诊断的理论和方法，但还存在一些不足之处。例如，部分理论可能需要更多的实证研究来进一步巩固和扩展其应用范围，新兴智能技术的应用可能需要考虑实际操作中的成本和实施难度等。未来的研究可以聚焦于这些不足之处，进一步优化地铁安全风险分析诊断的理论框架和实践方法，同时探索新的技术和策略，以应对不断变化的挑战。

本书中的案例资料多数来自所在章节执笔人主持或参与的实际项目，在此对所有资料提供者和原创者表示感谢。同时，特别感谢岳清瑞院士对本书的精心审阅；感谢马舒凡、高明、王天一、滕哲、吴浩在相关资料收集、整理、校对等方面提供的大力帮助；特别感谢机械工业出版社为本书所做的大量策划与组织工作。

本书出版得到了国家自然科学基金重大项目课题"结构服役性能演化机理与寿命智能预测方法"（项目批准号52192664）、面上项目"考虑地质空间随机变异特征的盾构推拼同步协同优化"（项目批准号72271105）以及"工程安全风险误警致因机理与智能预警方法研究"（项目批准号72171092）的支持！

期望本书能对地铁全寿命周期中的安全风险问题提供智能化的解决方案，为地铁风险的及时预警、有效管理和预防提供理论和实践帮助。由于编者水平有限，书中难免存在不当之处，衷心希望各位读者给予批评指正。

编　者

目　录

第1章 绪 论

1.1 地铁建设项目发展

1.1.1 地铁建设现状

20世纪60年代以来，我国人口急剧增长。随着人民受教育程度的不断提高以及各种资源向城市的富集，大量人口涌入城市，造成了城市人口的大幅度增长。人们日益增长的出行需求为城市的路面交通带来了巨大的压力。地铁使得人们的出行由地面向地下转移，大大缓解了地面交通的拥堵。所以，地铁建设是21世纪我国解决城市交通问题的必由之路。尽管我国在地铁建设方面起步较晚，但近年来，我国地铁系统的建设与运营规模持续扩张，新线路建设的速度维持在一个高水平上。据2022年数据，上海和北京分别以825km和783km的轨道交通运营里程位居全球城市轨道交通运营里程的第1位和第2位。2022年全国轨道交通运营数据见表1-1。

表 1-1 2022 年全国轨道交通运营数据表

序号	城市	轨道交通项目运营里程/km	轨道交通运营线路条数
1	上海市	825.0	20
2	北京市	783.0	27
3	广东省广州市	609.8	18
4	四川省成都市	557.8	13
5	广东省深圳市	528.4	16
6	浙江省杭州市	516.0	12
7	湖北省武汉市	478.6	14
8	重庆市	434.6	10
9	江苏省南京市	428.5	13
10	山东省青岛市	293.1	7
11	天津市	286.0	8

（续）

序号	城市	轨道交通项目运营里程/km	轨道交通运营线路条数
12	江苏省苏州市	254.2	7
13	陕西省西安市	252.6	8
14	河南省郑州市	233.0	8
15	辽宁省沈阳市	216.7	10
16	辽宁省大连市	212.6	5
17	湖南省长沙市	209.1	7
18	浙江省宁波市	182.3	6
19	云南省昆明市	165.9	6
20	安徽省合肥市	153.6	5
21	江西省南昌市	128.5	4
22	广西壮族自治区南宁市	128.2	5
23	江苏省无锡市	110.8	4
24	福建省福州市	110.7	4
25	吉林省长春市	106.7	5
26	福建省厦门市	98.4	3
27	广东省佛山市	86.6	5
28	山东省济南市	84.1	3
29	黑龙江省哈尔滨市	78.1	3
30	贵州省贵阳市	74.4	2
31	河北省石家庄市	74.3	3
32	江苏省徐州市	64.1	3
33	江苏省常州市	54.0	2
34	浙江省温州市	52.5	1
35	内蒙古自治区呼和浩特市	49.0	2
36	浙江省绍兴市	47.1	2
37	安徽省芜湖市	46.2	2
38	河南省洛阳市	43.5	2
39	江苏省南通市	38.5	1
40	广东省东莞市	37.8	1
41	新疆维吾尔自治区乌鲁木齐市	26.8	1
42	甘肃省兰州市	25.5	1
43	山西省太原市	23.3	1
44	江苏省淮安市	20.1	1
45	江苏省句容市	17.3	1
46	浙江省嘉兴市	13.8	1

（续）

序号	城市	轨道交通项目运营里程/km	轨道交通运营线路条数
47	云南省文山市	13.4	1
48	甘肃省天水市	12.9	1
49	海南省三亚市	8.4	1
50	江苏省昆山市	6.0	1

"十二五"期间我国加快了综合交通运输枢纽的建设，累计投入约 38000 亿元人民币用于轨道交通的建设中，建成总里程达 7395km。"十三五"期间，越来越多的二三线城市也纷纷进入地铁建设的高峰期。同时，北京、上海、广州、深圳、天津这五个一线城市也大规模地扩展城市轨道交通网络建设。据统计，2022 年全国进行地铁修建施工的城市有 38 座，线路总计 217 条，里程总计 4933km。

截至 2023 年底，地铁运营线路总里程为 8543.11km，占城市轨道交通总里程的 76.11%，地铁在我国城市轨道交通中占主导地位。

1.1.2　地铁建设安全事故及原因

随着地铁的高速发展，地铁工程的事故数量也频频增加。地铁工程具有施工技术复杂、不可预见致险因素多、社会环境影响大等特点。地铁建设项目与一般地面工程相比有以下几个显著特点：首先是建设规模巨大，通常涉及数百条城市轨道交通线路；其次，技术要求十分严苛，几乎涵盖了现代土木工程和机电设备工程的所有高科技领域；再次，建设周期长，单条线路的建设通常需要 4~5 年，而整个线网的建设则可能需要 30~50 年的时间。因此，地铁工程建设是一项高风险建设工程。随着地铁建设的全面铺开，地铁施工安全事故数量逐渐上升，给人民的生命和财产带来了巨大的损失。

案例一：杭州地铁工地坍塌

2008 年 11 月 15 日约 14:30，杭州市地铁 1 号线的施工现场发生了一起坍塌事故。这起地铁施工事故导致萧山湘湖风情大道上长达 75m 的道路出现坍塌，深度达 15m，并引发了附近河流决堤、河水倒灌，水位一度上升至 6m。事故共造成 21 人死亡，24 人受伤。

事故发生之后，中铁四局迅速组建了一个事故调查专家组，立即启动对事故原因的深入调查。初步调查显示，事故的原因主要有以下三个方面：一是杭州地区的土壤为特殊的淤泥质黏土，具有较高的含水量和流动性；二是事故地点的风情大道是一条主要交通路线，因此重型车辆频繁通行对基坑西侧的支撑墙产生了巨大压力；三是当年 10 月份杭州经历了一次罕见的持续性降雨，加剧了地下沙土的流动性。以上三方面综合导致了事故的发生。

案例二：广州地铁施工安全事故

2022 年 11 月 27 日 18:02 许，广州市白云区鹤龙街辖内地铁 14 号线创意园站左线隧道盾构机桥架位置（进隧道内约 810m），发生了一起其他伤害事故，造成 1 人受伤，后送医院抢救无效死亡。

经综合分析，事故发生的原因如下：

1）作业场所空间狭窄，作业环境不良，存在较大安全风险。管片拼装作业平台位于桥架上方，第一层平台（最高层）距离隧道顶部的净空仅为 85～90cm，拼装作业人员工作时须蜷曲身体，在紧固螺栓或清理上部管片时还需保持上仰姿态，操作难度大，对体力、精力的消耗程度高，作业人员存在身体失控、失衡的风险；该作业平台虽未达到高空作业下限高度，但落脚面积狭小，腾挪空间有限，存在坠落风险；该作业平台防护栏（设备出厂设置）高度较低，且由于作业环境限制，作业时难以采用安全带、安全绳等防护措施，存在安全防护不足的风险。以上因素导致作业场所存在较大安全风险。

2）作业人员安全意识不足。事发前，受害人在第一层平台（最高层）上作业，对工作场所存在的安全风险辨识不足，防护意识不足，以致在作业过程中身体失衡而坠落至盾构机桥架左侧爬架与履带保护壳之间，造成头部受伤致死。

存在的主要问题有：

1）未按规定进行安全生产教育培训。涉事工程劳务分包单位负责组织实施涉事工程的施工，未对包括受害人在内的从业人员进行安全生产教育和培训。

2）安全风险分级管控缺失。涉事公司未建立安全风险分级管控制度，未对作业场所存在的安全风险进行辨识、分级并采取相应的管控措施。

3）事故隐患排查治理工作缺失。涉事公司未建立有效的生产安全事故隐患排查和治理体系，也未采取适当的技术与管理措施来及时识别和消除安全隐患。

案例三：郑州地铁暴雨停运

2021 年 7 月 20 日，郑州市遭受了罕见的极端暴雨天气，持续的强降雨导致郑州地铁 5 号线的五龙口停车场及其周边区域遭受严重水浸。当日 18 时许，积水冲垮了停车场的防水墙，进入地铁正线区段，迫使郑州地铁 5 号线的列车在海滩寺街站和沙口路站隧道处停运。经全力施救，仍有 12 名乘客不幸遇难。在全力开展搜救排查、抢险排水后，分别于 7 月 24 日下午 2 时、25 日上午 6：30 左右，又发现 2 名遇难者。据交通运输部颁布的《城市轨道交通行车组织管理办法》第三十二条明确规定：因降雨、内涝等造成车站进水，严重影响客运服务的，行车调度人员可根据车站申请发布封站命令，组织列车越站。线路积水超过轨道面时，列车不得通过。实际上，从 7 月 19 日晚到 20 日 11：50，郑州市气象局陆续发布了 4 次暴雨红色预警信号，一直到 20 日降雨突破极值时，郑州地铁官方微博接连发布 20 条地铁站口暂关、线路调整的通知，但 5 号线始终在运行，公众对地铁方面为何没有及时停运提出了众多质疑。从发生事故前郑州的累计降水量来看，其实早已超出郑州地铁设防标准，如果当时就组织停运调度的话，让列车靠站不再发车，同时不强制清客，仍然允许乘客站内避雨，虽然车站和隧道仍然会被淹掉，但是救援难度和伤亡必将大幅降低，也不会出现乘客被困隧道内，致使雨水淹没胸口。

这起事故的发生除了受到自然灾害的影响外，还存在着运营不利、违规设计和建设施工方面的问题。首先，郑州地铁集团有限公司未获批准即改变设计，将五龙口停车场向东移动 30m 并下调地面 1.973m，使其处于更低洼地带，恶化了自然排水条件，违反了《地铁设计规范》（GB 50157—2013）的要求，这是一项重大的设计变更，但郑州地铁集团有限公司擅自变更设计，未上报发改委审核，设计单位违规向施工单位提供施工图，郑州地铁集团有限公司违规同意采用施工图施工，施工单位违规采用施工图施工，质监站未发现问题和缺陷，并出具了工程质量验收合格的监督意见。其次，停车场挡水围墙存在质量问题。停车场挡水围墙按当时地面地形"百年一遇内涝水深 0.24m"设计，但经调查组专家验算发现应为 0.5m。建设单位未经充分论证，采用几乎没有挡水功能的施工临时围挡代替了停车场西段的新建挡水围墙。在施工期间，建设单位违反了工程基本建设程序，对工程建设质量把关不严，新建的挡水围墙未按照施工图要求进行基础施工。最后，五龙口停车场附近的明沟排涝功能也严重受损。西侧明沟因为道路建设而弃置土方，形成了长约 300m、高 1~2m 的带状堆土，没有及时清理，导致排水受阻。部分明沟还被有关单位违规加装了长约 58m 的盖板，降低了其排水能力。

由上述三个案例的惨痛教训可见地铁安全事故风险的危害。研究人员从几十年来的地铁事故中总结并分析出了地铁安全事故产生的原因，具体如下：

1. 地铁设计安全事故原因

（1）经验丰富的风险识别技术人员匮乏　我国的城市轨道交通建设规划已迅速扩展到多个城市。根据中国城市轨道交通协会数据，至 2023 年底，全国已有 59 个城市开展了地铁等城市轨道交通建设，累计运营线路达到 11224.54km。其中，除了北京、上海、广州等最先发展地铁建设的城市，成都、杭州、南京等也在大力推进地铁建设，宁波、合肥和昆明等城市也开始了地铁建设项目。较多城市由于首次修建地铁，业主单位缺乏建设管理经验。依据国际城市轨道交通职业人才配备标准，每建设 1km 城市轨道交通线路，至少需要 69 名管理及技术人员，以 1000km 计，就需要 6 万名管理及技术人员。从这个层面看，在我国大规模地铁建设背景下，经验丰富的地铁施工风险识别技术人员十分匮乏。

（2）风险识别知识缺乏有效的积累、共享　地铁施工安全风险辨识知识来源于以下三个方面：一是设计施工规范、手册中总结的确认性知识，如基坑支护结构选型、岩土的分类、基坑侧壁安全等级等；二是从论文中的统计模型获取的经验性知识，如地下连续墙可能会发生剪切破坏，盾构始发阶段具有工作井坍塌、凿除洞门涌土、涌水、后靠不稳定等风险；三是专家隐性知识，通过对类似工程案例对比分析提出的风险分析结论。上述三类理论性知识和专家经验性知识尚未得到系统的整理和提炼，大多处于零散和重复状态。地铁工程具有单一性项目特性，设计与施工分离，施工组织成员临时组队、完工解散等特点。地铁施工风险识别知识和经验缺乏累积、多组织共享、多项目复用的有效手段。

（3）传统的风险识别方法工作量大、易出错 传统的风险识别方法，如专家评分法、经验分析法、统计分析法、事故树风险分析法等，要求识别人具有较丰富的工程经验。国际隧道协会（International Tunnelling Association，ITA）定义的风险识别过程中的一个重要环节是人工阅读整套施工图，了解工程特点及设计思路。根据武汉地铁工程现场调查，具有丰富经验的高级工程师阅读和理解一套地铁工程围护结构施工图（大致 15～20 张 A1 图纸）需 2 个工作日，识别风险、文档编写、开会讨论需 2 个工作日，评估过程工作量大。同时受身体疲劳、工作环境影响，评估结果具有一定的主观性，且易产生误辨、遗漏等问题，如通过识图可大致判断隧道底所处的地层，开挖范围内存在的溶洞或淤泥层，但信息准确度不高。

2. 地铁施工安全事故原因

（1）地下工程施工难度大 地铁建设工程属于地下工程，地下工程具有技术难度高、结构复杂、投资额巨大、施工周期长等特点。

（2）地铁施工受水文地质条件影响大 从工程的角度来看，水文地质条件的优劣决定了地铁施工的安全风险大小，也在很大程度上决定了安全事故是否会发生。实际上，大多数地铁施工安全事故的发生都受到了不良水文地质条件的影响。

（3）地铁施工环境复杂 地铁通常建设于城市繁华地带，周边已有的基础设施，如地下管网、地下建筑物、现有隧道以及其他地下设施等，给地铁的施工增添了诸多难度。地铁施工区域与这些既有基础设施毗邻或者直接发生空间冲突，这些因素都显著增加了地铁施工的安全风险。

（4）施工技术与管理手段较为粗犷 土木工程是一个古老的行业，相对于其他行业，土木工程领域在技术和管理方面的进步是相对缓慢的。目前的工程建设方式相比于其他行业，仍然显得比较粗犷，缺乏精确控制的理论和方法。

（5）地下工程从业人员安全意识不强 现场技术和管理人员缺乏足够的施工安全理论知识，现场施工的安全意识不强，缺乏系统的安全风险分析手段指导现场施工。

（6）有经验的技术人员缺乏 我国地铁建设全面铺开时间不长，项目多，有经验的技术人员缺乏。现场技术和管理人员很多都欠缺地铁施工经验，因此安全意识和管理措施常常不能满足地铁施工安全的要求。

3. 地铁运营安全事故原因

（1）设备老化及维修保养不到位 随着设备的长期使用，机械部分的损耗和电子部件的老化会增加事故风险。同时，如果维修保养工作不到位，如保养周期太长或者保养工作不彻底，都可能导致设备突然失效，造成安全事故。

（2）周边环境及自然因素 地铁网建设过程中会出现线路交叉的问题，当新的线路施工时，可能会对原有线路造成影响，从而导致安全事故的发生。同时，自然灾害以及环境变化也是地铁运维中需要面临的风险。例如，地震、洪水等自然灾害可能会给地铁运维造成严重破坏。

（3）技术更新问题　尽管新技术、新设备和新材料的使用可以提高地铁系统的运行效率和舒适度，但在技术更新换代过程中，也可能会带来新的安全风险。例如，新的设备可能需要特殊的维护技术，如果运营人员没有充分掌握这些技术，就可能导致设备运行不稳定，甚至造成事故。

（4）人为操作失误　运营人员可能存在对地铁系统的误解、操作不规范、疏忽等操作失误从而导致事故的发生。

（5）管理体系缺陷　地铁运营作业的管理体系存在缺陷也是引发事故的一个重要原因。当问题的早期发现、处理和沟通机制有问题，或是存在制度执行不力的情况时，都可能引发事故。

（6）培训与教育不足　对运营人员缺乏系统的安全教育和定期的职业培训，使他们对待风险的态度不严肃，对操作规范不重视，最终导致事故的发生。

因此，在我国地铁建设处于高峰期的大背景下，地铁建设安全风险分析至关重要。应深入研究目前地铁建设安全风险分析中存在的问题，找到科学、有针对性的对策，提高安全风险分析水平，尽最大可能减少地铁安全受到威胁而导致的生命及财产损失。

1.1.3　地铁建设安全风险分析诊断的意义

地铁建设安全风险分析诊断是一个复杂而重要的领域。地铁项目的规模通常巨大，同时，它涵盖了从工程技术到法律制度，从环境保护到人员安全等诸多层面。这其中的每一个决策都需要从安全角度进行精密的规划与严格的执行。地铁建设安全风险分析诊断的目的如下：首先是确保项目施工的安全，避免因预算、工期、施工内容等引发的安全问题。这就需要在预算管理、工期计划、人员调配、设备采购及使用等环节做好细致的规划，并建立健全的项目变更管理制度。其次是确保工程质量和施工效率，提高项目安全性，这也是地铁建设安全风险分析诊断的关键所在。高质量的施工结果可以避免由于质量问题导致的安全事故，同时也能够降低项目的运营和维护成本。提高施工效率不仅有助于节约资源、缩短工期、实现项目早日投入运营，同时也有助于降低因施工延期带来的安全风险。因此，优化施工方法并尝试新的项目管理方法，如精益管理、模块化施工等，都是提升安全的重要手段。

无论是确保工程质量还是提高施工效率，都离不开对施工安全的维护。如何确保施工人员的安全、设备操作的安全、施工过程中不会对附近环境和公众的安全构成威胁，都是安全风险分析诊断的重要议题。因此，为了控制并降低这些风险，进行安全风险分析诊断（关键在于识别和评估潜在风险因素）并对风险因素进行合理的控制和处理是十分必要的。这包括对已知风险的敬畏和对未知风险的预见；研究过去的案例，学习他人的经验和教训，减少重复错误；借助专业的风险评估工具，对所有可能的风险进行定量或定性的评估；建立一套有效的风险响应计划，对可能的风险进行及时处理和应对，以最小的代价来防范和减轻可能发生的损害。

然而，借助传统的安全风险分析诊断工具和方法可能无法充分预见和应对所有风险。因此，需要不断引入新的技术和方法，以提高安全风险分析诊断的效率和准确性。随着数字化和智能化技术的发展，新的工具和方法可被用来升级和改进安全风险分析诊断系统。例如，人工智能、大数据和云计算等技术的应用，为收集和分析庞大的数据提供了可能，有利于更精确、更快速、更全面地识别和评估潜在的风险。人工智能可以自动化处理许多烦琐的工作，如数据收集、分析和报告，从而释放出人力资源进行复杂问题的处理。大数据和云计算则可以对海量的数据进行深入挖掘，揭示隐藏的风险因素，以及它们之间复杂的联系，有利于更全面、更深入地了解风险。这些技术不仅可以提高风险预见能力，还可以提高风险应对反应速度。例如，可以通过人工智能和大数据分析地铁项目的实时监控数据，异常能够被立即发现并引发警报，从而使工作人员能够在问题恶化之前及时地进行干预，有效地防止可能发生的安全事故。

地铁建设安全风险分析诊断是一个既复杂又重要的领域，既要求从策略、技术等各方面进行深入研究，确保项目安全得到维护，又要求灵活运用智能化的手段对潜在的风险因素进行识别和评估，制定明智而有效的风险处理策略。只有这样，才能确保地铁建设项目的安全稳定进行，防止潜在安全风险演变为实际的安全事故，保障工程建设的顺利完成和公众利益的最大化。

1.2　安全风险分析理论发展进程

地铁建设下穿城市腹地，地质条件等不确定性因素多，技术设备复杂，建设周期长，成本高等使得地铁建设极易发生重大安全事故。另外，建筑行业作为劳动密集型行业，组织管理难度大等因素对于施工安全也有着关键的影响。因此，针对地铁安全风险的分析诊断极为必要，相关的安全风险分析理论亟待发展。在过去几十年间，各国越来越意识到安全风险分析的重要性，在研究人员的努力下，安全风险分析有了长足的进步。拉斯穆森（Rasmussen）根据安全风险研究的思维范式将安全风险分析理论和模型分为三类，莫哈格赫（Mohaghegh）据此将研究安全风险分析的理论和模型按时间划分为三代。系统安全与事故致因理论及模型研究趋势如图 1-1 所示。

1.2.1　第一代：规范性理论与模型

规范性理论与模型主要体现的是一种深度防御思想，通过提高系统的冗余性，建立多层防御，以及将工作流程标准化来改善系统的安全性。深度防御思想最大的贡献在于：在对系统进行设计和运行时必须考虑事故可能发生的路径，从而为系统

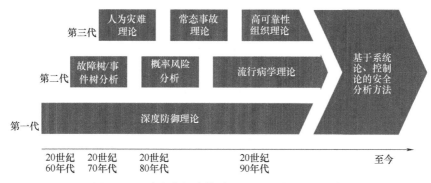

图 1-1 系统安全与事故致因理论及模型研究趋势

的设计和运行提供参考依据。然而系统的冗余性也使得系统的复杂性增加，更重要的是，系统在建造或运行的过程中会随着时间的流逝不可避免地发生一些功能退变，这些防御措施会隐藏系统发展到危险状态的过程，使得系统状态的可观察性降低，即从观察到系统处于危险状态到发展为事故的反应时间变得更短，从而阻碍或延缓了对系统采取各项安全操作。

1.2.2 第二代：基于系统状态偏离标准程度的描述性理论与模型

基于系统状态偏离标准程度的描述性理论与模型认为事故的发生是系统状态偏离标准程度过大所导致的，具体又可以分为以下两类。

1. 事件序列理论与模型

事件序列理论将事故描述为一系列事件依次发生所导致的结果。事件序列模型假设事件发生所产生的影响可以通过预先定义好的因果关系进行传播并最终导致事故的发生，其代表有海因里希（Heinrich）的因果连锁论、约翰逊（Johnson）的能量理论，前者认为事故是一系列自我平衡事件的转换结果，即事故是不期望事件发生后的一种补偿；后者则认为事故是由于防护不足导致能量意外释放所致。

事件序列模型通常采用演绎法或归纳法分析事故发生的原因或事件导致的后果，如事件树及故障树等。拉斯穆森（Rasmussen）研究并提交的 WASH-1400 报告建立了概率风险评估 PRA 技术框架，并在核电领域进行了安全评估，极大地推动了此类模型的研究和应用。

2. 流行病学理论与模型

流行病学理论将事故比喻成疾病传播，事故的发生是多个因素，如行为偏差、防御措施失效等共同作用的结果。与事件序列理论类似，流行病学理论也是基于因果关系描述事件所产生的影响是如何传播的，但与事件序列理论不同的是，流行病学理论能描述导致事故的因素间更为复杂的作用关系，某个事件既可能是几个事件共同作用的结果，也可能是导致另外几个事件发生的原因，即事件序列理论采取的是一种事件链的描述方式，而流行病学理论采取的是一种事件网的描述方式。

流行病学模型中最著名的代表之一为里森（Reason）的瑞士奶酪模型，与事件序列模型最初构建的目的是分析个体事故（也称职业事故）不同，瑞士奶酪模型提出的目的是为了解释里森所提出的组织事故（也称系统事故）。组织事故是指在组织管理层面出现的潜在缺陷与个体层面出现的外在缺陷重合所形成的一种状态被某一事件触发后导致的事故。个体/职业事故与系统/组织事故的特点对比见表1-2。

表1-2　个体/职业事故与系统/组织事故的特点对比

个体/职业事故	系统/组织事故
频繁发生	鲜有发生
后果较轻	后果严重
措施较少	措施较多
原因简单	原因复杂
事故潜伏时间较短	事故潜伏时间较长

里森将系统的不同层面表示为瑞士奶酪的切片，切片上的孔洞表示系统各个层面的缺陷。事故从最远端的组织决策（即规划、设计、管理、沟通等）失误开始，这些缺陷为事故的发生创造了最初的潜在条件；组织决策上的失误可能导致现场管理者的分析诊断难度加大（如需要完成的任务繁杂），并造成工作条件恶化（如工作量过大，进度吃紧），从而导致人的失误或违规操作。简而言之，当这些孔洞连成一条直线时，事故就发生了（图1-2）。值得注意的是，远端缺陷在最终发展为事故之前可以潜伏数年，而近端的缺陷通常维持的时间较短，正是这些孔洞的不断变化使得事故轨迹要想通过这些孔洞连成一条直线（即发生事故）变得困难，但这种系统性的事故一旦发生其后果也往往更为严重。

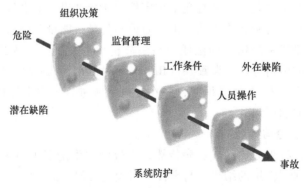

图1-2　瑞士奶酪模型

流行病学模型所考虑的因素之间的关系更加复杂，另外它将考虑因素的范围从单纯的技术因素扩展到组织管理等因素，即从导致事故的近端因素外推至远端因素，这样更加符合"事故都有其组织管理上的原因"这一观点。里森在完善瑞士奶酪模型的过程中甚至将安全文化贯穿了整个安全模型，作为产生或消除系统各个层面漏洞的最远端因素。

事件序列理论和流行病学理论都是基于事件因果关系来描述事故的发生，这种思路有一定的局限性，主要表现如下：

1）事故中的许多组织因素及反馈无法很好地用事件去描述，如安全管理中的人员雇佣、安全培训是一个动态的调整过程，不能用事件的前因后果来反映两者的变化。

2）不适合分析组织事故，这是因为这类事故没有一个清晰的事故源头，事故的发生不是某一个因素导致的，而是多个因素共同作用的结果，而这个过程无法用事件发生的先后顺序来表示。正如拉斯穆森所说："基于事件解释事故的发生对于改善系统安全没有多少帮助……很明显，我们需要一种新的方法来描述系统行为，将重点放在实际的、动态的工作情景中导致人的失误或违规操作的机理，而不是人的失误或违规操作本身。"而麻省理工学院列文森（Leveson）教授认为，解决这一问题的出路在于系统工程。

1.2.3　第三代：基于系统实际行为的描述性理论与模型

埃里克·郝纳根（Erik Hollnagel）教授曾用 WYLFIWYF（What You Look For Is What You Find）原则来形容既有的假设对事故分析的约束，即之前对事故本质的假设制约了事故致因理论和模型的研究发展，因此在认识到第二代安全风险分析理论的局限和不足之后，许多学者开始寻求创立新的理论和模型，即基于系统实际行为的描述性理论与模型。

1. 基于系统实际行为的描述性理论

基于系统实际行为的描述性理论，如巴里·特纳（Barry Turner）的人为灾难理论，查尔斯·佩罗（Charles Perrow）的常态事故理论，卡琳·罗伯茨（Karlene Roberts）提出的高可靠性组织理论等，对现在事故致因和系统安全的研究思路有着很深的影响，而拉斯穆森（Rasmussen）将系统安全看作是一个控制问题以及列文森（Leveson）用系统思想解决这一控制问题开创了基于控制论、系统论分析事故与系统安全的新思路。

特纳（Turner）的人为灾难理论是首先将组织作为事故发生因素的理论，在其发表后影响了后续许多学者对于工业灾难的理解。人为灾难理论的基本思想是，无论生产者的出发点有多好，技术系统的安全目标都有可能会被某些熟悉的、正常的组织过程破坏。特纳（Turner）通过对 84 件英国的事故调查报告进行系统分析后发现，大型技术系统发生的灾难事故既不是一个概率事件，又不是不可抗力所致，也不能仅仅归咎于技术原因，而是由于社会技术系统中人与组织相互作用导致管理者被迫需要管理一些复杂和病态的风险问题。这些经验案例表明，在实际的事故发生前就已经存在许多发生该事故的有利前提条件，有的条件甚至在事故发生前会存在数年，特纳将这个事故发生条件（不被注意的）累积到事故发生的过程称为灾难孵化期。人为灾难理论的贡献在于它改变了学者对于事故的传统看法：

1）事故有共同的产生模式，可以用来分析并提高系统的安全性。

2）事故发生有一个较长的孵化期，事故发生的原因可以深究到过去一系列异常事件的暗中累积。

3）事故不能仅仅归咎于技术问题，组织与管理才是事故发生的关键。

查尔斯·佩罗在对三里岛事故分析后提出了常态事故理论，他认为系统交互的复杂程度和耦合程度是决定系统安全与否的两个重要特点，前者是指系统中变量、变量间的联系及反馈回路的个数，后者是指系统某一变量的改变对系统中其他变量的影响程度。在高度复杂和紧密耦合的系统中，事故是无法预见和预防的，事故的发生是正常和不可避免的，这是因为在复杂社会技术系统中由于系统的高度复杂性和紧密耦合性导致系统建造或运行中常常遇到超出原先设计或预期范围内的事件，因此事故的发生是一种必然结果，即只有在系统按照原先设计预想的情况运作时事故才能被看作是一种意外的结果，但实际上由于人类认知的局限性不可能将系统建造或运行时所遇到的各种情况考虑周全，因此事故才称之为常态事故。在常态事故理论提出之前，事故往往被看作是极端事件，因此在补救时往往从发现的错误入手，如制定新的规章制度，但这仅仅是表面上的修复，实际导致事故发生的根本原因并没有真正改善。常态事故理论的提出改变了过去认为事故发生应归咎于一线工人这一观念，事故的发生应当归结于管理问题，即事故分析不应局限于事故发生时刻的原因探究，而应回溯过去，在这一点上，常态事故理论与人为灾难理论颇为相似。然而，查尔斯·佩罗认为要阻止事故的发生，只有停止建造类似的大型复杂系统，这一悲观的结论限制了常态事故理论的应用。

与常态事故理论的悲观看法相反，卡琳·罗伯茨提出的高可靠性组织理论的重点并不在于事故如何发生，而是一个成功的组织（称为高可靠性组织）是如何提高和确保复杂系统的安全。尽管高可靠性组织的定义还存在一定争议，但高可靠性组织理论认为要从本质上限制事故的发生并实现尽可能高的系统绩效，一个组织通常需要具备以下四个特点：

1）安全与生产应同等重要，且组织内部对于该目标一致认同。安全与生产通常是矛盾的，因而在管理时需要找到最佳的平衡点，许多事故的发生都是由于为了生产而牺牲安全所致，安全第一原则在实际生产中往往流于形式和口号，因此安全目标与生产目标需要高度一致。

2）权力分散与权力集中的管理模式需同时存在。组织管理往往是集中管理，但出现危险时往往没有时间去层层报告，因此即使是现场一线工人也应该有权对所感知的危险采取措施而无须获得批准。

3）较强的组织学习能力。组织需要不断地累计知识与经验，但来源应不局限于事故，也应包括各种侥幸事件。

4）广泛使用系统冗余。当系统的某一部分出现问题，如计算机失效、人员生病时，应当有备件或他人替代以保证安全及生产活动能够延续。

常态事故理论与高可靠性组织理论代表了两种极端情况，即事故无法避免和事故完全可以避免，而现实往往介于两者之间，需要我们加以区别对待。

拉斯穆森是开创基于控制论、系统论分析系统安全的先驱之一，他认为类似印度博帕尔毒气泄漏事故、切尔诺贝利核事故这样的事故并不是各个备件失效和人为失误叠加所造成的巧合，而是在竞争激烈的环境中受到经济效益的压力导致组织行为系统性地向事故迁移。图 1-3 所示为拉斯穆森的事故迁移模型，它用抽象函数形象地展示了组织活动向边界的自然迁移。

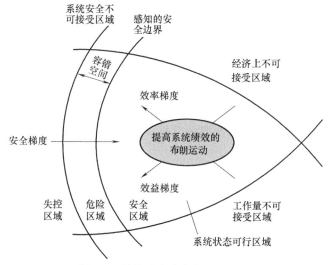

图 1-3   拉斯穆森的事故迁移模型

拉斯穆森认为任何工作都会受到管理、功能和安全的约束，工作目标与约束形成了个体行为，个体要么适应约束，要么改变约束来达成既定目标，而在这个过程中，管理提供了一个效益梯度，而个体提供了一个效率梯度，例如，管理者通常为了经济效益期望在最短的时间内完成既定任务，但这样会大大增加工人的工作量，而工人为了按期完工便会采取一些捷径。因此，在这两个梯度的共同作用下，系统会逐渐向安全边界迁移直到观察或感觉到危险的存在，如果未察觉到危险或察觉到危险但未采取措施，系统继续迁移越过安全边界就会导致事故发生。豪威尔（Howell）将上述三个区域分别称为安全区域、危险区域和失控区域（图 1-3）。系统总有滑向失控区域的趋势，一旦系统接近安全边界，任何看似合理的行为都有可能触发事故，事故只是等着发生。为了解决这一问题，拉斯穆森提出了以下两种方案：一种是增加容错空间，即采取更多保护措施，但这只会延缓事故的发生，随着时间的推移，系统仍然会接近安全边界；另一种更好的方案是通过培训等手段增加边界意识，即使得安全边界和危险边界更容易被感知并使相关人员学会如何应对。

拉斯穆森指出，营造良好的安全文化是实现这一目标的有效手段。与之前通过标准流程控制系统行为的偏离程度不同，拉斯穆森认为应通过提高边界的可见性并学习如何在边界应对危险来控制系统行为，为此，拉斯穆森从识别控制器、工作目标、系统状态信息、控制能力和管理承诺方面详细阐述了安全风险分析诊断实际是一个控制过程，并指出安全风险分析诊断必须建立在依据控制需求得出的危险源分类之上。

列文森基于系统论建立了系统理论事故模型 STAMP，他认为事故是复杂系统中各个要素相互作用（如人、技术、环境之间的影响）所产生的一种涌现现象，缺少对这些相互作用施加约束的控制行为将导致事故的发生，因此，安全实际上是一个控制问题，可以通过社会技术系统中内嵌的控制结构进行管理，即事故分析应尝试从控制论的角度对整个社会技术系统进行建模分析，而这个控制结构的基本组成是约束、反馈回路和控制层级。按照列文森的观点，系统不是静态的，而是一个不断适应周围变化来实现目标的动态过程，由于系统处于不断变化之中，系统安全的控制实际是一个不断施加约束来维持或确保这个适应过程安全进行的过程。据此，列文森从控制论的角度将事故原因分为三类：

1）安全约束不足，如缺少必要的监督人员进行现场安全巡视，这里监督人员实际上就是一种控制器。

2）控制行为的执行不足，即虽有控制器，但控制器无法做出控制行为，如监督人员由于某些原因对危险行为视而不见。

3）反馈不足或缺失，即控制效果无法得知，如监督人员虽下达了某些安全指令，但未进行后续的跟踪分析。

2. 基于系统实际行为的描述性模型

第三代事故致因与系统安全分析模型主要代表有 3 个（表 1-3）：

列文森基于系统动力学（System Dynamics，SD）建立系统事故分析模型，用 SD 描述组织过程之间的相互作用、动态特性以及对于安全的影响。系统事故分析模型主要是在宏观层面进行建模分析，如列文森对 2000 年在加拿大沃克顿（Walkerton）地区发生的水污染事故进行了建模分析，分析重点主要集中在政府管理层面，发现水污染事故的发生实际上是随时间推移政府管理系统的很多反馈回路消失的结果，即政府缺乏安全信息的反馈，甚至是一些公共卫生安全管理机构被取消。系统理论事故模型 STAMP 并未给出某个事件或事故发生的概率，而是通过系统仿真分析相关变量的动态轨迹，通过改变模型设置来分析某些决策对于相关变量的影响。可见系统理论事故模型 STAMP 更着重强调事故中的社会层面的因素，缺乏技术层面的安全风险分析。

在认识到系统理论事故模型 STAMP 的不足后，莫哈格赫（Mohaghegh）建立了 SoTeRiA 模型，该模型首先采用多种方法对复杂社会技术系统中的社会层面和技术层面分别建模，然后再建立两者之间的联系。SoTeRiA 采用了以下三种方法进行混合：

1）用系统动力学建模来描述组织，这一点与系统理论事故模型 STAMP 相似。

2）用事件序列图和故障树建模分析技术层面的事故风险场景和事故发生概率。

3）用贝叶斯网络建模分析组织因素对技术层面风险因素的影响。

SoTeRiA 在 STAMP 的基础上，通过采用多种建模手段，系统地建立了组织与技术系统的联系，从而能够分析组织因素对于安全风险的影响大小，估计最终事故的发生概率，并用于分析航空维修的安全风险。然而，该模型着重于分析组织因素对于技术系统的影响，缺少对技术系统的风险是如何反馈并影响组织因素的研究，即 SoTeRiA 建模分析的是复杂社会技术系统中社会系统对技术系统的影响，而不是两者的相互作用。

与 STAMP 和 SoTeRiA 均采用 SD 对复杂社会技术系统中的组织层面进行建模不同，斯特鲁夫（Stroeve）等人提出的 TOPAZ 采用基于 Agent 的动态风险建模技术和 Monte Carlo 仿真技术分析空中交通管制中空管人员、飞行员等对于事故发生的影响，由于在空中交通管制中个体的行为对于系统的安全有很大影响，因此不能采取 SD 从组织这样的宏观层面进行分析，而应该从个人这样的微观层面建模分析，这是 TOPAZ 与 STAMP 和 SoTeRiA 的最大不同。然而由于计算的复杂性，该模型并不适用于劳动密集型行业，如建筑业。STAMP、SoTeRiA 与 TOPAZ 的对比见表 1-3。

表 1-3　STAMP、SoTeRiA 与 TOPAZ 的对比

名称	STAMP（Systems-Theoretic Accident Model and Processes）	SoTeRiA（Social-Technical Risk Analysis）	TOPAZ（Traffic Organization and Perturbation Analyzer）
作者	南希·列文森（Nancy Leveson）	扎赫拉·莫哈格赫（Zahra Mohaghegh）阿里·莫斯莱赫（Ali Mosleh）	西伯特·H. 斯特鲁夫（Sybert H. Stroeve）亨克·A.P. 布洛姆（Henk A. P. Blom）
单位	麻省理工航天航空学院	马里兰大学风险与可靠性中心	荷兰国家航空实验室
年份	2004	2007	2009
应用领域	多领域	航空、维修	航空、空中交通管理
主要工具	系统动力学	混合方法（系统动力学、贝叶斯网络、故障树、事件序列图）	基于 Agent 的动态风险建模技术
主要优点	从系统论的角度看待事故，识别出缺失的反馈或控制的不足	定量分析了影响如何从组织因素传递到技术层面	模拟仿真真实环境下人的认识、反应、决策及行为
主要缺点	着重强调社会因素，缺少技术系统风险的描述	缺乏技术系统对于组织决策的反馈影响	其模拟仿真在微观层面，难以适用劳动密集型行业（如建筑业）

1.2.4 从第二代到第三代：现状、动机与挑战

从事故致因与系统安全的理论角度来说，工业工程领域已经处于第三代理论的发展期，从早期的人为灾难理论、常态事故理论、高可靠性组织等理论发展到现在基于控制论、系统论的 STAMP 理论，人们对于工业工程事故的理解已经发生了深刻改变，而土木工程还处于萌芽期，如米特罗普洛斯（Mitropoulos）等人提出的建设业事故系统理论，从系统的角度分析了建设系统在生产力的压力下如何产生危险以及这些危险被触发释放的条件，用于分析建设业职业健康安全，并指出预防职业伤害事故的两个对策：

1）制定可靠的生产计划以减少工作任务的不确定性。

2）实行错误管理以提高工人处理工作失误的能力。

然而该理论主要针对职业健康安全，且仅仅是一种概念原型，并没有对系统变量进行定量分析。从事故致因与系统安全模型的角度看，工业工程领域也还处于起步阶段，仅有少量针对特定行业的系统模型，而土木工程对于事故尤其是系统安全事故的分析仍以第二代模型为主。事故致因与系统安全模型的现状、动机与挑战如图 1-4 所示。

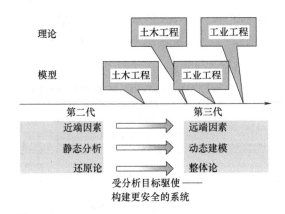

图 1-4 事故致因与系统安全模型的现状、动机与挑战

那么地铁建设是否需要第三代安全风险模型呢？这与建模分析的目的有关，如果分析目的只是问责，那么基于解析法的第二代事故致因与系统安全模型就足够了，因为此类模型可以追溯事件的经过直至发现对事故负有责任的人或物。然而实际中往往发现，对于某几个人的问责并不能阻止类似事故的重演，新的管理者同样面临着前任管理者所面临的问题，这是因为此类分析并不能充分揭示事故发生的原因从而从根本上改善系统安全。相反，如果分析的目的是如何构造更安全的系统，那么就需要第三代系统安全分析模型，它将重点从找寻事故起因上转移到研究系统的行为模式上来。萨利赫（Saleh）等将这两种分析目的分别比作寻找事故的显型

原因和寻找事故的隐型原因，研究动机应当从前者转变为后者。

可见，为了预防地铁施工中事故的发生或重演，需要构建一个适合地铁工程的第三代系统安全风险分析模型。然而从第二代模型转变为第三代模型主要面临以下三个挑战：

1）从近端因素到远端因素。系统事故的发生背后都有其组织管理原因，组织因素几乎在所有事故中都扮有重要角色并成为理解与预防系统事故发生的关键，而第二代系统安全模型主要是还原事故发生场景，分析造成事故发生的技术因素或人为因素这样的近端因素，因此如何将组织因素这样的远端因素纳入模型中是系统安全风险建模面临的挑战之一。

2）从静态分析到动态建模。从系统的角度来看，复杂社会技术系统被看作是一个为实现目标不断适应自身及周边环境变化的动态过程，事故是由于系统的模块，如人、组织结构、工程任务、技术设备相互作用时形成了有缺陷的过程所导致的，是一种涌现现象，因此，第三代系统安全风险分析模型必须考虑系统随时间发展的自适应过程，尤其是在系统受到经济效益和生产力的压力时（此时安全往往最容易受到忽视）；此外，与核电、化工行业这样的高度复杂和紧密耦合的系统不同，建筑行业是一个高度复杂但松散耦合的系统，这种特点导致系统对于外在干扰并不敏感，系统变量之间存在较大延迟，而这种延迟有时会掩盖事故发生的征兆，增加事故分析的难度，因此模型需要能够反映系统的延迟。然而，基于事件因果关系的第二代模型无法反映系统的时间特性，因此，如何建立系统的动态模型是系统安全风险建模面临的又一个挑战。

3）从还原论到整体论。传统的建模思路通常是将复杂社会技术系统进行分解后再分别建模分析，然而，许多学者质疑这种基于解析的、还原论思想方法的合理性，他们认为这种思路与事故的系统理论思想并不一致。相比之下，整体论认为复杂系统整体大于系统个体之和。安全分析的系统思想是把安全看作一种涌现现象，是系统整体的一个属性，由系统中的元素相互作用产生，而非其元素自身属性，复杂社会技术系统应当作为一个整体自上而下分析，而非自下而上。例如，对设备安全的分析并不能得出使用该设备进行施工是否安全的结论，也就是说其分析必须放在施工环境这一系统整体中才有意义。因此，一个以系统模型不能建立于子模型的简单叠加，而应是一个以系统思想为导向的整体模型，采用系统方法，从整体看待系统，将失效事件看作系统工作的一种产物，将事故损失看作系统工作的一种结果。因此，如何基于整体论的思想进行建模是系统安全风险建模面临的第三个挑战。

综上所述，传统的地铁安全风险分析模型已经无法满足对地铁建设这样的复杂社会技术系统进行系统安全分析的需求。需要结合地铁建设工程特点，从复杂社会技术系统的角度提出适合地铁建设工程的第三代系统安全风险分析模型，建立组织层面因素（安全文化、安全管理等）和技术层面因素（施工参数、环境参数等）的相互作用关系，探寻地铁全寿命周期安全风险分析诊断的新方法。

1.3 安全风险分析诊断智能化发展趋势

信息技术对土木工程的发展影响深远。土木工程是一个古老的行业，与其他行业相比，土木工程领域受现代科技发展的影响更慢，层次更浅。20 世纪生产力的巨大突破得益于信息技术的发展，而土木工程领域的信息技术运用则相对滞后，这也是土木工程行业生产力难以取得突破性发展的重要原因之一。

信息技术适合处理巨量数据，信息处理效率高且质量稳定。因此，利用信息技术建立数据库管理巨量的安全评审知识，实现安全评审工作的自动化，是解决以上问题的有效途径之一。

1.3.1 当前地铁安全风险分析诊断中的问题和挑战

随着城市化进程的不断发展，地铁作为一种具有大运量、高速度、环保等特点的城市公共交通工具，其设计、施工和运营工作也越来越成为城市化建设中的重要一环。在地铁建设和运营过程中，每个环节都存在潜在的安全风险。如何有效识别和分析这些风险，成为工程界面临的一大挑战。

在设计阶段，通常会利用 CAD 绘制的矢量工程图和扫描输入的光栅工程图进行再设计，这是提高产品设计质量、降低设计成本及缩短产品设计周期的有效手段。然而由于人工阅读工程图需要专业知识，获取的信息未能形成知识库供施工管理人员应用，造成了设计-施工阶段的信息不连续和损耗。与此同时，由于地铁工程施工图标准化程度较低、典型结构构件种类较多且组合形式与施工工法相关、地质纵剖面图底层图例符号旋转变形特性，地铁工程施工图识别难度较大。

在施工阶段，安全风险分析诊断亟待改善。如前文所述，将地铁施工的技术任务或活动看作一个控制过程，该过程实质上是在一定地质、几何、施工等参数下对周边土体环境产生一定的影响。这种影响仅凭人工计算判断容易产生误差，进而埋下风险隐患。同时，地铁作为地下工程，其地质条件的不确定性、施工组织管理的复杂性等使得地铁在施工过程中对周边环境，如建（构）筑物、管线等基础设施影响较大，极易诱发系统事故（如建筑物垮塌、瓦斯泄漏等），并由此引发公众对于公共安全的关注与担忧。尤其是在城市软土地区，地质状况较差，地面建筑密集，地下管线复杂，地铁施工引起的地面沉陷将有可能危及周边环境安全。因此，如何分析和改善安全状况是地铁施工中面临的一个挑战。同样的，施工单位也逐渐意识到控制物理系统和技术危险并不是唯一减少事故的方法，管理者也必须将重点放在管理、组织和人员等因素上。然而，传统的方法往往无法实现实时、全面的风险监控和管理，无法准确把握风险之间的相互作用。

地铁作为一项需要长期运营维护的工程，运营阶段的风险仍需时刻关注。近年来，各城市地铁频频发生行车追尾、脱轨、停驶、夹人等事故。据不完全统计，国内某地铁每年因信号系统引起的行车中断、退出及降级运行超过 200 次，大多数事故是由于信号系统设备故障或系统失效造成的。同时，随着地铁进入线网化运营，特别是采用高集成度的全自动驾驶系统后，由于信号设备种类繁杂，接口复杂，运营时间长，设备维护时间短，安全风险高，造成信号系统的日常运营维护工作量巨大。除此之外，信号系统设备的维护系统存在子系统设备之间缺乏科学的关联性分析，故障分析难度较大，存在故障信息的误报、漏报，故障报警信息定位不准确，故障处理不及时的现象。因此，如何实现安全、高效、全面的地铁运营安全风险分析诊断是一个亟待解决的重要工程课题。

地铁全寿命周期的安全风险分析诊断已成为地铁工程的应有之义。正是因为这种需求，思考地铁安全风险分析诊断的现状，寻找新的方法来替代传统的管理模式成为一个重要的研究方向。鉴于地铁工程的复杂性，研究者应该清楚地认识到，要有效解决这些问题并不简单。这不仅包括对地铁工程全过程的理论研究，还包括对新的风险识别和分析工具的探索及应用。特别是要从地铁工程的特点出发，构建包括风险间相互作用在内的更为完整、全面的风险识别体系，实现真正意义上的全寿命周期的地铁安全风险智能化分析。

1.3.2 地铁全寿命周期安全风险分析诊断智能化工具

在现代地铁的设计、建设、运营和维护过程中，各种智能化工具已得到广泛应用。通过连接智能化工具和具体的理论方法或模型，可以提升地铁全寿命周期安全风险智能化的分析水平。

在设计阶段，利用计算机辅助设计（CAD）软件、建筑信息模型（BIM）技术等智能化工具，有助于提高设计水平，降低设计缺陷带来的安全风险。这些工具配合工程师对地铁线路和车站布局进行初步设计，通过设置相应的参数，如轨道长度、车站数量、预算限额等，可以生成多个符合条件的设计方案供工程师选择。同时，先进的风险评估软件可以利用机器学习算法从大量的历史数据中学习，并使用基于计算机的图形语义识别与解析工具来识别和解析设计图中的风险要素，识别出设计中可能存在的风险，进行模拟预测后，以避免这些风险在设计初期就出现。

施工阶段是地铁安全风险最高的阶段，智能工具的应用更为关键。可能使用的智能化工具主要包括智能挖掘机、自动铺轨机、无人机、可穿戴设备和智能监控系统等。智能挖掘机、自动铺轨机等智能化施工工具可以提高施工效率，降低人为失误风险。无人机可以监测施工现场的安全状况，识别出可能的安全隐患。可穿戴设备能追踪工人的位置和健康状况，以防止意外。而智能监控系统则可以实时收集和分析来自各种传感器的数据，提前预警可能的风险。同时，复杂的地下环境往往会带来巨大的风险，如隧道推进过程中可能遇到的水源、沼气等，使用地质雷达等探测设备可以在一定程度上降低风险，但仍存在一定的盲区。在此基础上，人工智能结合大数据的方法可以根据历史钻探数据和地质模型数据预测地下可能存在的风险点，从而更好地指导施工。除了智能设备外，还可以利用云存储、云计算等智能计算机辅助，收集和分析施工过程中的大量数据，从经验中总结和预防风险，优化施工过程，建立如地铁工程的沉降预测模型，智能分析可能发生的地铁隧道沉降等风险。

地铁进入运营阶段后，安全风险分析诊断需要更加细致和严谨。将人工智能应用到监控系统中，通过图像识别技术，实时检测站台、列车的异常情况，防止安全事故的发生。同时，全自动驾驶系统（FAO）也可以得到应用，它可以将列车驾驶员、调度员执行的工作，完全由自动化的、智能化的设备所替代，是解决高速度、高密度城市轨道交通安全的重要手段。物联网技术可以打造全面的设备运行数据监控系统，实施实时、全面的数据采集与分析，从而实现对运行设备的实时分析。利用大数据和人工智能，可以对设备运行情况进行更加精准的分析，预测可能出现的故障，尽快更换或维修设备，避免故障带来的安全隐患。大数据分析可以帮助运营者理解地铁的使用模式，提前预测和调整运营策略。通过从滚动的运营数据中学习，人工智能可以识别出可能的风险，并自动采取措施进行智能分析或者修复。

这些智能工具的使用改变了地铁设计、建设和运营的传统方法，提供了更高效、更准确的解决方案。但如上所述，地铁安全风险分析诊断具有全寿命周期、全局性的特点。它不仅需要对单个环节进行管理，还需要考虑各个环节之间的相互影响关系。因此，单独使用这些工具很难完全满足需要，必须进一步整合各种工具，结合先进的分析模型，才能真正实现智能化分析。

在地铁全寿命周期的安全风险分析诊断中，智能工具可以搭建智能化的管理系统，有着巨大的发展和应用前景。借助先进的科学技术，可以探索地铁行业新的安全分析方法，以确保城市交通的稳定运行。

1.4　本书研究内容与结构

第1章简述了地铁建设项目发展现状、地铁安全事故原因、地铁安全风险分析诊断意义，介绍了安全风险分析理论发展进程与安全风险分析诊断智能化发展趋势，并简要介绍了本书的研究内容。

第2章介绍了风险的基本概念，地铁工程全寿命周期的定义与特点，并分阶段介绍了地铁工程风险的特点与分析，总结了地铁工程全寿命周期风险模型特点，论述了风险模型的智能化分析方法。

第3章研究了设计阶段的安全风险智能识别，从地铁工程安全风险识别的理论方法出发，介绍了设计阶段风险要素的智能识别算法，分析了设计阶段风险的智能推理机制并给出了设计阶段风险的智能识别系统。

第4章研究了施工阶段的安全风险智能分析，介绍了地铁施工阶段的风险建模基础，对施工过程中可能出现的问题提出了对应的预警算法或预测模型，同时，介绍了地铁施工组织管理模型，并最终给出了地铁施工风险智能预警模型。

第 5 章研究了运营阶段的安全风险智能诊断，首先介绍了地铁运营 RAMS 评估体系结构指标，以及相关评估模型与理论研究，然后论述了基于 RAMS 的安全风险智能诊断模型，最后提出了基于安全风险智能诊断模型的运营维护策略。

第 6 章给出了地铁工程全寿命周期各阶段的安全风险分析诊断实践案例，分别包括设计阶段风险源管理，施工阶段安全智能分析和运营阶段设施维护。

第 7 章对全书进行总结，并对地铁全寿命周期安全风险智能化分析的前景进行展望。

全书的内容结构如图 1-5 所示。

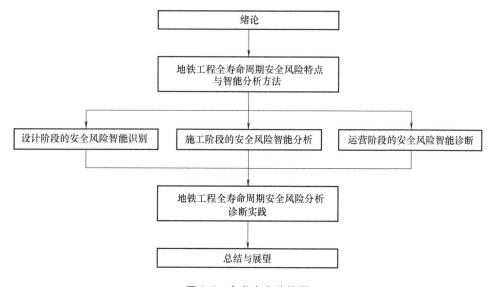

图 1-5　全书内容结构图

参 考 文 献

[1]　王海平. 天津地铁盾构隧道施工风险分析 [D]. 上海：同济大学，2009.

[2]　宫志群. 地铁盾构区间隧道施工风险分析及评价 [D]. 天津：天津大学，2006.

[3]　严长征，张庆贺，廖少明，等. 地铁盾构进出工作井的施工风险 [J]. 城市轨道交通研究，2007（10）：34-36.

[4]　宫培松. 地铁车站工程施工方案安全评审研究 [D]. 武汉：华中科技大学，2016.

[5]　ZHOU H, ZHANG H. Risk assessment methodology for a deep foundation pit construction project in Shanghai, China [J]. Journal of Construction Engineering and Management, 2011, 137

（12）：1185-1194.

［6］ EINSTEIN H H. Risk and risk analysis in rock engineering ［J］. Tunnelling and Underground Space Technology, 1996, 11 （2）：141-155.

［7］ REILLY J J. The management process for complex underground and tunnelling projects ［J］. Tunnelling and Underground Space Technology, 2000, 15 （1）：31-44.

［8］ 丁士昭. 建设工程信息化导论 ［M］. 北京：中国建筑工业出版社, 2005.

［9］ 刘洋. 厦门地铁一号线的施工风险管理研究 ［D］. 厦门：厦门大学, 2014.

［10］ RASMUSSEN J. Risk management in a dynamic society：a modelling problem ［J］. Safety Science, 1997, 27 （2/3）：183-213.

［11］ MOHAGHEGH Z. On the theoretical foundations and principles of organizational safety risk analysis ［J］. Dissertations & Theses-Gradworks, 2007.

［12］ SALEH J H, MARAIS K B, BAKOLAS E, et al. Highlights from the literature on accident causation and system safety：Review of major ideas, recent contributions, and challenges ［J］. Reliability Engineering & System Safety, 2010, 95 （11）：1105-1116.

［13］ HOLLNAGEL E. Barriers and Accident Prevention （Hardback）-Routledge ［J］. Ergonomics, 2004, 50 （6）：961-962.

［14］ HEINRICH H W. Industrial accident prevention ［M］. New York：McGraw-Hill book co., 1950.

［15］ REASON J. Managing the risks of organizational accidents ［M］. Aldershot：Ashgate, 1997.

［16］ REASON J. Human error ［M］. New York：Cambridge University Press, 1990.

［17］ MOHAGHEGH Z, MOSLEH A. Measurement techniques for organizational safety causal models：Characterization and suggestions for enhancements ［J］. Safety Science, 2009, 47 （10）：1398-1409.

［18］ OBADIAI J, VIDAL M C R, E MELO P F F. An adaptive management system for hazardous technology organizations ［J］. Safety Science, 2007, 45 （3）：373-396.

［19］ LEVESON N. A new accident model for engineering safer systems ［J］. Safety Science, 2004, 42 （4）：237-270.

［20］ PASQUINI A, POZZI S, SAVE L. A critical view of severity classification in risk assessment methods ［J］. Reliability Engineering & System Safety, 2011, 96 （1）：53-63.

［21］ TURNER B A. Man-made disasters ［M］. London：Wykeham Publications, 1978.

［22］ PERROW C. Normal accidents：living with high-risk technologies ［M］. New York：Basic Books, 1984.

［23］ ROBERTS K H. Managing high reliability organizations ［J］. California Management Review, 1990, 32 （4）：101-113.

［24］ ROBERTS K H. Some characteristics of one type of high reliability organization ［J］. Organization Science, 1990, 1 （2）：160-176.

［25］ RASMUSSEN J. Market economy, management culture and accident causation：new research issues? ［C］//Proceedings Second International Conference on Safety Science. 1993.

［26］ HOWELL G A, BALLARD G, ABDELHAMID T S, et al. Rethinking safety：learning to work near the edge ［C］//Construction Research Congress：Wind of Change：Integration and Innovation. 2003：1-8.

[27] STERMAN J D. Business dynamics：systems thinking and modeling for a complex world [M]. Boston：McGraw-Hill，2000.

[28] STROEVE S H, BLOM H A P, BAKKER G J B. Systemic accident risk assessment in air traffic by Monte Carlo simulation [J]. Safety Science, 2009, 47（2）：238-249.

[29] STROEVE S H, SHARPANSKYKH A, KIRWAN B. Agent-based organizational modelling for analysis of safety culture at an air navigation service provider [J]. Reliability Engineering & System Safety, 2011, 96（5）：515-533.

[30] MITROPOULOS P, ABDELHAMID T S, HOWELL G A. Systems model of construction accident causation [J]. Journal of Construction Engineering and Management, 2005, 131（7）：816-825.

[31] LEVESON N, DULAC N, MARAIS K, et al. Moving beyond normal accidents and high reliability organizations：a systems approach to safety in complex systems [J]. Organization Studies, 2009, 30（2-3）：227-249.

[32] LOFQUIST E A. The art of measuring nothing：The paradox of measuring safety in a changing civil aviation industry using traditional safety metrics [J]. Safety Science, 2010, 48（10）：1520-1529.

[33] HOLLNAGEL E, WOODS D D, LEVESON N. Resilience engineering：concepts and precepts [M]. Burlington：Ashgate Publishing, 2006.

[34] SIMON H A. The science of the artificial [M]. Cambridge：MIT Press, 1996.

[35] SANTOS-REYES J, BEARD A N. A systemic approach to managing safety [J]. Journal of Loss Prevention in the Process Industries, 2008, 21（1）：15-28.

[36] 黄宏伟. 隧道及地下工程的全寿命风险管理 [M]. 北京：科学出版社，2010.

[37] MOHAMED S. Scorecard approach to benchmarking organizational safety culture in construction [J]. Journal of Construction Engineering and Management, 2003, 129（1）：80-88.

第2章 地铁工程全寿命周期安全风险特点与智能分析方法

2.1 风险的基本概念

当前学术界对风险的定义尚缺乏统一的认知。特别是国内对风险有关的词汇（如风险、风险因素、致险因子、事故、危险源等）的含义存在较大差异，对同一英文术语的翻译也各不相同，这就造成了研究者和工程技术人员理解上的偏差。

克里斯滕森（Christensen）认为与风险有关的术语在不同的科学领域和不同的组织团体中定义存在差异，这种术语上的模糊性和差异性难以消除。总体而言，与风险相关的术语分为两类：其一称之为基本术语（Fundamental terms），它以原因-影响分析为框架，描述风险源至风险可能产生后果的特征，主要应用于化工、生物、流程工业；其二称之为面向活动的术语（The action oriented terms），它描述风险的辨识、特征化、管理、通信等方面，主要应用于管理科学、社会科学、过程处理等领域。本章描述的风险相关术语采用面向活动的术语，主要适用于土木工程、建筑工程、轨道交通工程等工程建设领域。

2.1.1 风险的定义

风险的概念从提出以来，至今没有一个统一的定义。不同历史时期，不同的学者从不同的角度都对风险进行了具有不同侧重的定义。风险的概念最早由美国学者海恩斯（Haynes）提出，他认为风险是损失机会或可能性，是一种面临损失的可能状况。耶茨（Yates）和斯通（Stone）提出了风险结构三因素模型，即风险由发生的可能性、潜在的损失和损失大小构成。这一模型是现代风险理论的基本模型框架。2004 年，国际隧道协会（International Tunnelling Association，ITA）发布了《隧道风险管理指南》，风险被定义为危险源发生的可能性和发生后果的组合。这一定义同时强调了风险的不确定性和不确定性带来的损失。目前普遍认可的是将风险定义为损失发生的不确定性，即风险是风险发生的概率及其造成后果的函数。真实发生的风险是风险事件，而风险只是一种可能性。但在通常的语境中，风险和风险事件含义一致，在实际表达中是通用的。

2.1.2　风险分析

风险分析是指识别风险的结构化过程，包括风险识别和风险描述，可以是定性或定量的。

国外学者大多延续国际隧道协会发布的《隧道风险管理指南》中危害识别（Hazard Identification）、风险估计的思路，不直接论述风险识别（Risk Identification）而将危害识别作为风险分析的第一步，即首先辨识可能导致人员伤亡、环境破坏、经济损失和项目延误的条件或环境，然后进行危害的频率分析和影响后果分析。

国内学者王家远认为风险识别包括确定风险的来源、风险产生的条件、描述其风险特征和确定哪些风险会对本项目产生影响。卢春华定义风险识别为：对潜在的和客观存在的各种风险进行系统的、连续的识别和归类，并分析产生风险事故原因的过程。

2.1.3　风险诊断

风险诊断强调诊断的作用和效果。因此，诊断是识别、分析和评估事物或情况以确定其趋势，并解决问题的过程。风险诊断为在特定系统、项目或环境中识别、分析和评估风险的过程。在更广泛的意义上，风险诊断包括对潜在风险的全面检查，即对它们的识别、表征和评估等，以诊断或确定风险的性质和程度。风险管理（Risk Management）是指包括风险评估（Risk Assessment）和风险控制（Risk Control）的全过程。它是一个以最低成本将风险控制在最合理水平的动态过程。

根据国际隧道协会发布的《隧道风险管理指南》中的定义：风险评估是指综合分析系统或项目内在的风险，包含风险分析（Risk Analysis）和风险评价（Risk Evaluation）两个过程。风险分析是指辨识给定活动发生频度及不利结果的结构化过程，包括采用定性或定量方法进行危害辨识和风险描述；风险评价是指将风险分析结果与风险接受准则或其他决策准则相比较的过程。

地铁领域的风险诊断是一个系统性的过程，通过对地铁系统内在潜在风险的分析、评估和识别，以确保地铁系统安全、可靠、高效运营的正式步骤。这个过程涵盖了对设备、基础设施、运营、维护、安全、人为因素、紧急事件和灾害、技术漏洞、合规性以及社会和环境等多个方面的风险识别和评估。通过风险诊断，地铁系统可以制定有效的风险管理策略，以降低潜在风险对系统运营的影响。

2.2　地铁工程全寿命周期风险的特点、成因及分析手段

轨道交通工程全寿命周期是指建设工程投资决策、设计、招标投标、施工、完

工验收等各个时期。关于单线个体而言，城市轨道交通全寿命周期包括从最开始的投资决策到计划设计、建设、运营。从整个城市轨道交通进展来看，轨道交通的进展分为进展初期、成长期、成熟期和衰退期四个时期。

2.2.1 不同阶段主要风险的特点及成因

工程项目都存在潜在的风险，包括技术、经济、环境、法律和政治等方面。这些风险可能对项目的进度、成本、质量和可持续性产生负面影响。充分了解地铁工程全寿命周期不同阶段的主要风险的成因及特点，并通过风险分析及采取必要的风险控制措施，可以降低这些风险对项目的潜在影响，减少不确定性，提高项目成功的可能性。

1. 地铁设计阶段

在建设项目中，设计费用在建设工程项目全寿命周期中所占比例不超过5%，而这5%的占比却能对建设项目总投资产生75%的影响。因此，设计阶段是进行风险分析的重要环节。全过程工程咨询在地铁项目设计阶段的主要工作为勘察咨询、设计管理，是从投资、质量、进度等方面进行独立的勘察咨询工作，可满足地铁建设要求。设计阶段是分析处理工程技术和经济指标的关键环节，在整个建设阶段中影响较大，开展设计管理工作是有效提升工程价值和提高投资效益的重要手段。

随着对地下空间的不断开发，勘察单位无法在进度、质量、投资等方面全面满足工程建设的高难度要求，在此过程中，需要全过程工程咨询单位对项目勘察工作进行审查。勘察阶段的风险主要有特殊岩土勘察风险，岩溶、断层等不良地质勘察风险，特殊地段过江隧道勘察风险，不同施工工法勘察风险等。

地铁项目在设计阶段面临着众多挑战，其中包括专业系统之间工作界面复杂、接口众多，导致沟通协调任务繁重。这一阶段不仅必须与设计、业主、监理等各方保持协同工作，还需要处理项目之间、城市规划和建设之间、各系统之间以及系统与工点之间界面问题，也需要与市政、供电、规划、交通等多个部门进行沟通与协调。设计周期较长，在此过程中存在较多的可变因素，可能由于设计边界条件变更或设计缺陷等原因导致设计变更的出现。在设计管理方面，主要面临投资、质量、进度、技术以及设计变更等多重风险。

1）地铁设计阶段需要确保技术方案的可行性，包括轨道选型、车辆选型、站点布局等，存在技术可行性风险，如设计方案的技术要求是否能够满足，技术难点是否能够克服等。

2）地铁设计阶段需要考虑对周边环境的影响，包括噪声、震动、土壤沉降等，存在环境影响风险，如环境评估的结果是否满足相关标准和法规，是否需要采取适当的环境保护措施等。

3）地铁设计阶段需要进行地质勘察和地质分析，以确定地下土层的性质和工程特征，存在土层工程风险，如地质条件是否符合设计要求，是否存在地质灾害隐患等。

4）地铁设计阶段需要进行严格的质量控制，确保设计方案的质量和准确性，存在质量控制风险，如设计方案是否满足设计要求，是否需要进行修订和审查等。

5）地铁设计阶段需要进行初步的成本估算，评估项目的经济可行性，存在成本风险，如设计方案的成本估算是否准确，后续施工阶段是否能够控制成本等。

6）地铁设计阶段可能因为需求变更、技术突破等因素而需要进行设计变更，存在设计变更风险，如变更可能影响工期、成本和质量等，需要及时进行管理和控制。

2. 地铁施工阶段

风险作为工程项目中存在的普遍现象，一般都具有客观性、随机性、相对性、可变性、多样性等特性。对于地铁工程施工安全风险而言，它具有风险的上述一般特性，具体表述如下：

1）地铁工程是一项涉及多种施工工法、差异性工程地质/水文地质条件、多专业（工种）协调组织的复杂系统工程。所以，地铁工程施工安全风险是不以人的意志为转移，客观和普遍存在的。

2）导致风险发生的不良地质条件、工程资料不完善、工程施工质量缺陷、机械设备故障等风险因素是否会演变为风险事件具有一定的随机性和偶然性，即风险事件是否发生、何时发生、风险后果等都是不确定的。

3）业主单位的安全管理体系健全性，施工单位的施工经验、施工技术方案的科学性都直接影响施工安全风险发生的可能性。对于采用同类施工工法的车站工程施工安全风险对不同的施工单位，其风险承受能力存在较大的差异，因此施工安全风险具有相对性。

4）地铁工程施工对周边环境的影响较大，特别是基坑开挖对周边建筑物管线影响大。由于地铁工程施工是个动态过程，有些风险因素在施工前期准备中没有，而在施工过程中出现，有些风险因素会随工程的进展而发生变化，包括其损失规模、重要程度和性态等都可能发生改变。施工阶段的安全风险发展具有以下特点：

① 多元性：施工安全风险的类型多种多样，包括高处坠落、机械伤害、电气事故、火灾爆炸等。不同类型的施工作业和工艺存在不同的安全风险，需要针对性地进行管理和控制。

② 动态性：施工安全风险是一个动态的概念，随着施工项目的进行和环境条件的变化，安全风险也会随之演变和调整。新的安全风险可能随着施工阶段的变化而出现，如地下挖掘作业和高架搭设作业引发的安全风险就具有阶段性和动态性。

③ 累积性：施工安全风险可能会逐渐累积，一个小的安全风险如果得不到及时控制可能会演变成更严重的事故或伤害。因此，施工安全管理需要及时发现和处

理潜在的风险，防止风险产生累积效应。

5）不确定性：施工安全风险的发展存在一定的不确定性，未来的事故发生概率和后果无法完全预测。因此，在施工安全管理中需要根据历史数据、技术经验、专业知识等进行风险评估和预测，以制定相应的控制和应对方案。

3. 地铁运营阶段

运营地铁盾构隧道结构处于复杂多变的地下，从建设到运营是一个长期的过程。在来自空间和时间的各种因素耦合作用下，运营地铁盾构隧道结构安全影响因素的特性具体表现为以下5个方面：

（1）渐进性发展 大多数风险是逐渐发展的，随着时间的推移逐渐加剧。例如，隧道渗透水可能开始为细微的渗漏，随着时间的推移可能导致水压增大并对隧道结构产生严重影响。

（2）相互依赖性 这些风险因素之间存在相互依赖的关系。例如，隧道不均匀沉降可能导致管片错台或开裂，而管片的错台或开裂又可能加剧隧道的不均匀沉降。这种相互依赖的关系可能导致风险的迅速扩大和加剧。

（3）长期性 运营地铁盾构隧道的风险常常需要在长期运营中观察和评估。这些风险因素可能需要通过定期巡检和监测来识别和监控，以便及时采取预防和修复措施。

（4）多样性 影响地铁盾构隧道结构安全的风险因素是多样化的，涵盖了渗透水、收敛变形、不均匀沉降、管片错台、管片开裂和衬砌材质劣化等不同类型的风险。这些风险因素在不同程度和时间尺度上可能同时存在。

（5）先兆性 某些风险因素可能会产生先兆迹象，表现为结构变形、渗漏加剧、裂缝扩展等。通过及时的监测和检测，这些先兆信号可以被捕捉到，从而采取相应的应对措施，减缓风险的发展。

2.2.2 不同阶段主要风险的分析手段

风险分析是组织管理过程中不可或缺的一部分。它帮助组织保护利益、提高决策质量、优化资源分配、提高项目成功率和竞争力。通过有效的风险分析，组织能够更好地应对不确定性和挑战，确保长期可持续发展。以下将对地铁设计、施工以及运营三个阶段的主要风险分析手段展开论述。

1. 地铁设计阶段

在地铁设计阶段，为了有效管理风险并减少其对项目的潜在影响，可以采用以下一些常见的风险分析手段：

（1）成本估算和控制 认真进行设计方案的成本估算，包括工程材料、设备、劳动力和其他相关成本。同时，建立有效的成本控制机制，定期监控和审查设计阶段的成本，确保在可控范围内进行。

（2）技术咨询和专家评审 在设计阶段，可以寻求专业的技术咨询机构的帮助，他们可以提供对设计方案的独立评估和意见。同时，在设计过程中组织专家评审会议，邀请相关领域的专家参与，对设计方案进行审查和改进。

（3）质量管理和质量控制　制定明确的质量管理计划，包括质量标准、验收标准和检测方法。进行质量控制，如对设计文件进行严格的审查和验证，确保设计方案的质量和准确性。

（4）环境影响评估和管理　在设计阶段，进行详尽的环境影响评估，识别和评估地铁工程对周边环境可能产生的影响，并制定相应的环境保护措施和管理计划。

（5）合同管理　制定清晰的合同内容，明确各方的责任和义务；建立有效的合同管理机制，确保各方按照合同要求履行责任，并采取必要的风险防范措施，如合同条款中的风险分担和补偿机制。

（6）变更管理　制定变更管理程序，对可能的设计变更进行控制和管理。变更管理应包括评估变更的影响、制定变更方案、控制变更的成本和进度，并与相关方进行充分的沟通和协商。

这些风险分析手段可以帮助地铁设计项目团队更好地识别、评估和应对风险，确保设计阶段的顺利进行，并减小风险对项目的不利影响。同时，建立一个有效的沟通和协作机制，加强团队之间的合作与协调，也是风险分析的重要手段之一。

2. 地铁施工阶段

（1）地铁施工中的不确定性与应对策略　地铁施工中存在大量的不确定性因素，如地质水文参数、周边既有建（构）筑物和管线等。因此，地铁施工中的风险分析是一个不断应对处理这种不确定性的过程。应对不确定性的策略有减少不确定性和处理不确定性两种。

减少不确定性的策略常对应前馈控制手段，即通过模型或理论先预测出未来的系统或环境状态，然后调整系统的输入。处理不确定性的策略常对应反馈控制手段，即通过比较系统实际输出与预期来调整系统的输入。这两种控制手段在实际中表现为施工中所采取的各种措施，具体又可分为交互式措施、前摄式（或称预防）措施和反射式（或称补救）措施。在地铁施工实践中对其技术系统及周边环境一般两种策略都会被采用，一方面，通过经验判断、数值分析等方法预测施工对周边环境的影响从而调整施工参数；另一方面，基于对实际影响的观测（变形监测）采取必要措施减小所产生的影响。

（2）地铁施工的基本控制流程　事故可以看作是风险控制不足导致的结果，而不是某一失效事件造成的后果，是系统元素相互作用产生的一种涌现现象。安全是通过系统的安全控制结构实施的一系列安全约束所实现的系统属性，所以安全问题实际上是一个控制问题。图 2-1 所示为一个基本控制回路，通常，要想有效地控制系统状态需要满足以下四个条件：

1）控制器必须有一个控制目标。

2）控制器必须能影响系统状态。

3）控制器必须有一个控制过程的模型。

4）控制器必须能感知系统状态。

地铁施工可以看作是一个由一系列基本控制过程组成的复杂过程。

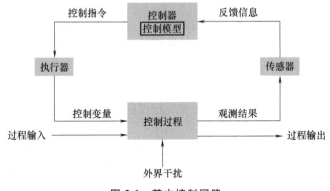

图 2-1　基本控制回路

3. 地铁运营阶段

在地铁运营阶段，为确保提供安全、高效和顺畅的地铁服务，常用的一些风险分析手段如下：

（1）安全管理　地铁运营的首要任务是确保乘客和工作人员的安全。因此，安全管理是风险分析的核心。这包括制定安全管理规程，培训员工，执行例行检查，维护、排查潜在风险点，建立紧急应急预案等。安全管理的目标是预防事故和事故后快速应对，确保地铁运营过程的安全性。

（2）维护和保养计划　地铁设备和设施的维护和保养是保证地铁运营顺利进行的重要环节。风险分析的一部分是制定合理的维护和保养计划，包括定期检查、维修和更换设备、设施及基础设施。通过及时维护和保养，可以减少故障和突发问题的发生，提高运营的可靠性和可持续性。

（3）运营监控和控制　地铁运营需要建立监控和控制机制，以及实施运营数据的监测和分析。这可以包括实时监控乘客流量、列车运行状况、站点设备状态等，以及使用智能技术进行运营数据分析和预测。通过运营监控和控制，可以及时发现和纠正潜在问题，提高运营的效率和安全性。

（4）紧急响应和应急预案　地铁运营阶段可能会面临各种紧急情况，如自然灾害、设备故障、乘客意外事件等。风险分析需要制定完善的应急预案，确保在紧急情况下能够快速响应和处理。这包括培训员工进行应急演练、建立紧急通信系统、设立应急出口和避难设施等。

（5）客户管理和满意度调查　地铁运营涉及大量乘客和用户。为了增强用户体验和提高满意度，风险分析可以包括建立客户管理系统、收集和分析用户反馈、定期进行满意度调查等。通过了解和满足乘客的需求，可以提高整体运营质量和乘客的满意度。

综上所述，地铁运营阶段的风险分析手段包括安全管理、维护和保养计划、运营监控和控制、紧急响应和应急预案，以及客户管理和满意度调查等。这些手段有助于确保地铁运营的安全性、可靠性和高效性，提供优质的地铁服务。

2.3　地铁工程全寿命周期风险模型的特点

2.3.1　复杂性

地铁工程是一个复杂的系统，由多个组成部分和各种相关方构成。在建设过程中，涉及土地征用、设计、施工、材料采购、设备安装等多个环节。此外，地铁系统还包括车辆系统、信号系统、供电系统、通信系统、车站，以及与城市交通网络和市政系统交互等子系统。这些部分和环节之间相互依赖、相互作用，形成一个复杂的整体系统。

地铁工程全寿命周期风险模型的复杂性源于以下几个方面：

（1）多元性　地铁工程涉及多个相关方和各种不同类型的风险因素。这些风险因素可以包括技术风险（设计和施工的技术难题）、安全风险（事故和恐怖袭击）、环境风险（自然灾害和环境影响）、经济风险（成本超支和融资问题）等。每个风险因素都具有自己的特点和潜在影响，需要进行综合考虑和分析。

（2）交互性　地铁工程涉及多个子系统及其相互关系。例如，轨道系统、供电系统、车辆系统、通信系统等子系统之间存在相互依赖和影响关系。一个子系统故障或问题可能会对其他子系统产生连锁反应，导致整个系统故障或运营受阻。因此，风险模型需要考虑到这些子系统的交互作用，并评估它们对全系统的影响。

（3）不确定性　地铁工程的复杂性还表现在其众多风险因素的不确定性上。许多风险因素具有难以准确预测和量化的特点，如自然灾害的频率和强度、市场变化对经济风险的影响等。因此，在风险模型中需要考虑并妥善处理这些不确定因素，采用合适的方法进行风险评估和管理。

（4）决策复杂性　地铁工程的决策过程涉及多个层面和多个相关方之间的复杂互动。不同相关方对风险的看法、利益关系和决策侧重点可能存在差异。因此，风险模型需要考虑到各方利益，并辅助决策者在不同情况下制定合理的风险分析策略。

2.3.2　动态性

地铁工程全寿命周期风险模型的动态性指的是该模型能够随着地铁工程项目的阶段变化而进行更新和调整，适应项目的实际情况和变化。动态性是风险分析中非常重要的一个因素，因为地铁工程项目在不同的阶段会面临着不同的风险，需要根据面临的风险，及时调整风险模型以反映最新的情况。

地铁工程全寿命周期风险模型的动态性源于以下几个方面。

（1）项目阶段的变化 地铁工程项目通常包括规划、设计、施工、运营等多个阶段。每个阶段都具有不同的风险特点和重点。因此，风险模型需要根据项目阶段的变化，对各个阶段的风险进行动态评估和调整。

（2）数据的更新和修正 风险模型需要基于可靠的数据和信息。在地铁工程项目的全寿命周期中，相关数据和信息可能会发生变化。因此，风险模型需要定期更新和修正数据，以保持模型的准确性和可靠性。

（3）风险事件的发展 地铁工程项目可能面临各种风险事件，如地质灾害、技术故障、劳动力问题等。这些风险事件的发展可能会导致风险的变化和演化。因此，需要风险模型能够及时跟踪和反映这些风险事件的发展情况，以更新风险评估和管理策略。

（4）决策支持的需求 地铁工程项目在不同阶段需要做出各种决策，包括项目投资、技术选型、进度控制等。风险模型需要根据决策者的需求，提供相应的风险分析和评估，以支持决策的制定和调整。

2.3.3 系统性

地铁工程全寿命周期风险模型是一个系统工具，它考虑了各种风险因素之间的关系和相互作用。它能够识别和量化不同风险事件的发生概率、影响程度，以及风险传递和扩散的路径。通过系统性的建模和分析，可以更好地理解整个系统的风险特征，从而采取相应的风险分析和控制措施。

地铁工程全寿命周期风险模型的系统性体现在以下几个方面。

（1）综合性 地铁工程全寿命周期风险模型考虑了项目从规划、设计、施工到运营的全过程。它综合考虑了各个阶段的风险，如项目前期风险、工程风险、运营风险等，以及它们之间的相互影响和关联。通过综合性的建模和分析，可以更全面地了解项目的风险状况。

（2）可迭代性 地铁工程全寿命周期风险模型是一个可迭代的工具，它可以在项目进展和风险情况变化时进行更新和修正。随着项目的推进，新的信息和数据增加，可以用于对模型进行修正和调整。通过反复迭代，可以不断提高模型的准确性和可靠性，增强风险评估和管理的效果。

（3）决策支持性 地铁工程全寿命周期风险模型为决策者提供了支持和指导。它能够提供各种决策情景下的风险分析和评估结果，帮助决策者做出明智的决策。通过模型的系统分析和决策支持，可以更好地降低项目风险，优化资源配置，降低风险发生的概率。

2.4　风险模型的智能化分析方法

2.4.1　基于规则推理的方法

基于规则推理（Rule-Based Reasoning，RBR）是一种经典的人工智能推理方法，其核心思想是基于事实和规则之间的逻辑关系，通过匹配、执行和解释规则来推导出问题的解决方案。在 RBR 系统中，规则由条件部分和结论部分组成，条件部分描述了规则的前提条件，结论部分描述了规则的推导结果。一个规则的结论部分也可以成为另一个规则的前提条件，从而形成推理链条，使得推理过程更加灵活和复杂。推理过程包括正向、逆向、双向和混合推理。RBR 系统的推理过程主要包括以下几个步骤：

1）系统根据当前的问题状态和已知的事实库，利用匹配器从规则库中选取与当前状态匹配的规则。

2）通过冲突消除器解决可能存在的规则冲突，确定执行哪条规则。

3）执行选定的规则，更新事实库或生成新的事实。

4）利用解释器对推理过程进行解释和记录，以便用户理解系统的推理逻辑和结果。

RBR 方法的优点在于其专门性和灵活性。它适用于特定领域或问题类型，并且能够将数据和知识的表示进行有效分离，使得系统更易于维护和更新。此外，RBR 系统采用高效的 Rete 匹配算法，能够提高推理效率，同时具有良好的可移植性和可扩展性，可以方便地与其他系统集成，应用于不同的场景中。

RBR 方法在专家系统、决策支持系统等领域有着广泛的应用，特别适用于需要快速配置或更新规则的场景，如机场地面服务人员的动态排班。

2.4.2　人工神经网络

人工神经网络（Artificial Neural Network，ANN）是人工智能研究的一个分支，它是由一组与人脑神经元结构相似的人工神经元相互连接所形成的复杂网络系统，具备出色的数学描述能力，可有效处理复杂的非线性系统，并展现出优异的数据拟合性能。

人工神经网络模型有许多种，其中反向传播神经网络（Back Propagation Neural Network，BPNN）是常用的一种神经网络模型。反向传播神经网络为多层神经网络结构，基本结构如图 2-2 所示，包括输入层、隐含层和输出层，层与层之间常采用全互联方式连接，同层单元之间没有连接，神经元之间的连接强度用连接权重来表示，反向传播神经网络通过对数据样本的学习调整网络连接权重，从而得到反映实际输入输出之间非线性映射关系。由于其调整连接权重的过程是依据比较网络实际输出与目标输出的误差从输出层往输入层修改连接权重，故称为反向误差传播。

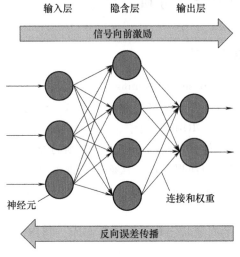

图 2-2　多层神经网络基本结构

2.4.3　支持向量机与相关向量机

虽然神经网络在地表沉降预测分析和相应的施工控制中得到了广泛应用，但确定神经网络模型的结构往往非常困难，没有一种固定的方法，通常需要依据经验进行反复试算和调整，而且神经网络的泛化能力相对较差，常常遇到过拟合等问题。

支持向量机（Support Vector Machine，SVM）是在统计学习理论的基础上发展起来的一种机器学习方法，其被成功应用于岩土反分析、基础沉降分析、边坡位移预测和其他岩土工程领域，江（Jiang）等人结合支持向量机与粒子群优化（Particle Swarm Optimization，PSO）算法构建了隧道位移的反馈控制方法，该法基于支持向量机建立影响因素与位移之间的关系，一旦实际监测结果超过控制目标，则采用粒子群优化隧道的施工参数，使位移处于可控状态。由于支持向量机基于统计学习理论的结构风险最小化原则，而不是经验风险最小化原则，因此表现出了较强的泛化能力。然而支持向量机也有一些缺点，如其惩罚参数 C 或不敏感损失系数 ε 比较难以选择，输出结果为点估计，模型的复杂程度较高（表现为计算时间较长），以及核函数需满足 Mercer 条件等。除此之外，无论是人工神经网络还是支持向量机，都需要一个后处理过程（如敏感性分析）来识别影响因素的相对重要性。

相关向量机（Relevance Vector Machine，RVM）是由蒂平（Tipping）基于稀疏贝叶斯学习理论建立的一种新的机器学习方法，具有较强的模型稀疏性、泛化能力较强、核函数不受 Mercer 条件限制以及概率式估计等特点。由于这些特点，在模型输入相同的条件下，相关向量机的预测结果往往要好于支持向量机。相关向量机已成功应用于故障诊断、监测网络优化、图像处理等领域。平滑相关向量机

（sRVM）从某种程度上来说是相关向量机的一种扩展。为了解决过拟合和欠拟合问题，平滑相关向量机引入了一个平滑先验因子来直接控制模型的复杂程度。

2.4.4　模糊集理论与贝叶斯网络

模糊集理论是由扎德（Zadeh）首先提出的用于处理不精确信息的一种数学工具，它将语言描述用 0 到 1 之间的隶属度函数来表示，如图 2-3 所示，常用来表述专家判断，如秋（Cho）等人设计了一个新的模糊隶属度函数来表示专家的主观判断及其不确定性范围，并将该方法应用在地铁建设和斜拉桥建设的风险评估当中。由于模糊集理论能够很好地利用专家判断弥补数据不足的缺点，但其本身并不具备风险分析的能力，因此也有学者将模糊集理论和故障树分析与事故树分析方法结合构建模糊故障树或者模糊事件树模型。基于专家经验知识分析事件发生的概率及其不确定性，马科夫斯基（Markowski）等人和莫赫塔里（Mokhtari）等人还将模糊集理论引入领带结模型中以增强模型处理语言变量和描述不确定性的能力。

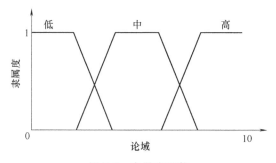

图 2-3　隶属度函数

模糊推理系统（Fuzzy Inference System，FIS）在模糊集理论的基础上通过加入 if-then 模糊规则使得模型具备推理能力，从而可以表达专家知识并构建合适的专家系统，因此也常用于风险分析。例如，王（Wang）和伊尔哈格（Elhag）提出了一个模糊专家决策方法来确定既有桥梁的结构安全风险大小，进而确定桥梁维护的类型；曾（Zeng）等人基于模糊推理通过风险可能性、风险严重性和因素指数三个指标来衡量风险的大小并应用到高层建筑建设项目风险评估中；古尔坎利（Gurcanli）和蒙根（Mungen）则将事故可能性、既有安全等级和事故严重程度作为模糊推理系统的输入，来确定施工现场发生工作事故的职业安全风险等级。

模糊推理系统需要为每种不同输入变量状态的组合定义一个 if-then 规则。因此规则数会随因素数量或者因素状态的增加而呈指数增加。尽管可以采取添加中间变量建立多个模糊推理系统的方法来缓解这个问题，但如果需要考虑的风险影响因素太多，则模型仍然需要设计得很庞大。

在过去十九年中，使用贝叶斯网络（又称为贝叶斯信度网络，Bayes Belief Network，BBN）进行建模分析受到极大关注。贝叶斯网络主要有以下几个优点：

1）能够将客观数据和专家知识整合到一个模型中。

2）用图形的方式形象地表示出变量之间的因果关系。

3）有坚实的数学理论基础，用概率的方式定量地表达变量间因果关系影响的传播，从而对问题进行推理或诊断。

4）在获得新的信息后，可以计算变量的后验概率，从而对模型进行更新。

贝叶斯网络的这些特点使得它成为可靠性分析和风险建模等领域的理想工具，如分析组织对系统安全的影响、技术风险分析、工人可靠性分析（HRA）以及模拟整个复杂社会技术系统；贝叶斯网络也应用于项目风险分析中，如工期延误、成本风险分析等。

目前，大多数贝叶斯网络模型主要分析处理的是离散变量，而实际中大多数数据（如监测数据和隧道设计参数）都是连续变量，所以在进行贝叶斯网络建模时的一个主要问题就是如何充分利用既有的安全信息，尤其是当模型中既有连续变量又有离散变量时。

参 考 文 献

［1］ ESKESEN S D, TENGBORG P, KAMPMANN J, et al. Guidelines for tunnelling risk management: international tunnelling association, working group No. 2 ［J］. Tunnelling and Underground Space Technology, 2004, 19 (3): 217-237.

［2］ 杨建平，杜端甫. 项目风险的一种模糊分析方法 ［J］. 北京航空航天大学学报，1998，24 (1): 71-74.

［3］ 王家远，刘春乐，建设项目风险管理 ［M］. 北京：中国水利水电出版社，2004.

［4］ 卢春华. 深基坑工程风险管理 ［J］. 山西建筑，2010，36 (12): 212-213.

［5］ 余建星. 工程项目风险管理 ［M］. 天津：天津大学出版社，2006.

［6］ 高芬芬，樊有维，金雪莲，等. 南京地铁 3 号线勘察监理咨询工作实践及重要性分析 ［J］. 建设监理，2015 (3): 25-28.

［7］ 付连忠. 建设工程勘察设计阶段的项目管理重点 ［J］. 居舍，2017 (34): 130-131.

［8］ 王晓俊 广州地铁勘察咨询工作的实践与探讨 ［I］. 西部资源，2019 (4): 196-197.

［9］ 程庭. 福州地铁勘察过程中若干难点问题探讨 ［J］. 福建建筑，2018 (8): 98-102.

［10］ 乐剑. 基于工程案例分析的造价咨询方设计优化服务研究 ［J］. 建筑施工，2019，41 (7): 1390-1392.

［11］ 赵欣，贾剑，叶静，等. 基于 CIM-AHP 模型的地铁建设项目设计阶段风险管理研究 ［J］. 项目管理技术，2021，19 (9): 106-112.

［12］ REASON J. Managing the risks of organizational accidents ［M］. Aldershot: Ashgate, 1997.

［13］ RASMUSSEN J. The role of error in organizing behaviour ［J］. Ergonomics, 1990, 33 (10/11): 1185-1199.

［14］ LOFQUIST E A. The art of measuring nothing: The paradox of measuring safety in a changing civil aviation industry using traditional safety metrics ［J］. Safety Science, 2010, 48 (10):

1520-1529.

[15] JIANG A N, WANG S Y, TANG S L. Feedback analysis of tunnel construction using a hybrid arithmetic based on support vector machine and particle swarm optimisation [J]. Automation in Construction, 2011, 20 (4): 482-489.

[16] BEHZAD M, ASGHARI K, COPPOLA Jr E A. Comparative study of SVMs and ANNs in aquifer water level prediction [J]. Journal of Computing in Civil Engineering, 2010, 24 (5): 408-413.

[17] TIPPING M E. Sparse Bayesian learning and the relevance vector machine [J]. Journal of Machine Learning Research, 2001, 1 (3): 211-244.

[18] YUAN J, WANG K, YU T, et al. Integrating relevance vector machines and genetic algorithms for optimization of seed-separating process [J]. Engineering Applications of Artificial Intelligence, 2007, 20 (7): 970-979.

[19] GHOSH S, MUJUMDAR P P. Statistical downscaling of GCM simulations to streamflow using relevance vector machine [J]. Advances in Water Resources, 2008, 31 (1): 132-146.

[20] SCHMOLCK A, EVERSON R. Smooth relevance vector machine: a smoothness prior extension of the RVM [J]. Machine Learning, 2007, 68 (2): 107-135.

[21] ZADEH L A. Fuzzy sets [J]. Information and Control, 1965, 8 (3): 338-353.

[22] CHO H N, CHOI H H, KIM Y B. A risk assessment methodology for incorporating uncertainties using fuzzy concepts [J]. Reliability Engineering & System Safety, 2002, 78 (2): 173-183.

[23] CHOI H H, CHO H N, SEO J W. Risk assessment methodology for underground construction projects [J]. Journal of Construction Engineering and Management, 2004, 130 (2): 258-272.

[24] CHOI H H, MAHADEVAn S. Construction project risk assessment using existing database and project-specific information [J]. Journal of Construction Engineering and Management, 2008, 134 (11): 894-903.

[25] SINGER D. A fuzzy set approach to fault tree and reliability analysis [J]. Fuzzy Sets and Systems, 1990, 34 (2): 145-155.

[26] HUANG D, CHEN T, WANG M J J. A fuzzy set approach for event tree analysis [J]. Fuzzy Sets and Systems, 2001, 118 (1): 153-165.

[27] MARKOWSKI A S, MANNAN M S, BIGOSZEWSKAA. Fuzzy logic for process safety analysis [J]. Journal of Loss Prevention in the Process Industries, 2009, 22 (6): 695-702.

[28] MOKHTARI K, REN J, ROBERTS C, et al. Application of a generic bow-tie based risk analysis framework on risk management of sea ports and offshore terminals [J]. Journal of Hazardous Materials, 2011, 192 (2): 465-475.

[29] WANG Y M, ELHAG T M S. A fuzzy group decision making approach for bridge risk assessment [J]. Computers & Industrial Engineering, 2007, 53 (1): 137-148.

[30] ZENG J, AN M, SMITH N J. Application of a fuzzy based decision making methodology to construction project risk assessment [J]. International Journal of Project Management, 2007, 25 (6): 589-600.

［31］ GÜRCANLI G E, MÜNGEN U. An occupational safety risk analysis method at construction sites using fuzzy sets ［J］. International Journal of Industrial Ergonomics, 2009, 39 (2): 371-387.

［32］ HADJIMICHAEL M. A fuzzy expert system for aviation risk assessment ［J］. Expert Systems with Applications, 2009, 36 (3): 6512-6519.

［33］ PEARL J. Probabilistic reasoning in intelligent systems: networks of plausible inference ［M］. San Mateo: Morgan Kaufmann Pub. , 2014.

［34］ WEBER P, Medina-Oliva G, Simon C, et al. Overview on Bayesian networks applications for dependability, risk analysis and maintenance areas ［J］. Engineering Applications of Artificial Intelligence, 2012, 25 (4): 671-682.

［35］ LUU V T, KIM S Y, VAN TUAN N, et al. Quantifying schedule risk in construction projects using Bayesian belief networks ［J］. International Journal of Project Management, 2009, 27 (1): 39-50.

［36］ TRUCCO P, CAGNO E, RUGGERI F, et al. A Bayesian Belief Network modelling of organisational factors in risk analysis: A case study in maritime transportation ［J］. Reliability Engineering & System Safety, 2008, 93 (6): 845-856.

［37］ REN J, JENKINSON I, WANG J, et al. A methodology to model causal relationships on offshore safety assessment focusing on human and organizational factors ［J］. Joural of Safety Research, 2008, 39 (1): 87-100.

［38］ GALÁN S F, MOSLEH A, IZQUIERDO J M. Incorporating organizational factors into probabilistic safety assessment of nuclear power plants through canonical probabilistic models ［J］. Reliability Engineering & System Safety, 2007, 92 (8): 1131-1138.

［39］ NORRINGTON L, QUIGLEY J, RUSSELL A, et al. Modelling the reliability of search and rescue operations with Bayesian Belief Networks ［J］. Reliability Engineering & System Safety, 2008, 93 (7): 940-949.

［40］ BOBBIO A, PORTINALE L, MINICHINO M, et al. Improving the analysis of dependable systems by mapping fault trees into Bayesian networks ［J］. Reliability Engineering & System Safety, 2001, 71 (3): 249-260.

［41］ KIM M C, SEONG P H. HOLLNAGEL E. A probabilistic approach for determining the control mode in CREAM ［J］. Reliability Engineering & System Safety, 2006, 91 (2): 191-199.

［42］ KIM M C, SEONG P H. An analytic model for situation assessment of nuclear power plant operators based on Bayesian inference ［J］. Reliability Engineering & System Safety, 2006, 91 (3): 270-282.

［43］ KIM M C, SEONG P H. A computational method for probabilistic safety assessment of I&C systems and human operators in nuclear power plants ［J］. Reliability Engineering & System Safety, 2006, 91 (5): 580-593.

［44］ LÉGER A, WEBER P, LEVRAT E, et al. Methodological developments for probabilistic risk analyses of socio-technical systems ［J］. Proceedings of the Institution of Mechanical Engineers, Part O: Journal of Risk and Reliability, 2009, 223 (4): 313-332.

第3章 设计阶段的安全风险智能识别

3.1 地铁工程安全风险识别的理论方法

3.1.1 安全风险识别的内容与过程

工程项目风险识别工作的主要内容包括：辨识风险事件和风险来源，分类风险，编制风险识别报告（包含风险源清单）。对于是否在风险识别阶段完成风险发生概率和后果定性估计，以及是否提出风险应对措施，国内外学者存在不同的看法。英国学者克里斯·查普曼（Chris Chapman）在《项目风险管理-过程、技术和洞察力》中提出风险识别过程要对风险应对措施进行初步评估。国内学者王卓甫提出风险事件发生的可能性及可能的后果属于风险估计的工作内容。田金信提出风险识别系统应能对项目主要风险事件的存在、发生时间及其后果做出定性估计。

地铁工程安全风险识别符合一般工程项目风险识别的规律，是特殊与一般的关系。综合上述观点，本书认为地铁工程施工安全风险识别工作内容包括：

1）辨识出可能对地铁工程施工安全有影响的风险事件及致险因素。

2）给出致险因素的权重系数。

3）计算风险可能发生的概率。

4）记录具体风险的各方面特征，并提供初步的风险应对措施。

国外学者一般认为危害识别是风险评估过程的一个重要环节，传统的风险评估流程如图3-1所示。首先定义系统/项目的工程特征，风险评估的目标、范围，然后进行危害识别；然后，采用确定性分析或概率分析方法进行危害发生频率和发生后果的估算（Risk Estimation）；最后，将计算结果与风险准则（Risk Criteria）相比较，决定是否采取风险处置（Risk Treatment）措施。

国内学者田金信给出了工程施工项目风险识别的一般过程，如图3-2所示。通过对施工项目主要风险事件的存在、发生时间及其后果做出定性估计，并形成项目风险清单，使项目管理人员对风险有一个准确、完整的把握，并作为风险分析诊断

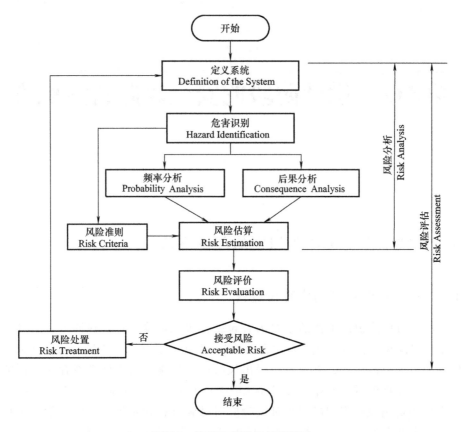

图 3-1　传统的风险评估流程图

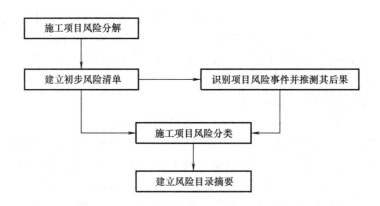

图 3-2　工程施工项目风险识别的一般过程（田金信）

的基础。

　　国内学者王卓甫给出了工程施工项目风险识别过程的 5 个主要步骤，依次为：收集数据或信息，分析不确定性，确定风险事件并将风险归纳、分类，编制风险识别报告。余建星给出的工程项目风险辨识一般步骤依次是：确定系统，调查收集资料，系统功能分解，选择分析方法，分析识别风险性，识别风险影响因素。邓铁军强调风险初步清单的作用，将工程风险识别过程分为 6 个步骤，如图 3-3 所示。

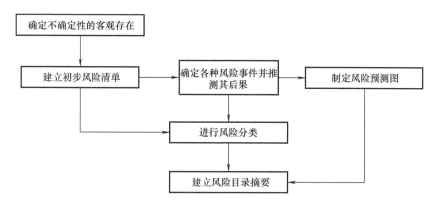

图 3-3 工程风险识别过程框图（邓铁军）

综合上述各种风险识别过程，其核心步骤是确定风险事件、风险分类和编制风险识别报告。各工作步骤需要项目风险分析人员手工完成，收集资料，咨询，讨论，编制报告，工作量比较大。

本书提出的建立基于工程图样和风险识别知识库风险识别的过程和方法为：根据工程特性、地质水文条件、周边环境特点辨识出风险事件和致险因素，建立风险识别知识库，从研究对象固有特性出发，基于可信度理论计算风险发生的可能性，风险评估流程图如图 3-4 所示。

根据新设计的风险评估流程，将原流程中的根据经验进行危害辨识的工作及危害发生频率的计算交由风险识别专家系统完成，从每个地铁工程项目客观的技术参数出发，通过内置的知识库和推理算法，完成风险自动辨识和初步估计。

3.1.2 安全风险识别的方法

地铁工程施工安全风险识别有许多成熟、常见的方法，如专家调查法、核对表法、故障树分析法、WBS-RBS法、失效模式与效应分析法等。

1. 专家调查法

专家调查法是利用地铁工程各领域专家的专业理论和施工经验，找出各类潜在的安全风险并提出控制措施。其优点是在缺乏足够的统计数据和原始资料的条件下，可做出安全风险的定性分析；缺点是受限于专家经验、兴趣、心理的影响，结论有一定的主观性和片面性。专家调查法有十余种细分方法，在地铁工程施工安全风险识别中应用较多的包括专家评审法、现场调查法、德尔菲法（Delphi）、智暴法（Brain Storming）等。

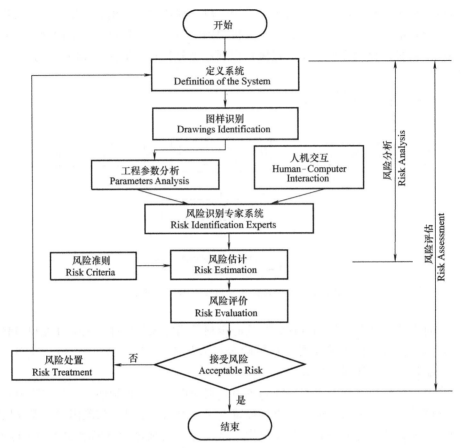

图 3-4　基于工程图样和风险识别知识库的风险评估流程图

2. 核对表法

通过对以往地铁工程施工安全风险识别经验的总结，以表格形式罗列出常见风险事件和风险源，借鉴该核对表，针对新工程项目的建设环境、建设特性、管理现状，预测可能发生的安全风险。由于我国在地铁工程施工安全风险分析诊断方面缺乏系统性知识积累，所以目前还没有通用性较好的安全风险核对表，构建新的核对表工作量大，增加了安全风险识别的成本。

3. 故障树分析法

故障树分析（Fault Tree Analysis，FTA）法是综合识别和度量工程项目施工安全风险的重要工具之一。该方法是以一种倒立树状的逻辑因果关系图为途径，以某个不期望的事件作为顶事件，通过在系统中分析各致险因素之间的逻辑关系来寻找造成顶事件的各种直接和间接原因，以及处于过渡的中间事件，直至事故基本事件为止，并通过基于故障树最小割集的敏感性分析方法判定顶事件发生的概率以及各基本事件对于顶事件的贡献度，从而找出主要基本事件的一种方法。故障树分析法的优点是比较全面地分析了所有故障原因，直观、明了，思路清晰，逻辑性强，可以做定性分析，也可以做定量分析。缺点是基本事件的发生概率一般难以确定；应用于大型系统时，容易产生遗漏和错误。

4. WBS-RBS 法

WBS-RBS 法是一种既能把握工程项目全局，又能深入工程施工具体细节中的安全风险辨识方法，其主要步骤是：首先将作业分解，构成作业分解树，作业分解树中每一个独立单位是一个作业包；然后将安全风险分解，形成安全风险分解树；最后利用作业分解树和安全风险分解树交叉形成的 WBS-RBS 矩阵来识别风险。该方法的优点是能完整地体现各安全风险因素之间的依赖关系，在此基础上易于构建故障树，实现安全风险定量识别。

5. 失效模式与效应分析法

失效模式与效应分析（Failure Mode and Effect Analysis，FMEA）法是由 FMA（故障模式分析）和 FEA（故障影响分析）组合而成的，主要针对各种可能的安全风险进行评价、分析，并通过对失效问题的严重度、检知度与发生频率相乘的结果进行分析，帮助管理人员以现有技术，将这些安全风险消除或减小至可接受的水准。

FMEA 的主要步骤如下：

1）分析系统组成、功能、工作模式和环境。

2）拟订系统潜在失效模式清单，辨识可能存在的危害或失效因子，确认失效模式发生原因。

3）进行 FMEA 关键评估［严重性（S）、发生率（O）、检知度（D）］。

4）计算安全风险指数［$RPN = (S) \times (O) \times (D)$］。

5）进行安全风险定级评估，提出关键风险控制点和应对措施。

综上所述，国内外地铁工程施工安全风险识别中运用的方法主要包括专家调查法、核对表法、故障树分析（FTA）法、WBS-RBS 法、失效模式与效应分析（FMEA）法等。部分方法仅能做定性风险辨识，FTA 和 FMEA 方法虽可定义风险事件和致险因素的关联关系，进行定量分析，但致险因素的确定主要依赖于工程经验，未从风险发生机理的解析模型或数值仿真模型方面考虑致险因素的构成及其重要性权重系数。这些风险识别方法的应用都需要具有丰富工程经验的专家、技术人员阅读工程图样、收集工程资料、组织风险审查会，工作量大、易出错，未能利用先进的信息技术手段实现风险识别知识的累积、风险识别过程的自动化。

3.1.3 安全风险识别的成果

安全风险识别的主要成果是风险清单，它用来描述可能存在的风险并记录风险减轻的行为。风险清单的内容一般包括风险编号、风险名称、风险类别、风险描述、发生的可能概率、可能造成的后果、可采取的措施、风险归属权、各风险因素的列表。表 3-1 列出了地铁车站施工安全风险识别的部分结果。

表 3-1　地铁车站施工安全风险识别的部分结果

序号	工点类型	工法类型	风险事件	风险类别	致险因素
1	车站	明挖	基坑底流土(流砂)	技术风险	①基坑底地层土质为非黏性土 ②围护桩(墙)入土比小于0.7 ③基坑内外水头差大
2	车站	明挖	钢支撑变形过大	技术风险	①基坑宽度大于20m ②临时立柱架设间距大 ③基坑两侧存在偏心荷载 ④基坑两侧存在动荷载
3	车站	明挖	基坑内土体纵向滑坡	技术风险	①坡顶堆物超载 ②坡度大于安全坡度 ③遭遇暴雨天气,未采取防排水措施
4	车站	盖挖	基坑侧壁涌水、涌土	技术风险	①基坑外侧地层存在淤泥质土 ②基坑内外水头差大 ③围护桩(墙)止水性差
			……	……	

3.1.4　安全风险及致险因素知识的获取途径

本节以地铁车站工程施工安全风险辨识为例,其风险辨识知识来源于以下三个方面:

1)设计施工规范、手册中总结的普遍认可的经验知识。

2)从论文中的统计模型获取的经验性知识。

3)专家的隐性知识。

知识获取(Knowledge Elicitation)的方法主要包括阅读、交谈、分析、分类、观察等。对某一风险识别的获取可能会综合应用上述的几种方法。完成风险识别工作需获取风险(事件)及致险因素的定义、致险因素间关联关系等方面的知识,下文介绍几种获取风险及致险因素知识的途径。

1. 通过工程经验获取

对于地铁车站工程施工安全风险知识获取首先从施工手册入手,选取与风险识别直接相关的章节进行阅读,总结出地铁车站工程施工安全风险的主要类型、描述和主要成因。例如,刘建航主编的《基坑工程手册》将深基坑施工中的风险分为9类,列出了风险产生的主要原因,见表3-2。

表 3-2　地铁车站深基坑施工安全风险列表

序号	风险名称	主要原因
1	基坑底流土(流砂)	①基坑底为颗粒级配均匀的粉、细砂等砂性土地层 ②基坑内外存在水头差,导致动水压力大于或等于土的浮重度 ③围护墙止水效果不好或失效

（续）

序号	风险名称	主要原因
2	基坑侧壁涌水、涌砂	①基坑外侧土层为砂层、粉砂层或其他透水性好的非黏性地层 ②基坑内外存在水头差，导致渗流梯度大于土的临界梯度 ③围护墙止水效果不好或失效
3	坑底突涌破坏	承压含水层水头压力大于坑底土层土压力
4	整体失稳	土体中形成了滑动面，围护结构连同基坑外侧及坑底的土体一起丧失稳定性
5	支护结构失稳	①基坑侧壁涌水、涌砂，墙后形成洞穴，地面发生塌陷，墙体向塌陷一侧移动 ②支撑设计强度不够或支撑架设偏心较大
6	基坑围护墙体踢脚破坏	①支护体系设计刚度小 ②墙体插入软弱土体，压缩模量小
7	坑底隆起	基坑底部土体抗剪强度低，致使坑底土体因塑性流动而产生隆起破坏
8	内倾破坏	①支护设计强度不够 ②坑内滑坡 ③外力撞击 ④注浆、偏载造成不对称变形
9	围护结构结构性破坏	①支撑体系不当或围护结构不闭合 ②设计计算时荷载估计不足或结构材料强度估计过高 ③支撑或围檩截面不足 ④结构节点处理不当

从表3-2安全风险发生主要原因描述中可以分析总结出风险致险因素，例如，基坑侧壁涌水、涌砂。风险的致险因素至少包括基坑开挖范围内土层性质、基坑内外水头差、止水结构构造，但这些分析还不完全，需进一步查阅文献资料。

2. 通过对风险事件定义进行语义分析获取

对于施工手册和科技文献明确、清晰的风险事件定义，通过对定义中的工程术语和关键词识别，进行语义分析，可以初步列举出致险因素。例如，流土（流砂）的定义如图3-5所示。

流土（流砂）是指土的松散颗粒被地下水饱和后，由于水头差的存在，当动水压力大于或等于土的浮重度时，土颗粒处于悬浮状态，土的抗剪强度等于零，土颗粒随渗流流动，产生了流土（流砂）。

图3-5　流土（流砂）定义中的工程术语和关键词

根据流土（流砂）的定义识别出术语和关键词，推理出可能的致险因素见表3-3。但这些致险因素选择和推理路径多从定性角度考虑，在风险发生机理层面论述较少。

表 3-3 致险因素推理识别表

序号	术语和关键词	关联致险因素	推理依据	推理路径
1	松散颗粒	基坑底土质条件	《土的工程分类标准》（GB/T 50145—2007）	级配均匀的粉土、粉砂易发生此风险
2	水头差	水头差 h_w		水头差产生动水压力
3	动水压力	水头差 h_w		水头差、渗流路径影响动水压力
4	浮重度	基坑底地层厚度、基坑底地层加固状态	《建筑基坑支护技术规程》（JGJ 120—2012）	地层加固增加土的浮重度 γ_0
5	渗流	围护桩（墙）入土比 h_d/h、围护桩（墙）入岩状态		入土比影响渗流路径，围护桩（墙）入岩阻隔基坑外水的渗流

上述分析方法适用于风险定义清晰、作用机理明确的风险事件，对于存在定义模糊性或争议性的风险事件，现阶段还需由专家根据施工经验给出致险因素。

3. 通过规范条文获取

地铁工程施工安全风险识别涉及的规范包含勘察、设计、施工、监测、质量、安全、风险管理等多类。本节首先以风险识别为主导，对地铁工程相关规范进行梳理（表 3-4），然后提出规范检索的方法，最后举例说明如何从规范中识别风险事件及风险致险因素。

表 3-4 与地铁工程施工安全风险识别相关的规范

序号	类别	名称	编码	备注
1.1	勘察	城市轨道交通岩土工程勘察规范	GB 50307—2012	部分强制性条文废止
1.2	勘察	铁路工程地质勘察规范	TB 10012—2019	铁标
1.3	勘察	岩土工程勘察规范（2009 年版）	GB 50021—2001	部分强制性条文废止
1.4	勘察	工程岩体分级标准	GB/T 50218—2014	
1.5	勘察	土的工程分类标准	GB/T 50145—2007	
1 6	勘察	岩土工程基本术语标准	GB/T 50279—2014	
2.1	设计	地铁设计规范	GB 50157—2013	部分强制性条文废止
2.2	设计	铁路隧道设计规范	TB 10003—2016	铁标
2.3	设计	建筑地基基础设计规范	GB 50007—2011	部分强制性条文废止
2.4	设计	基坑工程技术规程	DB42/T 159—2012	湖北省
3.1	施工	地下铁道工程施工质量验收标准	GB/T 50299—2018	
3.2	施工	盾构法隧道施工及验收规范	GB 50446—2017	部分强制性条文废止
3.3	施工	建筑基坑支护技术规程	JGJ 120—2012	建标
3.4	施工	建筑地基处理技术规范	JGJ 79—2012	建标
3.5	施工	建筑与市政工程地下水控制技术规范	JGJ 111—2016	建标

（续）

序号	类别	名称	编码	备注
3.6	施工	建筑边坡工程技术规范	GB 50330—2013	
3.7	施工	岩土锚杆与喷射混凝土支护工程技术规范	GB 50086—2015	
3.8	施工	隧道工程防水技术规程	DG/TJ 08—50—2012	上海市
3.9	施工	地铁隧道工程盾构施工技术规范	DG/TJ 08—2041—2008	上海市
4.1	监测	城市轨道交通工程测量规范	GB/T 50308—2017	
4.2	监测	铁路隧道监控量测技术规程	Q/CR 9218—2015	铁标
4.3	监测	建筑基坑工程监测技术标准	GB 50497—2019	
4.4	监测	工程测量标准	GB 50026—2020	
4.5	监测	地铁工程监控量测技术规程	DB11/ 490—2007	北京市
4.6	监测	基坑工程施工监测规程	DG/TJ 08—2001—2016	上海市
5.1	质量	铁路隧道工程施工质量验收标准	TB 10417—2018	铁标
5.2	质量	建筑地基基础工程施工质量验收标准	GB 50202—2018	
5.3	质量	混凝土结构工程施工质量验收规范	GB 50204—2015	
6.1	安全	铁路工程施工安全评价标准	GB 50715—2011	
6.2	安全	爆破安全规程	GB 6722—2014	
6.3	安全	施工现场临时用电安全技术规范	JGJ 46—2005	建标
6.4	安全	建筑施工高处作业安全技术规范	JGJ 80—2016	建标
6.5	安全	建筑机械使用安全技术规程	JGJ 33—2012	建标
7.1	风险	地铁及地下工程建设风险管理指南		土木工程协会
7.2	风险	铁路隧道风险评估与管理暂行规定	铁建设［2007］200 号	

设计、施工等各类规范的条文中并不存在显式地表明工程风险的语句，但我们可以通过规范用词（例如，"必须""严禁""宜""不宜"等）的含义推理出可能存在的风险及致险因素。例如，《地铁设计规范》（GB 50157—2013）第 11.1.12条中"盾构法施工的区间隧道覆土厚度不宜小于隧道外轮廓直径"，从这个条款中可以推理出"区间隧道覆土厚度小于隧道外轮廓直径"是一个致险因素，可能导致地表沉降过大或对周边建筑物造成影响。

4. 通过可靠度获取

对于适宜建立力学分析解析模型或存在经验解析公式的风险事件，从可靠度分析理论出发，先建立其极限状态函数，再从极限状态函数的自变量入手，获得致险因素。举例如下：

1）基坑坑底抗隆起失稳的极限状态函数为

$$g(R,S) = (\gamma D N_q + c N_c) - [\gamma(H+D)+q] \tag{3-1}$$

式中　c——桩底土的黏聚力；

D、H——支护结构的嵌固深度和基坑开挖深度；

　　q——地面超载；

　　γ——桩底地基土的重度；

N_q、N_c——地基承载力系数。

　　N_q、N_c 按 Prandtl 公式计算：

$$N_q = \tan^2\left(45° + \frac{\phi}{2}\right)e^{\pi\tan\phi} \tag{3-2}$$

$$N_c = \frac{(N_q - 1)}{\tan\phi} \tag{3-3}$$

式中　ϕ——土体内摩擦角。

　　通过对式（3-1）~式（3-3）进行分析，知基坑坑底隆起风险的致险因素至少包括：基坑围护桩（墙）底地层性质；围护桩（墙）入土比 D/H；基坑开挖深度。

　　2）基坑坑底土体突涌失稳的极限状态函数为

$$g(R,S) = \gamma_m(D + \Delta h) - 1.1P_w \tag{3-4}$$

式中　γ_m——透水层以上土的饱和重度；

$D + \Delta h$——透水层顶面距基坑坑底的深度；

　　D——支护结构的嵌固深度；

　　P_w——含水层水压力。

　　通过对式（3-4）进行分析，知基坑坑底土体突涌风险的致险因素至少包括：透水层以上土的物理力学性质；围护桩（墙）入土比 D/H；含水层水压力。

　　3）基坑坑底流砂、流土失稳的极限状态函数为

$$g(R,S) = \gamma_{sat}H_1 - \gamma_w\Delta h \tag{3-5}$$

式中　γ_{sat}——基坑坑底土的饱和重度；

　　γ_w——水的重度；

　　H_1——基坑降水水面距坑底的深度；

　　Δh——基坑内外水头差。

　　通过对式（3-5）进行分析，知基坑坑底流砂、流土风险的致险因素至少包括：基坑坑底土的物理力学性质；基坑内外水头差。

3.1.5　基于工程图样的地铁车站施工安全风险识别

　　针对传统地铁车站施工安全风险识别工作量大，主观性强，易产生误判、漏判等问题，本节提出基于工程图样的地铁车站施工安全风险自动识别研究。通过研究风险致险因素自动提取方法，从标准、规范及专家经验中获取风险识别规则，设计风险自动识别推理机制和算法，并在此基础上，构建地铁车站施工安全风险自动识别系统，实现了输入工程图样，调用风险识别规则，自动输出施工安全风险，为缺乏地铁建设经验的业主在施工准备期进行风险评估，排查重大安全隐患，制定风险

动态控制与智能分析策略提供参考依据。

基于工程图样的地铁车站施工安全风险识别技术路线如图 3-6 所示。

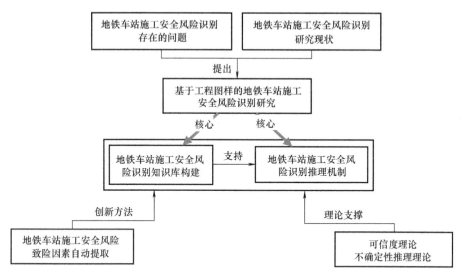

图 3-6　基于工程图样的地铁车站施工安全风险识别技术路线

在研究我国地铁车站施工安全风险识别存在的问题基础上，结合施工安全风险国内外研究现状，提出了基于工程图样的地铁车站施工安全风险识别这一课题。地铁车站施工安全风险识别库的构建和风险识别推理机制是核心；地铁车站施工安全风险致险因素自动提取作为一种创新方法，实现从工程图样中自动获取工程技术参数及关联的致险因素；可信度理论和不确定性推理理论作为理论支撑，实现风险识别知识库的构建和推理机制的设计。

本节对基于工程图样的地铁车站施工安全风险识别展开研究和探讨，将解决以下四个方面的关键问题：

（1）地铁车站施工安全风险致险因素自动提取　通过对地铁车站施工图中图元的特征识别和语义分析，获得工程技术参数，建立不同工程技术参数与致险因素的映射关系，从而达到自动提取风险致险因素。主要完成以下三个方面的工作：

1）通过总结与地铁设计、施工相关的规范、技术手册中风险致险因素描述，研读沈阳、武汉、郑州等多个城市地铁车站施工图，构建风险致险因素与工程图样中反映的工程技术参数间的关联关系表；工程技术参数的不同取值反映致险因素的状态，据此设计了离散类、连续变量类致险因素可信度的计算方法。

2）工程技术参数识别策略研究。总结人工识图的流程及信息获取规律，根据不同的工点类型（车站或区间）定义需识别的工程图样类别及计算机按序识图策略，采用 BNF 范式定义每类图样中可读取的工程技术参数，设计了定向识图增量搜索策略。

3）致险因素自动提取研究。设计基于语法规则匹配、基于图形模板匹配、基于拓扑结构匹配等专用算法对计算机识别的基本图形元素（如直线、圆、文字等）进行工程语义解析和结构化，从工程图样中获得项目特征信息类、施工工艺信息类、地质水文信息类及施工环境信息类工程技术参数及其反映的致险因素。

（2）地铁车站施工安全风险识别知识库的构建　安全风险识别知识库是地铁车站施工安全风险自动识别系统的核心组件，主要包括事实词条库和规则库两部分。主要完成以下三方面的工作：

1）总结地铁工程（以车站为主）典型施工工法下的风险类型和风险致险因素类型，列出风险清单。

2）风险事件及风险致险因素分析，对重点风险进行较深入的分析，研究风险的发生机理，设计致险因素构成的文献分析法、语义分析法、规范条文分析法和可靠度分析法，识别关键致险因素；然后采用专家初评、故障树灵敏度分析法修正来确定致险因素的权重，对致险因素可信度进行初步定量化确定。

3）事实库、规则库的建立，根据风险事件及致险因素的分析结果，对风险识别知识进一步分析、抽取，并采用基于扩展产生式的方式进行知识表达，并引入可信度理论完成风险识别事实库和规则库的构建。

（3）地铁车站施工安全风险识别推理机制研究　阐释基于规则推理（RBR）和基于案例推理（CBR）的基本原理，探讨风险自动识别系统推理机制的核心——不确定性推理的适应性，在此基础上引入了元规则控制的成组检索匹配算法和风险可信度计算方法，以实现高效准确的风险推理过程；通过总结地铁车站施工安全事故案例的多层次属性特征，探讨基于案例推理（CBR）和基于规则推理（RBR）混合模式在地铁车站施工安全事故案例库中的应用模型。

（4）风险识别专家系统的研发　在上述研究成果的基础上设计地铁车站施工安全风险自动识别系统的总体结构、功能模块划分、数据库结构，并采用JAVA语言进行程序编制。

3.2　设计阶段风险要素的智能识别算法

3.2.1　安全风险与工程图样的关联

地铁工程施工图是工程特性、建造设计、建筑法规的信息载体，包含结构构件属性及约束关系、结构与周边环境的相互作用、施工工艺步骤等各类信息。大部分地铁施工中的风险都与这些工程信息（技术参数）相关，经验丰富的领域专家、工程师通过人工阅读工程图样就可以识别出风险及致险因素。

1. 工程图样中蕴含的地铁工程施工安全风险

地铁工程施工安全风险与工程项目的特征、施工工法、施工组织直接相关，这些信息来源于设计总说明、围护结构平面布置图、隧道总平面图、隧道横剖面图等。这些从图样中识别的工程特征可以推理出该工程存在重叠隧道近邻施工风险，即后开挖隧道对邻近先开挖隧道土体扰动，导致先开挖隧道衬砌位移和变形过大。

工程地质纵剖面图中含有工程所处地质分层信息、水文信息、不良地质分布信息，因此地铁工程施工安全地质风险可在工程地质纵剖面图中直接辨识。在工程地质纵剖面图中若存在深色阴影部分，则可以识别出瓦斯气源层，即存在有害气体这种致险因素，该致险因素可能会导致施工过程中出现火灾或人员伤亡事故。

地铁工程施工安全环境风险与地铁工程周边建（构）筑物、地下管线、公路、桥梁的空间位置、健康状况、结构形式、变形承受能力等直接相关。从地铁工程车站、区间总平面图中可以辨识出是否存在建筑物开裂、倾斜，地下管线破裂，影响在役结构安全或运营安全等方面的风险。以地铁车站深基坑工程施工风险识别为例，《建筑基坑工程监测技术标准》（GB 50497—2019）第 5.3.1 条规定：基坑边缘以外 1~3 倍的基坑开挖深度范围内需要保护的周边环境应作为监控对象，必要时应扩大监测范围。这就意味着基坑边缘 1~3 倍的基坑开挖深度范围内建（构）筑物、地下管线均可能存在风险。

2. 地铁车站施工安全风险与工程图样的关联

通过以上分析及研读沈阳、武汉、郑州等城市地铁工程施工图，获得工程技术参数就可以推理识别出风险及致险因素。以地铁工程车站施工安全风险识别为例，将工程图样中可获得的工程技术参数分为：①项目特征类信息；②施工工艺类信息；③地质水文类信息；④施工环境类信息等。其中从①、②类信息中一般可识别出技术风险，从③、④类信息中可识别出地质风险和环境风险。表 3-5 ~ 表 3-8 给出从图样中获得的 4 类信息与可识别的风险及致险因素的关联关系。

表 3-5　项目特征类信息工程技术参数—风险及致险因素关联表

图样类别	识别单元/构件	技术参数	致险因素	关联技术风险
围护结构平面布置图	车站外轮廓	外包长度	基坑宽度大	钢支撑失稳
		标准段宽度		
		端头井个数		
围护结构平面布置图	钻孔灌注桩	桩径	止水效果差；渗流路径短	基坑侧壁渗漏
		桩心距		
	旋喷桩	桩径		
		桩心距		
围护结构剖面图	钻孔灌注桩	桩长	围护桩未入岩；围护桩入土比 < 0.7；软弱地层未加固	基坑坑底流土、流砂；基坑围护结构失稳
		入岩状态		
		入土比		
支撑平面布置图	支撑系统	钢支撑层数	长细比超限	钢支撑失稳

表 3-6　施工工艺类信息工程技术参数—风险及致险因素关联表

图样类别	识别单元/构件	技术参数	致险因素	关联技术风险
设计总说明	结构设计	施工工法	工法特殊限制	施工工法类风险
		结构安全等级		
围护结构平面布置图	基坑底地层	地层加固范围	基坑坑底软弱地层未加固	基坑坑底流土、流砂
降水井平面布置图	降水井	降水井个数	降水能力不足或降水失败	基坑围护结构失稳
		降水井间距		
降水井剖面图		降水井深度		
支撑结构剖面图	钢支撑	换撑工法	换撑工法不合理	基坑围护结构失稳

表 3-7　地质水文类信息工程技术参数—风险及致险因素关联表

图样类别	识别单元/构件	技术参数	致险因素	关联地质风险
地质纵剖面图	基坑坑底地层	地层土质	基坑坑底软弱地层；开挖范围内存在不良地质	基坑坑底突涌；基坑坑底隆起；有害气体泄漏
	承压水	承压水位		
	不良地质	淤泥层		
		有害气体		
		溶洞		

表 3-8　施工环境类信息工程技术参数—风险及致险因素关联表

图样类别	识别单元/构件	技术参数	致险因素	关联环境风险
总平面图	建筑物	结构形式	距离基坑近；基础埋深浅；结构健康状况差	建筑物倾斜、开裂
		基础形式		
		层高		
		基础埋深		
		距基坑距离		
	地下管线	管线类别	距离基坑近；承压管道；刚性接头	地下管线破裂
	下穿高架桥	桥墩基础距基坑距离	桥墩距离基坑近；桥墩基础埋深浅	高架桥不均匀沉降
		桥墩基础埋深		
		穿越方向		

建立在丰富工程经验和人工阅读工程图样基础上的专家风险识别法虽然有效，但也存在以下三个问题：

1）经验丰富的领域专家、工程师十分欠缺。

2）识图、文档编写、开会讨论，评估过程工作量大。

3）领域专家、工程师受身体疲劳、工作环境影响，风险识别具有一定的主观性，且易产生误辨、遗漏等问题。

因此，如何将专家经验和规范中的风险识别知识结构化，通过计算机自动识别工程图样，实现从工程图样信息到施工安全风险的自动输出是我们需要解决的问题。

3. 工程技术参数取值与风险致险因素可信度

工程技术参数的不同取值，即不同的工程特征能标识致险因素是否存在或表明人们多大程度相信此致险因素。我们采用致险因素可信度这一概念来作为致险因素与工程技术参数取值间的关联。

致险因素可信度的含义是：工程技术参数取某值时，人们对它会真的成为一个造成风险的致险因素的相信程度。越不易成为致险因素的取值，其致险因素可信度越小，例如，工程技术参数"基坑坑底地层土质"取值为"弱风化岩"，其发生流砂的可能性非常小，因此，此时工程技术参数"基坑坑底地层土质"对应的致险因素"基坑坑底地层为软弱非黏性土"的可信度取值为0。

建立工程技术参数与风险致险因素的映射关系表（表3-9），我们可以根据获得的某工程技术参数查询或计算出其对应的致险因素可信度大小。

表3-9　工程技术参数与风险致险因素的映射关系表（部分）

编码	工程技术参数名称	符号	取值	致险因素	致险因素可信度
FID. 100	基坑坑底地层土质	=	砾砂		0.4
FID. 100	基坑坑底地层土质	=	粗砂		0.5
FID. 100	基坑坑底地层土质	=	中粗砂		0.6
FID. 100	基坑坑底地层土质	=	中砂		0.65
FID. 100	基坑坑底地层土质	=	细砂		0.7
FID. 100	基坑坑底地层土质	=	粉细砂	基坑坑底地层为软弱非黏性土	0.8
FID. 100	基坑坑底地层土质	=	粉砂		0.85
FID. 100	基坑坑底地层土质	=	粉土		0.85
FID. 100	基坑坑底地层土质	=	黏土		0.1
FID. 100	基坑坑底地层土质	=	粉质黏土		0.2
FID. 100	基坑坑底地层土质	=	其他		0
FID. 025	钻孔灌注桩入岩状态	=	入岩	围护桩未入岩	0
FID. 025	钻孔灌注桩入岩状态	=	未入岩		0.7
FID. 104	基坑内外水头差	≤	2m		0.2
FID. 104	基坑内外水头差		2~4m	基坑内外水头差大	$0.8\dfrac{x-2}{4-2}+0.2$
FID. 104	基坑内外水头差	>	4m		0.8
FID. 101	基坑坑底软弱地层加固	=	未加固	基坑坑底软弱地层未加固	0.8
FID. 101	基坑坑底软弱地层加固	=	加固		0.2

（续）

编码	工程技术参数名称	符号	取值	致险因素	致险因素可信度
FID.026	钻孔灌注桩入土比	≤	0.4	围护桩入土比小	0.8
FID.026	钻孔灌注桩入土比		0.4~0.7		$0.6\dfrac{0.7-x}{0.7-0.4}+0.4$
FID.026	钻孔灌注桩入土比	>	0.7		0.4
FID.102	基底土层厚度	<	200mm	基底地层厚度小	0.8
FID.102	基底土层厚度	≥	200mm		$0.8e^{-(x-200)/100}+0.2$

工程技术参数的值域可分为两类：一类是离散确定型数值；另一类是连续型数值。对于工程技术参数离散确定型数值，其对应的致险因素可信度取值也是离散值；而工程技术参数为连续型数值，其对应的致险因素可信度的取值可采用分段函数表示，分段的界限值根据风险发生机理分析中的理论计算或经验公式获得。例如，对于基坑坑底流砂（流土）风险，关联的工程技术参数之一：围护桩（墙）入岩状态，其状态值为离散确定型，入岩取值为1，未入岩取值为0，对应的风险致险因素"围护桩未入岩"的可信度分别取0和0.7。另一工程技术参数：基坑内外水头差 x，其值为连续型数值，用 $CF(e_i)$ 来描述风险致险因素"基坑内外水头差大"的可信度取值。根据基坑坑底流砂、流土失稳的极限状态函数 $g(R,S)=\gamma_{sat}H_1-\gamma_w\Delta h$ 可知，基坑内外水头差 Δh 与基坑坑底降水深度 H_1 呈线性关系（γ_{sat}/γ_w 近似为常量），$CF(e_i)$ 可用分段函数表达为

$$CF(e_i)=\begin{cases} 0.2 & x<2\text{m} \\ 0.8\dfrac{x-2}{4-2}+0.2 & 2\text{m}\leqslant x<4\text{m} \\ 0.8 & x\geqslant 4\text{m} \end{cases} \tag{3-6}$$

3.2.2 工程图样计算机智能识别的过程和方法

本节提出借鉴人工识图机理，按照施工图表示特点和计算机识图的特性，对图样信息进行重新组织，设计不同的识别策略以实现工程技术参数的获取。主要工作步骤如下：

1）采用按序识图分层搜索策略重新对整体图样进行逻辑编排，适应图样信息由整体到局部的组织特点和由全局到细部的读图流程。

2）采用定向识图增量搜索策略在不同类图样上搜索特定结构构件，利用构件间的拓扑约束关系渐进搜索邻近结构构件，获取结构构件的工程技术参数。

3）采用面向风险辨识框架的整体识图策略将分散图元信息分层分步识别后填充至风险辨识框架，为风险辨识提供原始工程技术参数。

为实现从工程图样中自动识别工程技术参数，需将自然语言描述的识别策略形

式化，同时也需将工程图样按识别要求进行分层组织，采用巴科斯范式（又称巴科斯-诺尔范式，Backus-Naur Form，BNF）是实现上述目标的较好技术手段。BNF是一种用来自顶向下描述层次式结构对象的表达方式，它的特点是简洁、严谨、精确和无歧义。本节采用 BNF 描述图样分层组织信息，定义地铁工程结构构件组成和识别特征，计算机程序按 BNF 描述的顺序，提示用户依次输入不同种类的电子图样，按定向识图增量搜索策略调用识别算法完成结构构件（图元）信息识别，将获取各类典型图元的整体信息填充至风险辨识框架。经 BNF 形式化处理后，图样识别策略易于被计算机程序识别，同时能增强扩展性，适应不同设计单位的施工图表示特点。

1. 按序识图分层搜索

工程图样的组织遵循由整体到局部的原则，从每套图样的图样目录指引读图的顺序，将图样目录的内容按树型结构分层组织。地铁车站围护结构施工图识别顺序采用 BNF 描述为：

> 车站围护结构施工图：：=<设计总说明*><总平面图><平面布置图*><支撑分层布置图*><纵剖面图*><横剖面图*><构造详图*>

其中<设计总说明*>表示可能存在多张设计总说明图样，其他类似。

其含义为：地铁车站围护结构施工图按照设计总说明→总平面图→平面布置图→支撑分层布置图→纵剖面图→横剖面图→构造详图的顺序进行识别。

首先创建一个待识别工段的基本信息，根据工段的类型（车站或区间），按系统内置的工程图样识别目录，引导用户输入相应图样（图 3-7）进行识别。

图 3-7 按序上传工程图样

2. 定向识图增量搜索

对于读入的经预处理过的 DXF 格式工程图样，其识别工作过程如图 3-8 所示。该工作过程包含以下三个技术要点：

1）通过对 DXF 格式文件进行解析，输出直线、圆、文字等基本图元的个数和属性。

2）借助图元识别规则库，对基本图元进行工程语义分析，输出结构构件（如

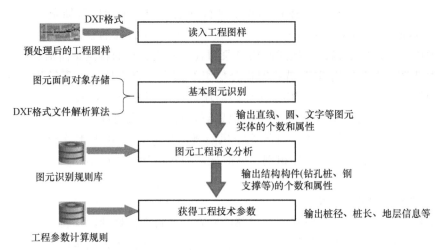

图 3-8　DXF 格式工程图样识别工作过程

钻孔桩、钢支撑等）的个数和属性。

3）利用工程参数计算规则，从结构构件属性中和拓扑关系中获得工程技术参数。

我们将上述技术要点总结为定向识图增量搜索策略，它解决以下两个问题：

1）定义各类图样中可识别哪些结构构件，如何识别。

2）通过已识别构件信息，利用空间关联关系渐进地识别邻近的结构构件。

（1）定向识图搜索　不同的结构构件（图元）存在于不同的图中，采用定向搜索待识别构件的方法，可提高检索效率。对于每类工程图样，先采用 BNF 自顶向下描述需识别的图元，然后调用合适的识别算法完成图元信息识别。例如，车站围护结构平面布置图可识别的图元采用 BNF 描述如下：

<车站围护结构平面布置图>∷=<轴网*><排桩*>［<地下连续墙*>］<支撑*>［<止水帷幕*>］［<工程桩*>］

其中"［　］"符号表示可选项。

其含义是：在车站围护结构平面布置图中可识别轴网、排桩或地下连续墙、支撑或止水帷幕或工程桩等图元信息。每类图元信息可递进描述，例如：

<排桩>∷=<钻孔灌注桩*>［<人工挖孔桩*>］［<SWM 桩*>］

其含义是：排桩一般为钻孔灌注桩，也可能是人工挖孔桩或 SWM 桩。

输入 DXF 格式的工程图样，由于基本图元在 DXF 格式文件中采用面向对象方式存储，因此通过解析 DXF 格式文件可识别这些基本图元，例如，图样中包含多少圆，多少直线，多少文字等，如图 3-9 所示。

基本图元的信息中不包含图元的工程含义，同时也不包含图元间的约束关系信息，需通过调用系统集中管理的各类结构构件识别规则（图 3-10），对基本图元进行工程语义解析，识别出结构构件信息。

图 3-9 基本图元识别统计表

图 3-10 工程图样中结构构件识别规则

例如，对于钻孔灌注桩的识别规则描述如下：

> <钻孔灌注桩*>::=<钻孔灌注桩平面轮廓>[<钻孔灌注桩标注>]
>
> <钻孔灌注桩平面轮廓>::=<空心圆><空间约束>
>
> <空间约束>::=相切(基坑外包线│基坑外放线)
>
> <钻孔灌注桩标注>::=Φ& 钻孔│@

钻孔灌注桩（为围护桩）的平面信息如图 3-11 所示。

通过对图 3-9 和图 3-11 的识别结果进行对比分析可知，从车站围护结构平面布置图中识别圆图元 868 个，其中钻孔灌注桩（即围护桩）385 个，旋喷桩 422 个，剩余的 61 个图元为轴线标注。

（2）增量搜索策略 增量搜索策略应用于以下两方面：一是利用关联关系从已识别对象出发搜索关联对象；二是从典型特征元素出发搜索结构构件。

在同一张图样中，利用不同结构构件的相互依存关系，从已识别的对象出发搜

图 3-11 结构构件识别

索可能存在的与其相关的构件。例如，根据领域知识，旋喷桩止水帷幕一般布设在钻孔灌注桩外侧（图 3-12）。

图 3-12 钻孔灌注桩与旋喷桩位置关系图

若已识别出钻孔灌注桩，搜索与之相切或相交的圆形图元，可快速识别旋喷桩。识别结果如图 3-13 所示。

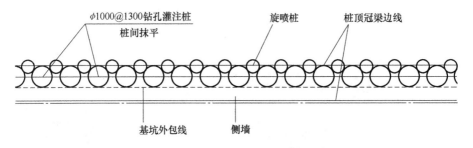

图 3-13 钻孔灌注桩与旋喷桩几何尺寸参数识别

识别出钻孔灌注桩及旋喷桩的平面位置信息后，搜索横剖面中桩的长度信息、桩底所处地层信息，如图 3-14 所示。

一个结构构件的组成图元中往往含有典型的特征元素，先将该典型特征元素作为目标，找到后再在该位置附近搜索该结构构件的其他组成图元，可提高搜索效率。例如，钻孔灌注桩的典型特征元素是空心圆，定位到空心圆后再搜索附近是否有标注引线，然后搜索标注文字是否含有"钻孔灌注桩"字符，这种渐进式搜索

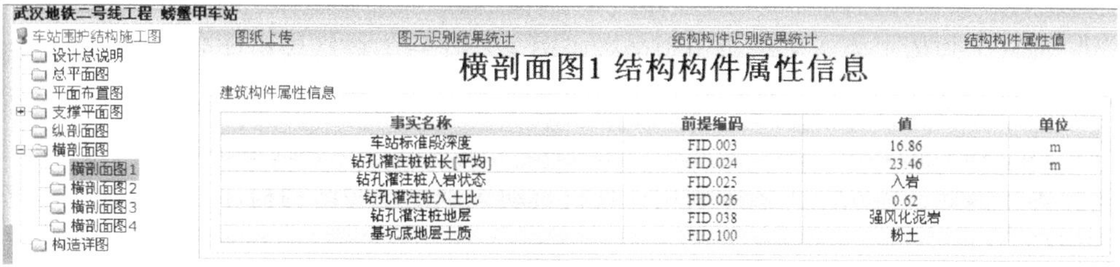

图 3-14　钻孔灌注桩剖面信息识别

方式可极大提高搜索效率。

3. 面向风险辨识框架的整体识图

本书通过总结沈阳、武汉、深圳等城市地铁工程施工及安全智能分析实践经验，整理相关设计施工规范、手册及论文文献中零散的风险辨识理论知识，建立了地铁工程施工安全风险辨识总体框架。针对每一个安全风险，确认其风险类型和风险致险因素构成。风险致险因素中涉及的技术参数 80% 以上可以通过设计图获取。计算机自动识别的技术参数将被填充至风险辨识框架，通过风险辨识规则进行风险的预评估。例如，车站基坑底流砂风险辨识框架（局部）描述如下：

<车站基坑坑底流砂风险>

<风险类别><施工技术风险>

<车站几何尺寸>

<长度><189.90m>

<宽度><18.70m>

<施工工法>

<工法名称><明挖法>

<围护结构形式><钻孔灌注桩+旋喷桩>

<钻孔灌注桩>

<桩径><1000mm>

<桩心距><1300mm>

<桩长><23.46m>

<桩入岩状态><入岩>

<桩底所处地层><强风化岩>

上述风险辨识框架的含义是：车站基坑坑底流砂风险属于施工技术风险，其致险因素之一是钻孔灌注桩的特性，与桩长、桩心距、桩入岩状态、桩底所处地层等相关。计算机自动识别的技术参数将为此框架中的元素赋值。构造的风险辨识框架可以转化为风险识别规则。

3.2.3 施工图典型图元识别算法

地铁工程施工安全风险辨识中的致险因素往往与工程结构构件的属性、工程地质、工程水文条件、周边施工环境限制等直接相关，这些影响施工安全的要素包括围护桩（墙）的长度、入土深度、支撑的形式和几何尺寸、隧道标准断面的形状、埋深等。因此，需从施工图中利用计算机自动识别出这些结构构件、工程地质的基本信息。

符号可定义为一个具有特殊意义的图形实体，它的含义与专门的应用领域有关。对于地铁工程施工图中的结构构件（图元），例如，钢支撑、地下连续墙、冠梁、锚杆等都可认为是待识别的图形符号，这些符号由基本的图元（直线、弧、圆、矩形等）组合而成，其语义还与符号相连接的标注文字相关。

地铁工程施工图的表示多样性和缺省性说明图形符号所代表的知识具有一定的模糊性；关联性表明图元间存在的空间拓扑约束关系。这些特性要求针对不同的符号应采用不同的识别算法。本节设计了4种识别规则，完成地铁车站施工图典型图元的识别工作。

1. 基于语法规则匹配

基于语法规则匹配用于识别与地铁专业符号关联度不大的工程图样通用图元符号，例如，轴网、尺寸线、标注引线、剖切线、标高符号等。其识别算法描述为：首先采用一阶谓词逻辑对识别语法规则进行描述，然后读取工程图样数据获得待识别对象属性，最后进行逻辑推理，获得匹配结果。

例如，对标注引线的识别规则采用一阶谓词逻辑形式化描述为

$$\forall m(m \in L \cup m \in P \cap \exists n(n \in L \cup n \in P \cap \text{Intersect}(m,n))) \Rightarrow m \in YL$$

其中，L 为直线集合；P 为折线集合；YL 为引线集合。

该识别规则将标注引线定义为：两条顶点相交直线，夹角为直角或钝角；其中一条线为水平线。

识别标注引线的过程描述为：搜索 DXF 格式文件对象属性，找出 L、P 集合，遍历满足 $\text{Intersect}(m,n)$ 函数的元素，添加到 YL 集合，完成引线的识别。

2. 基于图形模板匹配

基于图形模板匹配算法属于符号识别领域的结构化方法，主要用于识别地铁车站施工图中典型的结构构件（如钢支撑、地下连续墙、冠梁、锚杆等）。其识别算法描述为：首先建立结构构件（图元符号）的识别模型（或图形模板），然后搜索施工图中的候选符号，并对其进行特征抽取，建立特征向量，最后与识别模型（或图形模板）进行匹配，完成识别工作。该算法的重点是对每类模板的规则描述。

对于具有规则形状的典型图元，例如，钻孔灌注桩一般为圆形，可建立图形模板，主要识别特征为：①空心圆；②标注中含"Φ""钻孔""桩"字符；③空间

约束规则为与基坑外包线或基坑外放线相切。搜索 DXF 候选符号（空心圆），检测其标注信息是否与图形模板匹配，并检测空间约束是否满足，最后根据候选符号与图形模板的匹配程度判别其类别。

3. 基于拓扑结构匹配

在工程图样中，点、线、弧、圆、面、体图元称为拓扑元素。地铁工程施工图中，某些结构构件（由基本拓扑元素及其组合构成）间存在相互依存关系，这种平面或空间的约束关系称之为拓扑约束。例如，在地铁车站施工图设计中，作为止水帷幕的旋喷桩一般布置在钻孔灌注桩外侧，且与钻孔灌注桩相交或相切；冠梁一定是布置在桩顶；钢支撑架设在围檩上。

基于拓扑结构的匹配是基于约束匹配方法的一种，对于上述具有固定的拓扑约束的图形，可采用此方法识别。例如，旋喷桩的识别规则采用 BNF 描述为：

> <旋喷桩[*]>∷=<旋喷桩平面轮廓>[<旋喷桩标注>]
>
> <旋喷桩平面轮廓>∷=<空心圆><空间约束><尺寸约束>
>
> <空间约束>∷=相切（钻孔灌注桩）|相交（钻孔灌注桩）
>
> <尺寸约束>∷=D（旋喷桩）<D（钻孔灌注桩）
>
> <旋喷桩标注>∷=Φ& 旋喷桩|@

其含义采用自然语言描述为：①空心圆；②与钻孔灌注桩相切或相交；③旋喷桩桩径<钻孔灌注桩桩径；④标注中含 "Φ" 且含 "旋喷桩"。

4. 基于统计方法匹配

基于统计方法匹配用于元素构成复杂、具有缩放-旋转变形特征、不适合构造图形模板的图元识别。一般采用统计方法提取图元的特征向量，通过多组数据试验对比，确定特征系数，通过模式识别分类器进行图元的分割和识别工作。

地质纵剖面图（图3-15）是标识地下结构施工所处工程地质、水文地质状况的重要资料。由于地质纵剖面图中包含地层图例符号、地层分层线、勘探孔、地层剖面、地下水位标识等信息。因此，在地铁工程风险辨识中需获得各地层分布信息、地下水位信息，淤泥层、溶洞等特殊地质信息，计算机在识别地质纵剖面图时需解决以下两个关键问题：

1）地层图例符号如何识别。

2）地层剖面如何与地层图例符号进行匹配。

《城市轨道交通岩土工程勘察规范》（GB 50307—2012）对地质纵剖面图的常用图例进行了规范，但由于图例是示例性质的，适合人工阅读，计算机识别较困难。例如，角砾图例中含有不规则三角形表示该地层含碎石，但规范中未明确三角形的个数和绘制法则，人脑可通过模糊推理快速识别，计算机处理此类问题较困难。

由于各设计单位可根据规范的基本要求自行设计剖面图例，绘制的比例不统一，难以构造识别图例模板，因此需按统计方法设计模式识别分类器。

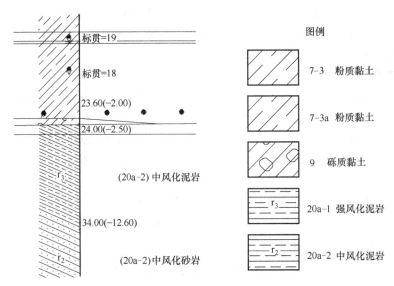

图 3-15　地质纵剖面图

通过分析研究，表示地层信息的各类图例主体结构是由不同的细实线、虚线等组合而成，图例中还可能包含附加的字符、三角形、不规则形。针对每类图例特征，需进行特征提取，实现降维。对于第 i 个图例的描述，采用二元组（Legend(i)，AD(Type,$S(i)$)）表示。

1）计算由不同线型与矩形边线构成的封闭图形面积，然后乘以构造系数，进行求和，总和除以矩形面积作为该类图例的特征系数，即

$$\mathrm{Legend}(i) = \sum A_{ij}E_{ij}/A_i \qquad (3\text{-}7)$$

2）附加信息 AD(Type,$S(i)$)，$S(i)$ 可以是字符或附加图形。例如，AD(1，"r_1"）表示附加信息是字符串"r_1"。

在进行地质纵剖面地层信息识别时，先进行边缘检测，然后计算封闭图形的特征值和附加信息，并与图例特征值进行匹配，匹配时需考虑对图例的缩放、旋转处理，从而识别地层的属性信息。

3.2.4　风险识别知识库的构建

专家系统中的知识库与传统的数据库相比，不仅包含大量的简单事实，还包括规则和过程性知识。知识库通常包含事实库、规则库和策略库。不同领域知识库的构建方法和内容又具有不同的特色。王荣和在给水排水工程专家系统构建的知识库包括专业词组库、工艺流程库、处理效果库和规则库；李正良根据高层建筑基础选型知识特点，设计了高层建筑基础初步选型知识库、桩型选择知识库、桩基础选型知识库、地基处理知识库；陈亚兵设计了关键词表、族类表和实例表来构建专家咨询知识库；于鑫刚探讨了本体论在知识库系统中的应用和方法，提出了一种基于本

体的知识模型，并阐述了基于本体的知识库构建方法。

从专家系统知识库的构建研究看，知识库中均涉及对事实和规则的管理，但需根据领域特点和求解问题目标进行专门设计，专家系统推理机制的研究重点在于对不确定知识的处理，基于可信度的不确定性推理依然具有较好的通用性和实用性。

解决地铁工程施工风险自动识别问题的关键是建立一套结构清晰、易于计算机理解、扩展性好的风险识别知识库。为实现此目标，需设计知识库的总体结构并选择合适的知识表达形式。

由于地铁工程施工风险识别是一个多阶段、多层次的复杂过程，不同阶段可能用到不同的知识形式，因此采用知识的层次结构模型描述、组织和管理知识，按层次间的隶属关系和知识语义聚集形成一个关联的树结构模型，将知识库设计为层次结构型。

知识库中的知识分为元知识、目标知识和案例知识三类。元知识用元规则表示，形成元知识库（Meta Knowledge Base，MKB）。目标知识可用产生式规则、语义网络、框架、分析模型等多种形式表示，形成相应的知识库：事实库、规则库、模型库、图形库等。案例知识用框架或面向对象表示法表示，形成案例库。风险识别知识库总体结构框图如图 3-16 所示。

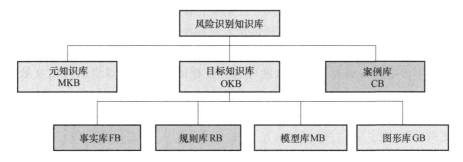

图 3-16 风险识别知识库总体结构框图

3.3 设计阶段风险的智能推理机制

3.3.1 RBR 的风险识别方法

风险识别规则是对地铁工程施工安全风险识别不确定性知识的描述，此类规则可借助不确定性推理机制进行处理，从而获得风险识别结果。

1. RBR 的基本原理

RBR 的基本原理参见 2.4.1 节。本节设计的地铁车站施工安全风险识别过程通过计算机自动识别工程图样获取工程技术参数，在风险识别知识库和推理机制作用下推导出可能的风险。因此，本节采用正向推理方法。

2. 基于规则的不确定性推理

不确定性推理又称不精确推理，是一种建立在非经典逻辑基础上的基于不确定知识的推理，它从不确定的初始证据出发，通过运用不确定知识，推出具有一定程度的不确定性和合理的或近乎合理的结论。不确定性推理包括：知识不确定性描述、证据不确定性描述和不确定性的传播算法三个方面。

不确定性推理模型包括概率推理、贝叶斯推理、可信度方法、证据理论、模糊推理等。其中，概率推理要求给出结论 H 的先验概率 $P(H)$ 及证据 E 的条件概率 $P(E/H)$，在实际工程项目中很难获得这些概率数据；贝叶斯推理也要求给出 $P(H)$，并要求事件间具有独立性，在现实条件下不一定能满足；证据理论要求 D 中元素满足互斥条件，对于实际系统难以满足，且需要给出的概率分配数多，计算量大。通过比较我们选择概念清晰、计算简单、实际应用合理且有效的可信度方法作为本节的不确定性推理模型，其规则表示的基本形式为：IF E THEN H CF(H,E)。

由于地铁工程风险识别知识具有不确定性。因此，获取的风险识别规则采用扩展的产生式知识表示法，引入可信度来体现其证据的不确定性、结论的不确定性，引入规则强度（规则可信度）概念描述规则的不确定性。这三种不确定性从本质上看是有区别的：证据不确定性主要是由于人的认知能力有限，对一种证据是否能作为致险因素来考虑，不同人的理解存在差异，体现的是一种模糊性，可采用隶属度函数来表示证据的可信度；规则强度是人对一种风险可能发生的信任程度，可以用主观概率来表示规则的可信度；结论的不确定体现在由证据不确定、规则不确定导致结论不确定的传播过程，可信度可通过证据的可信度和规则的可信度的乘积获得。

对于多证据 $E = \{E_1, E_2, \cdots, E_n\}$ 单结论（或假设）H 的模糊产生式规则主要有下面两种形式：

$$\text{IF } E_1\{t_1\} \wedge E_2\{t_2\} \cdots \wedge E_n\{t_n\} \text{ THEN } H \text{ CF}(H,E) \tag{3-8}$$

$$\text{IF } E_1\{t_1\} \vee E_2\{t_2\} \cdots \vee E_n\{t_n\} \text{ THEN } H \text{ CF}(H,E) \tag{3-9}$$

式中　$t_k(k=1, 2, \cdots, n)$ ——证据可信度；

$\quad\quad\quad$ CF(H, E) ——规则强度。

由证据可信度推导出结论可信度的过程称之为不确定的传播。一条规则的结论可能成为另一条规则的证据，这些链接的规则构成分叉推理树，推理搜索过程就是对分叉推理树进行遍历。设由初始假设 H_0 开始直到最终结论 H 的一条推理路径描述为

$$H_0 \rightarrow H_1 \rightarrow \cdots \rightarrow H_{i-1} \rightarrow H_i \rightarrow \cdots \rightarrow H$$

相应的可信度传播路径为

$$\text{CF}(H_0) \rightarrow \text{CF}(H_1) \rightarrow \cdots \rightarrow \text{CF}(H_{i-1}) \rightarrow \text{CF}(H_i) \rightarrow \cdots \rightarrow \text{CF}(H)$$

不确定性传播函数的一般形式为

$$\text{CF}(H_i) = \text{CF}(H_{i-1}) \times \text{CF}(H_{i-1} \rightarrow H_i) \tag{3-10}$$

（1）均值法　采用均值法得到的 $CF(H_{i-1} \rightarrow H_i)$ 的表达式为

$$CF(H_{i-1} \rightarrow H_i) = CF(H,E) \times \frac{\sum_{k=1}^{n} t_k}{n} \tag{3-11}$$

（2）权值法　证据子集 $E = \{E_1, E_2, \cdots, E_n\}$ 对结论的重要程度是不同的。证据的权值是指证据为真对得出结论也为真的贡献大小。证据子集 E 对应的权值 $\omega = \{\omega_1, \omega_2, \cdots, \omega_n\}$，则 $CF(H_{i-1} \rightarrow H_i)$ 为

$$CF(H_{i-1} \rightarrow H_i) = CF(H,E) \times \sum_{k=1}^{n} \omega_k t_k \tag{3-12}$$

极值法只用到了可信度的最大、最小值，丢失了很多信息。均值法将各证据可信度不分主次，是一种折中的方法，权值法比较接近客观实际，但权值的确定是个技术难点。

在地铁工程施工安全风险识别规则设计时，对于同组中排他型规则，传播系数采用极值法；对于证据完备集规则（即规则前提中包含所有证据，规则强度为1.0），$CF(H,E) = 1.0$，$\omega_k = 1/n$，$CF(H_{i-1} \rightarrow H_i) = 1$，此时推理已转化为确定性推理；同组其他证据中含有权重值的组合规则，其传播系数采用权值法比较符合实际情况。

3. 基于规则推理的风险识别方法

本节设计的风险识别规则采用扩展的产生式表示，引入了规则分组、规则类型，增强了规则间的关联。根据地铁车站施工安全风险的分类特性，将启发性知识设计成元规则，显式地控制推理过程，其核心是不确定性推理。基于元规则控制的成组检索匹配算法如图3-17所示。

通过规则库中的各类不同规则分布情况，初步估计这种推理算法较全局搜索顺序匹配算法能减少50%～80%的搜索工作量。

3.3.2　CBR 的风险识别方法

据不完全统计，地铁工程车站 82% 的基坑安全事故发生在施工阶段；15.1% 的隧道安全事故也发生在施工阶段。以地铁工程施工阶段安全事故案例为研究对象，通过对案例的系统整理和结构化存储形成地铁工程施工安全事故案例库，在施工准备阶段根据工程基本特征检索安全事故案例库，查找可能发生的安全事故，作为地铁施工风险识别的一种技术手段，为重大安全隐患排查和针对性应急救援预案编制提供支持；在施工阶段 Near-Miss 工况下，根据事故征兆查询安全事故案例库，检索类似安全事故的发生过程，部署风险减轻或消除措施，准备好应急抢险资源；事故发生后查询安全事故案例库，按照类似的事故处理措施进行抢险补救工作，总结工程施工经验，并将新案例补充至安全事故案例库。

地铁工程施工事故的发生涉及人的因素、设备的因素、作业的因素和管理的因素，由于影响因素多，相互关系复杂，事故发生的直接因果关系规则不易提取。因

此，采用 CBR 应用模式比较适合这类弱理论、强经验的应用领域。CBR 直接利用以往的案例进行推理，用过去求解类似问题的经验知识来解决当前新问题，可以将难以规则化的事故分析知识隐含到实例中，克服了知识获取、形式化表示的困难，同时通过增量式学习可逐步完善案例库，提高问题求解精度。CBR 主要包括案例检索、案例修改、案例评价、案例学习 4 个过程。

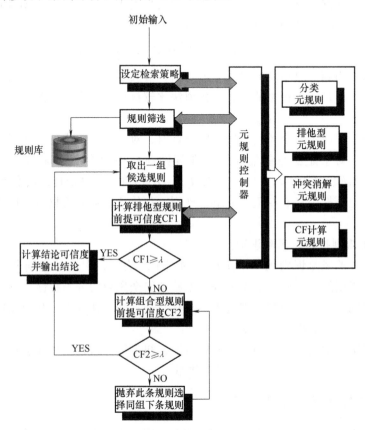

图 3-17　基于元规则控制的成组检索匹配算法

1. 案例检索

在 CBR 系统中，案例检索的目标是以最短时间在案例库中找到与问题描述最相似的案例。通常案例检索可以分为确认问题的特征、初步匹配、搜索和最优匹配 4 个子过程。

案例检索的算法比较成熟，包括：以相似度计算为核心的线性检索算法，典型的如最近邻距离算法（K-NN 算法），其时间复杂度为 $O(n)$，即随着 CRB 系统案例数量 n 的增长，检索时间呈线性增长；经典的基于 ID3 决策树的案例检索算法，其时间复杂度为 $O(\log_n)$，ID3 算法虽然在很大程度上提高了案例检索的速度，但该算法的速度和精度与案例库中样本数目和样本的选择密切相关，具有很大的不确定性；基于 K-D 树的案例检索算法，其时间复杂度为 $O(\log_n)$，此算法将案例的特征向量视作高维空间的点，在这些点上建立最近邻检索结构，利用二叉检索树（Binary Search Tree，BST）算法获得检索结果，但由于阈值设定的主观性，常无法输出最优案例；改进的 K-D 树案例检索算法引入聚类概念，将原始案例库组织成聚合中心库和类库二级结构，其时间复杂度为 $O(k\log_m)$，检索速度上逼近 ID3 决策树检索算法，在检索精度上远远超过了 ID3 决策树检索算法和标准的 K-D 树检索算法；基于 BPNN 的检索模型不需要精确定义属性的相似度，检索速度快，精度稍低，此模型是一个非线性优化问题，存在局部最优，需用其他网络或遗传算法进行改进。

2. 案例修改

按照一定搜索算法检索出的相似案例，一般不能完全满足新案例的所有约束条件，因此需对相似案例进行修改，以便能将结论、处理措施部分进行复用。案例修改与具体的应用领域相关，目前还缺乏通用的案例修改形式化理论，实际应用系统中案例修改部分往往还需人工干预。

案例修改考虑以下两种情境：

1）相似案例完全匹配待求解问题，则可直接复用相似案例的结论或处理措施。

2）在大多数情况下，相似案例与待求解问题不完全匹配，那么就需要分析，比较两者的差异，决定在多大程度上复用相似案例的解或怎样调整后才能适用待求解问题。

案例修改的基本方法可分为两类：

（1）基于规则推理的修改策略　通过总结领域知识、识别规则、修改经验和约束形成修改规则，在修改规则指导下对相似案例进行增加、替换、派生、删除等操作，输出待求解问题的解。修改规则一般可采用产生式或 Petri 网表示。这种修改策略存在两方面的制约：一是较难建立完备的适用于修改的规则库；二是规则推理的效率较低。

（2）基于案例修补库的修改策略　此方法首先通过对案例进行聚类操作，形成案例修补库 CBRA，针对搜索到的相似案例与当前案例的特征差异，在 CBRA 中搜索具有相同特征差异的案例对，并对输出事例做相应的取代操作，该策略与 CBR 思想相一致，摒弃规则，从已存在的案例数据中搜索修补知识。

3. 案例评价

案例修改后还需对产生的解进行正确性、一致性和可行性评价，根据评价指标判断本次推理是否成功。

若评价指标满足系统设定的阈值，则认为此次推理是成功的，可输出结论或处理措施。若不满足要求，则返回系统进行重新推理。经多次反复后，如果仍未获得较满意解，则停止推理工作。

4. 案例学习

基于案例推理的专家系统经过一段时间应用后，会积累大量的问题案例，若不加选择地增加到案例库中，案例库的规模将急速增大，导致推理效率和准确性下降。案例学习主要用于判定什么案例适合加入案例库，如何优化案例库，即减少冗余，如何保证案例的问题领域的覆盖度。

案例数量的增加，将导致案例库的规模增大，案例库中案例的整体质量下降，影响推理效率及准确性。因此，案例学习须减少案例的冗余，确保案例库中案例的典型性，将案例库控制在一定的规模内。

可采用如下策略对其自学习行为加以控制：对于通过检索适配得到的结果案例进行价值分析，即计算其与案例库中所有旧案例之间的相似度 $S = \{S_{1t}, S_{2t}, \cdots, S_{nt}\}$，其中，$n$ 为旧案例数，$S_{it}(i = 1, 2, \cdots, n)$ 为新案例 t 与旧案例 i 之间的相似度。当所有 S_{it} 均小于某一个给定的阈值 A（$0 < A < 1$）时，则认为新案例为高价值案例，可加入案例库；否则，将其认为是低价值或无价值案例，不予加入。

3.3.3 CBR 和 RBR 混合模型的风险识别方法

与传统的 RBR 比较，CBR 无须显式的领域知识模型，增加知识时不需要进行一致性检查，增量式学习方式逐步完善案例库，两种推理方法的比较见表 3-10。

表 3-10　RBR 与 CBR 推理方法比较表

比较项目	基于规则推理（RBR）	基于案例推理（CBR）
推理方式	演绎推理	类比推理
知识获取与表示	较难	容易
推理脆弱性	固有	柔性
存在匹配冲突	是	否
存在组合爆炸	是	否
一致性检查	需要	不需要
完备性	难判断	—
解释能力	强	较强
深入分析能力	较强	弱
关键技术	可信度计算	索引建立、近似度计算
大数据量推理效率	低	高
推理结果精度	较高	较高
学习能力	较弱	强

如果将 CBR 和 RBR 两者相结合，就可以将知识和案例联系起来实现协同运作，充分发挥各自处理特定需要问题的优势，实现更高的机器智能。

1. CBR 和 RBR 混合模型分类

在已实现的 CBR 和 RBR 混合推理系统中，绝大多数是把容易形式化的部分由

RBR 完成，病态结构的问题或偶尔发生的异常问题交由 CBR 解决。CBR 和 RBR 的结合基本可分为以下三种模式：

（1）RC 并行模式（RC-parallel） RC 并行模式根据问题描述，按照 RBR、CBR 的要求分别构造识别框架和新案例，进行推理，将两者推理结果输入评判容器中进行结果优化，并输出最终结果。其推理过程如图 3-18 所示。

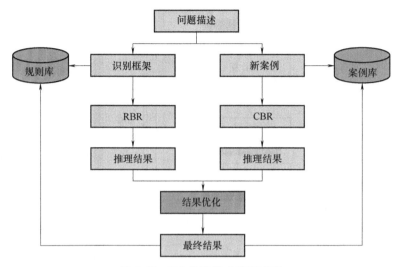

图 3-18 RC 并行模式推理过程

RC 并行模式的优点在于利用不同的知识库、不同的推理机制进行风险识别，覆盖范围广，推理结果可进行互相验证；缺点是两者推理方式各自孤立工作，中间结果不能互用，存在冗余推理，影响推理效率。通过研究可在推理过程中加入黑板通信机制，以实现两者间的推理信息互通。因此，RC 并行模式所得方案不是风险识别最优方案。

（2）RBR 占优、CBR 补充——RC 混合模式（RC-hybrid） RC 混合模式中 RBR 是获得问题解的主要方法，此模式也可称为规则占优方法。由于规则的不完备性、模糊性，案例主要用于超出规则的例外情况处理，以适应环境和需求的变化，而不必重写规则。

（3）CBR 占优、RBR 补充——CR 混合模式（CR-hybrid） CR 混合模式中 CBR 扮演重要角色，规则仅作为支持，此模式也可称为案例占优方法。

由于事故案例具有多层次属性，各层属性间存在一定的关联关系，事故发生的直接因果关系规则不易提取，RC 并行模式和 RC 混合模式不适合处理施工安全事故案例库的推理问题，因此，选用 CR 混合模式比较合适。

2. 地铁车站施工安全事故案例混合推理模式

为了提高 CBR 的效率和准确性，更好地发挥 CBR 和 RBR 两个推理方式的优势互补，提出基于 CBR-RBR 混合模式的安全事故案例应用模型，如图 3-19 所示。

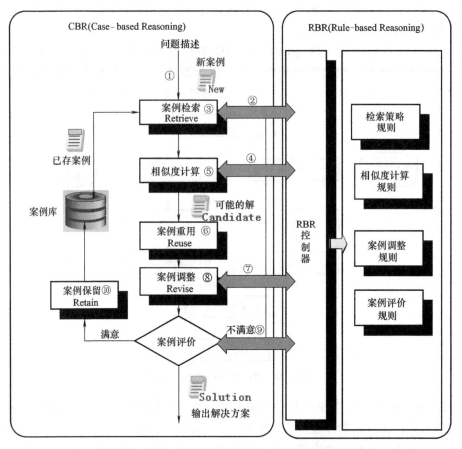

图 3-19　CBR-RBR 混合模式安全事故案例应用模型

此模式主要包括 10 个步骤，采用①~⑩进行标识，其中步骤③、⑥、⑧、⑩体现 CBR 的 4 个典型过程：案例检索、案例修改、案例评价、案例学习。在步骤①输入新案例后，根据案例的分类属性 C2、工程特征属性 C3 向 RBR 控制器发出设定检索策略请求，RBR 控制器执行步骤②，调用检索策略规则，向 CBR 过程返回相应的检索策略，检索策略主要包含初始检索条件、相似案例判定准则，其目的是减小搜索空间，提高搜索效率；按设定的检索策略执行步骤③后，获得少量的候选案例，依次取出候选案例，按系统默认的相似度计算规则执行步骤⑤进行相似度计算，系统预留人机接口，可通过步骤④改变相似度计算方法；若待求解问题与检索到的案例不完全匹配，一般会触发步骤⑧进行案例调整，此时需向 RBR 控制器提出案例调整请求，将案例间的差异传输至 RBR 系统，执行步骤⑦调用案例调整规则进行案例调整，向 CBR 系统返回调整结果；经过案例调整产生的解还需要对其正确性、一致性和可行性进行评价，此时可执行步骤⑨调用案例评价规则判断本次推理的成功或失败。

CBR-RBR 混合模式的优势在于 CBR 各单元保持相对独立,在案例检索、相似度计算、案例调整、案例评价等过程中与 RBR 控制器进行通信,调用相应规则执行规则推理,使得 CBR 和 RBR 在推理过程中进行高效融合,有利于共享中间推理结果,RBR 主动干预推理过程,增强了 CBR 的适应能力。

3.4　设计阶段风险的智能识别系统

3.4.1　系统总体设计

基于工程图样的地铁车站施工安全风险自动识别系统——SRIS 由知识库管理子系统、致险因素识别子系统和风险识别子系统三个子系统构成,其总体设计框架如图 3-20 所示。

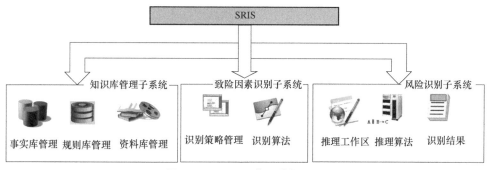

图 3-20　SRIS 总体设计框架图

(1)知识库管理子系统　是 SRIS 的数据基础和知识基础,其核心是风险识别知识库的构建及存储在其中的知识。知识表示的广泛性、准确性、可扩展性是决定风险识别准确性、高效性的重要因素。该系统完成风险识别知识(主要是事实、规则、工程资料)的采集、表示、存储,主要功能包括事实库管理、规则库管理、资料库管理。

(2)致险因素识别子系统　用户输入待识别的工程图样,通过建立的典型结构构件识别算法完成地铁车站施工图的自动识别和理解,获得工程技术参数。根据已建立的工程技术参数与致险因素关联表,自动提取风险致险因素。

(3)风险识别子系统　该系统完成由工程图样到施工风险的识别过程,是 SRIS 的核心。系统根据图样识别子系统传入的工程参数,通过系统内置知识库和规则搜索匹配算法,输出施工安全风险和关键致险因素,并给出风险发生概率及处理措施、建议。

3.4.2　系统数据库结构设计

地铁车站施工安全风险识别知识包含的内容广泛,涉及施工工法、工程地质、结构设计、事故分析、可靠性理论、项目管理等各类理论和实践经验的综合性知识体系。此类知识以经验性知识为主体，具有多样性、层次性、继承性、不确定性的特点。标准产生式表示法 IF（前提）THEN（结论）具有描述直观、格式统一、模块性好、应用广泛等优点，适合描述风险识别经验性知识和不确定知识。但其表达的规则缺乏分类，关联性弱，易出现组合爆炸，推理效率低。因此，SRIS 引入扩展的产生式规则表示法。在数据库设计时充分考虑规则的层次性、不确定性，减少规则组合的数量，克服标准产生式表示法的缺陷。具体表现在以下方面：

（1）采用关系模型结构化扩展的产生式规则　基于产生式表示法最初采用文本形式存储规则，操作检索不方便。关系数据模型具有数学理论完善、结构简单、数据独立性高、描述能力强等特点，因此目前主流的基于产生式专家系统大多采用关系数据模型存储规则。在设计 SRIS 数据库结构时，采用二维关系表来进行知识的存储。将前提、规则、结论结构化存储，减少规则组合数，同时利用关系数据库支持的 SQL 高效检索匹配算法，提高数据匹配、推理的效率。SRIS 数据库结构如图 3-21 所示。

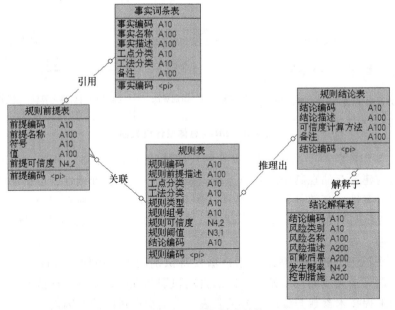

图 3-21　SRIS 数据库结构

其中，事实词条表的作用是保证各表应用术语的一致性；规则前提表描述各类致险因素的不同状态，通过前提编码字段与规则表中的规则前提描述（指单一的规则前提编码或规则前提编码的合取，析取或加权组合）关联；规则表是整个数据库的核心，它与规则结论表联合来描述产生式 IF（前提）THEN（结论）的基本结构，结论解释表描述风险识别结果的特征及风险控制方法。

（2）增加分类属性　根据地铁工程风险识别的特点，识别规则与工点类型和施工工法直接相关。因此，在规则表设计时设置工点分类和工法分类字段。工点分类将风险识别规则分为车站类、区间类和通用类，标识符分别为 10，01，11。工法分类指明该规则适合的一种或多种工法，采用一个 4 位字符串表示，第 1~4 位置分别表示适合明挖、暗挖、盖挖、盾构工法，例如：标识符 0100 表示该规则适合暗挖法风险识别。这样不必在各种工法下存储相同的规则，减少规则的条数，减小搜索空间。

（3）增强规则关联性　规则表中引入规则组号和规则类型字段，规则将不再是相互独立的，相似规则产生关联关系。前提条件组合不同，但结论相同的规则编为一组；同一结论的一组规则中，分为排他型和组合型，推理过程中先执行排他型规则，若成功则同组其他规则不需执行，从而避免检索匹配无效规则，提高推理效率。

（4）增强不确定知识描述　规则前提表中设置前提可信度字段，规则表中引入规则可信度和规则阈值字段，规则结论表中设置规则可信度计算方法字段。前提可信度和规则可信度指出前提和规则为真的可信程度，取值范围为 $[0, 1]$；规则阈值 λ 对规则的使用规定了一个限制，当且仅当规则证据的可信度 $CF(e) \geqslant \lambda$ 时，该规则才有可能使用；可信度计算方法规定了前提可信度到结论可信度的计算法则。通过上述设计增强了对不确定知识的处理能力。

3.4.3　风险识别过程设计

SRIS 进行风险识别的基础是已构建好的风险识别知识库和工程图样识别算法。通用的 LISP 语言适用于谓词逻辑推理，商品化的专家系统壳程序适用于处理标准的产生式规则，难以满足地铁车站施工安全风险识别的复杂要求。因此，本研究自行设计了地铁工程施工风险识别过程和推理算法。其识别过程包括：①风险致险因素自动提取；②初始化推理工作区；③推理计算三个主要步骤。SRIS 风险识别过程框架图如图 3-22 所示。

1. 风险致险因素自动提取

由于地铁工程施工图具有表示多样性、信息分散性、关联性等特点，在计算机图样识别过程中，需对图样信息进行重新组织。不同类型的工点（车站或区间）识别的图样种类、数量都不一样，需采用按序识图分层搜索策略重新对整套图样进行逻辑编排，适应图样信息由整体到局部的组织特点和由全局到细部的读图流程；采用定向识图增量搜索策略在不同类图样上搜索特定结构构件，利用构件间的拓扑约束关系渐进搜索邻近结构构件；采用面向风险辨识框架的整体识图策略将分散图元信息分层分步识别后，形成 XML 格式风险辨识技术参数文件。

SRIS 首先提示用户创建一个待识别风险的项目，输入基本的信息，包括项目名称、工点名称、工点类型（车站/区间）等，系统根据工点类型等的不同，自动创建一套需识别的图样目录（图 3-23），然后提示用户按总平面图—平面布置图—

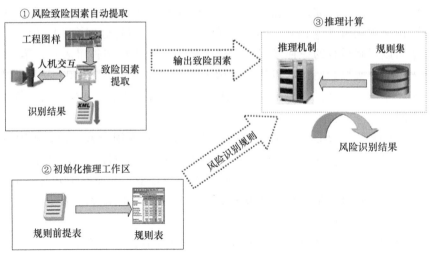

图 3-22　SRIS 风险识别过程框架图

剖面图—详图顺序依次读入工程图样，再根据系统内置的定向识图规则和构件识别算法，完成每张图中工程参数的识别提取，最后采用 XML 格式文件保存识别结果，如图 3-24 所示。XML 格式的图形识别结果文件是图形识别子系统和风险自动识别子系统的接口文件，其中关键设计是：XML 格式文件中的元素与风险事实词条表中的事实名称字段具有对应关系。例如，XML 格式文件中有一元素"车站外包长度"，在风险事实词条表中存在记录：FID001，车站外包长度。

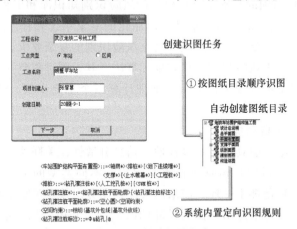

图 3-23　创建识图任务

2. 初始化推理工作区

SRIS 根据数据库结构为每一待识别风险的项目在推理工作区创建一套结构相同、内容为空的事实词条表、规则前提表、规则结论表。系统根据工点类型的不同，从系统内置的事实词条表中抽取与工点类型匹配的记录，填充至推理工作区中的事实词条表中；按事实词条表中的记录及工程图样识别结果 XML 格式文件的内

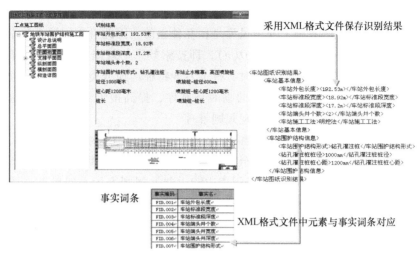

图 3-24 XML 格式文件保存工程图样识别结果

容与系统内置的规则前提表进行匹配，将检索成功的记录填充至推理工作区中的规则前提表中（图 3-25）；至此为进行规则推理完成了数据准备工作。例如，XML 文件中有一元素，<基坑坑底地层土质>粉细砂</基坑坑底地层土质>，检索知识库规则前提表中的记录，找到前提名称="基坑坑底地层土质" and 值="粉细砂"的记录，将之填充到推理缓冲区中的规则前提表中。

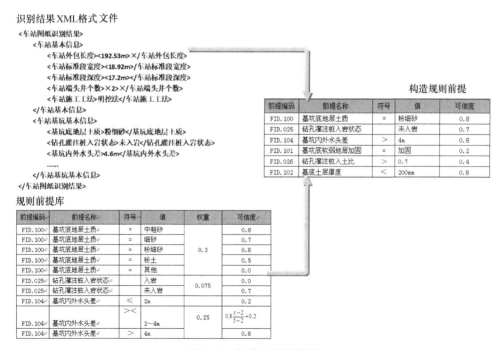

图 3-25 构造规则前提表

3. 推理计算

地铁工程待识别的各施工安全风险是相互独立的，因此可采用顺序检索算法搜索规则库。此算法的时间复杂度为 $O(n)$，即搜索效率与规则库中的规则条数成正比。因此，在设计规则库数据结构时，根据专业特性增加分类分组字段，通过抽取合适的规则子集形成推理工作区中的临时规则库，提高搜索效率。SRIS 通过基于元规则控制的成组检索匹配算法实现规则推理。

系统首先执行元规则（即控制和协调目标推理的规则）减小搜索空间。例如，系统按工点类型的不同，将施工安全风险识别规则集分为 RS1 和 RS2。执行元规则 IF 工点类型 = "区间" THEN 执行规则集 RS2。此元规则表示：如果工点类型为区间，则执行区间施工安全风险识别规则集 RS2，所有工点类型 = "车站" 的施工安全风险识别规则集 RS1 将不作为搜索对象。通过执行元规则将符合条件的规则填充至推理工作区中的规则表中。

推理计算过程中按规则组号一组一组地取出规则进行检索匹配，元规则控制先执行同组中排他型规则，若成功则同组其他规则不需执行。具体进行规则匹配时，从规则组中取出一条规则，将规则前提描述串构造成条件链表形式，将链表中的每一元素与推理工作区中规则前提表中的记录匹配，获得每一前提条件的可信度取值，按 $CF(e) = \sum_{i=1}^{n} \omega_i \times CF(e_i)$ 计算前提组合的可信度，其中 ω_i 为第 i 个致险因素的权重，$CF(e_i)$ 为第 i 个致险因素的取值可信度。若规则前提组合可信度 $CF(e)$ 大于规则阈值 λ，则采用此规则，否则放弃。最后按式 $CF(h) = CF(h,e) \times CF(e)$ 计算结论可信度（图 3-26），其中 $CF(h,e)$ 为规则可信度，$CF(h)$ 为结论可信度。选取

构造规则前提表

前提编码	前提名称	符号	值	可信度
FID.100	基底地层土质	=	粉细砂	0.8
FID.025	钻孔灌注桩入岩状态		未入岩	0.7
FID.104	基坑内外水头差	>	4m	0.8
FID.101	基底软弱地层加固	=	加固	0.2
FID.026	钻孔灌注桩入土比	>	0.7	0.4
FID.102	基底土层厚度	<	200mm	0.8

计算结论的可信度
$CF(h) = CF(h,e) \times CF(e)$

结论及建议

结论 ID	风险类型	风险名称	风险描述	可能后果	发生概率	控制措施
C.001	施工技术风险	基坑底流土流砂	基坑底流土流砂	管涌流砂	0.65	

规则库

规则编号 Rule ID	规则前提描述 Rule Condition	规则可信度 CF(h, e)	规则阈值 λ	结论编号
R1-1	¬FID.100∨ ¬FID.025∨ ¬FID.101	0.1	0.8	C.001
R1-2	FID.100∧FID.025∧FID.104∧FID.101∧FID.026∧FID.102	1.0	0.8	C.001
R1-3	FID.100(0.3) ∧ FID.025(0.075) ∧ FID.104(0.25) ∧ FID.101(0.15)∧FID.026(0.15)∧FID.102(0.075)	0.8	0.5	C.001

图 3-26 推理计算过程

有效规则的结论编码，搜索结论解释表，获得风险识别结果，风险识别结果主要内容包括风险类型、风险描述、可能后果、发生概率、控制措施等。

参 考 文 献

[1]　克里斯·查普曼，斯蒂芬·沃德. 项目风险管理：过程、技术和洞察力 [M]. 北京：电子工业出版社，2003.

[2]　王卓甫. 工程项目风险管理：理论、方法与应用 [M]. 北京：中国水利水电出版社，2003.

[3]　田金信. 建设项目管理 [M]. 3 版. 北京：高等教育出版社，2009.

[4]　王照宇，王洪霞. 深基坑支护结构的环境土工问题及其对策 [J]. 岩土工程界，2002，15 (12)：27-29.

[5]　高谦. 土木工程可靠性理论及其应用 [M]. 北京：中国建材工业出版社，2007.

[6]　熊智彪. 建筑基坑支护 [M]. 2 版. 北京：中国建筑工业出版社，2013.

[7]　吴林高，等. 工程降水设计施工与基坑渗流理论 [M]. 北京：人民交通出版社，2003.

[8]　王柏，杨娟. 形式语言与自动机 [M]. 北京：北京邮电大学出版社，2003.

[9]　中华人民共和国住房和城乡建设部. 城市轨道交通岩土工程勘察规范：GB 50307—2012 [S]. 北京：中国计划出版社，2012.

[10]　王荣和，刘遂庆. 给排水工程专家系统（WTPES）不精确推理策略 [J]. 同济大学学报：自然科学版，1995，23 (4)：433-438.

[11]　李正良，杨光，晏致涛. 高层建筑基础设计智能决策支持系统研究 [J]. 地下空间，2004，24 (2)：208-211.

[12]　陈亚兵，孙济庆. 基于知识库的专家咨询系统设计与实现 [J]. 计算机工程，2007，33 (16)：196-198.

[13]　于鑫刚，李万龙. 基于本体的知识库模型研究 [J]. 计算机工程与科学，2008，30 (6)：134-136.

[14]　冯夏庭，林韵梅. 岩石力学与工程专家系统 [M]. 沈阳：辽宁科学技术出版社，1993.

[15]　周红波，蔡来炳，高文杰. 城市轨道交通车站基坑事故统计分析 [J]. 水文地质工程地质，2009，36 (2)：67-71.

[16]　中国工程院课题组. 中国城市地下空间开发利用研究 [M]. 北京：中国建筑工业出版社，2001.

[17]　黄浩，施泽生，蔡洪滨. 基于 CBR 系统事例检索算法的研究 [J]. 计算机应用，2003，23 (6)：13-16.

[18]　魏元凤，骆洪青，辛崇波，等. 属性相似案例的检索模型比较研究 [J]. 华东船舶工业学院学报，1999，13 (4)：41-44.

[19]　LEE M. A study of an automatic learning model of adaptation knowledge for case base reasoning [J]. Information Sciences, 2003, 155 (1/2)：61-78.

[20]　张智颖，王建维，魏小鹏. 一种基于 Petri 网推理的实例修改方法 [J]. 计算机系统应用，2009，18 (4)：190-193.

［21］ 季红梅，黄浩，邵根钧. 基于 CBR 的事例修补方法的研究 ［J］. 苏州教育学院学报，2004，21（2）：77-81.

［22］ AAMODT A，PLAZA E. Case-based reasoning：foundational issues，methodological variations，and system approaches ［J］. AI Communications，1994，7（1）：39-59.

［23］ PRENTZAS J，HATZILYGEROUDIS I. Categorizing approaches combining rule-based and case-based reasoning ［J］. Expert Systems，2007，24（2）：97-122.

［24］ JOHN D A，JOHN R R. A framework for medical diagnosis using hybrid reasoning ［C］//Preceesing of International Multi Conference of Engineers and Computer Scientists. 2010.

［25］ 徐晓冬. 基于范例推理与逻辑推理的突发危机事件决策研究 ［D］. 上海：上海交通大学，2008.

［26］ KOLODNER J L. An introduction to case-based reasoning ［J］. Artificial intelligence review，1992，6（1）：3-34.

［27］ 张建华，刘仲英，案例推理和规则推理结合的紧急预案信息系统 ［J］. 同济大学学报：自然科学版，2002，30（7）：890-894.

［28］ MARLING C，SQALLI M，RISSLAND E，et al. Case-based reasoning integrations ［J］. Almagazine：Artificial intelligence，2002，23（1）：69-86.

［29］ GOLDING A R，ROSENBLOOM P S. Improving rule-based systems through case-based reasoning ［C］//AAAI. 1991.

［30］ 张光前，邓贵仕，李朝晖. 基于事例推理的技术及其应用前景 ［J］. 计算机工程与应用，2002，38（20）：52-55.

第4章 施工阶段的安全风险智能分析

4.1 地铁施工阶段的安全风险建模基础

由于地铁施工系统是一个高度复杂的系统，因此对施工过程中所产生的安全风险进行建模分析是一个极其复杂的过程，既涉及组织管理这样的社会科学，又涉及地质环境这样的自然科学，具有典型的多学科交叉的特点。地铁施工系统安全风险模型是对地铁施工系统安全层面本质属性的描述，可以通过该模型抽象出有关知识规律。表示某一系统的模型并不是唯一的，对于一个包含许多变量和属性的复杂系统而言，如何针对研究目的对变量及属性进行取舍，把系统各变量之间的相互作用关系用数学等语言进行抽象表达，使其与现实系统有相似结构和行为是建立一个好的模型的关键。因此在建模之前有必要明确建模的问题与目标，确定建模的原则与思路，分清系统的边界，并对系统做一定合理的假设。

4.1.1 建模的问题与目标

本节从复杂社会技术系统的角度将地铁施工系统分为组织、技术与环境三个层面，再从建模的角度对系统各个层面进行分析。

如图 4-1 水平方向所示，模型是现实的抽象，奥恩（Øien）分别称之为模型世界和现实世界，基于模型可以估计系统的某些属性，如组织结构、安全风险等，并与实际观测结果进行比较。图 4-1 垂直方向表示系统的组织层面与技术层面，以及两者之间的互相影响，从现实世界的角度看，组织管理通过决策制定等对物理系统产生实际影响，而通过对物理系统的表现进行分析反过来会影响组织管理决策。因此模型应该反映现实系统的特点，除了对组织管理和物理系统本身进行建模之外，还需要对影响路径和分析路径进行建模（即建立两者之间的联系），若将建立的组织模型和物理系统模型分别看作控制器和受控对象，则两个路径分别表示指令通道和观测通道。

不难看出，如何将系统的特性合理地抽象表示出来，并整合在模型中是建立有

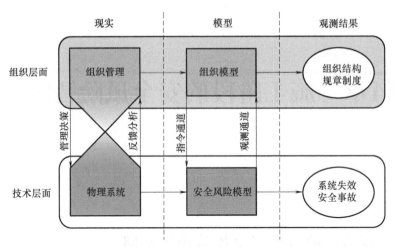

图 4-1 现实、模型与观测结果的一般表示

效的系统安全风险分析模型的关键，而不同的学科理论则是关键所在。基于不同的理论视角可以对同一系统建立完全不同的模型（图 4-2）：以组织系统为例，从安全文化这一心理学、社会学的角度可通过问卷调查等方法对其研究分析得出组织群体的安全价值观、安全意识；而从安全管理这样的管理学角度可通过安全审计等方法研究分析组织的安全指标、安全绩效。然而对于复杂系统而言，仅仅通过某一个理论视角对系统建模，结果往往比较片面，需要通过多个角度对其建模，体现出较强的学科交叉特性。地铁施工系统是一个典型的复杂社会技术系统，通常由组织系统、技术系统以及外部环境（本章着重研究地铁施工对于建筑物、管线等周边环境的影响，因此本章提及的外部环境如无说明均表示狭义的自然环境，即周边环境）组成，需要基于不同的理论建立对应的系统安全风险分析模型，如里森（Reason）提出的组织事故分析模型。

拉斯穆森（Rasmussen）曾指出系统模型不能在单个理论视角建立的模型基础上采取自下而上的方式叠加而成，而是基于控制论的自上而下的系统方法。对于地铁施工而言，这种自上而下的方式即是将其看作一个典型的复杂社会技术系统，从多个理论（如组织学习理论、安全管理、安全文化理论、概率风险评估）对复杂社会技术系统中所涉及的组织层面、技术层面和外部环境进行建模分析。本节针对地铁施工系统中的组织层面、技术层面和外部环境详细介绍各层面建模的问题、原则、方法等，作为后面具体建模时的框架基础。

4.1.2 建模的基本原则

莫哈格赫（Mohaghegh）与莫斯莱赫（Mosleh）针对组织安全风险分析提出了13 条建模原则，这些原则涵盖了面向安全的组织建模过程和所建模型的主要特点，目的在于识别模型的关键模块、准则和规则以阐述"一定边界、假设和约束内的

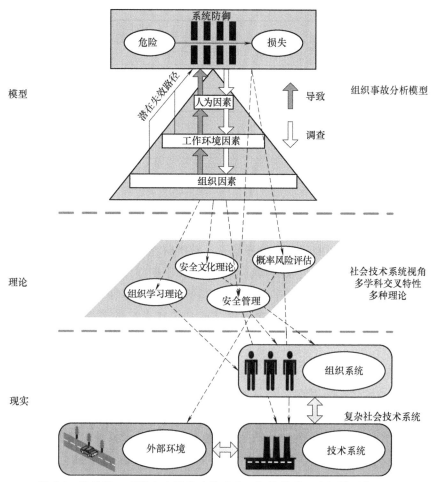

图 4-2　地铁施工系统安全风险建模现实、相关学科理论与模型的关系

概念关系"。

　　组织安全风险分析的 13 条建模原则分为建模目的、建模视角、建模模块和建模方法 4 类（表 4-1），本节将简要介绍这些建模原则，并结合地铁施工特点将原则细化。

表 4-1　复杂社会技术系统组织安全风险分析建模原则

类别	原则	
建模目的	A	研究对象
	B	绩效维度
建模视角	C	安全本质
	D	多层框架
	E	研究粒度
	F	适用范围

（续）

类别		原则
建模模块	G	基本单元
	H	因素本质
	I	因素选择
	J	因素连接
	K	动态特性
建模方法	L	衡量手段
	M	建模方法

1. 建模目的

建模应从确定模型的研究对象开始，本章所研究讨论的对象为地铁施工过程中的系统安全风险，由于安全风险具有不确定性和不期望性，因此所建模型应能反映风险的这两个特点，通常用概率来衡量安全风险的不确定性，用损失表示安全风险的不期望性，即模型的输出应包含事故（或系统状态）的概率和后果，安全风险表示为

$$\text{SafetyRisk} = f(F_1, F_2, \cdots, F_N) \tag{4-1}$$

式中　F_N——风险影响因素。

安全风险是风险影响因素的函数。

对于类似核电、航空及地铁施工这样的复杂社会技术系统而言，安全是系统的一个重要目标，但并非唯一目标，如帕特·科内尔（Paté-Cornell）认为安全是组织追求经济效益目标过程中所产生的副产品，任何系统的主要目标通常不是安全，而是生产力，安全在生产力的压力下往往被放在第二位，如核电站的首要目标是发电赚取利润；地铁施工对于施工单位而言的首要目标是完成地铁建设获得工程款，对于建设单位而言首要目标是及早投入运营赚取利润。此外，安全数据常常是相对滞后的、间断的、模糊的和不可靠的，而生产数据常常是立即显现的、连续的、清晰的和可靠的（表4-2），与安全数据相比，生产数据更容易影响管理者。因此，如何在安全与生产之间取得平衡是复杂社会技术系统取得较好绩效的关键。正如拉斯穆森（Rasmussen）所说：当把安全作为管理的绩效目标进行控制时，安全只不过成为决策的又一个准则并成为一般决策制定不可分割的一部分，有鉴于此，组织安全与组织生产实质上是殊途同归的。（地铁建设）项目通常定义为在规定的时间和预算内完成既定任务，因此本章重点分析在进度、成本、安全三个目标下的组织安全风险。

表4-2 安全数据与生产数据的特点对比

安全数据	生产数据
相对滞后的——安全措施的效果不能立即显现	立即显现的——生产决策的效果可立即反映出来
间断的——两次事故之间通常相隔一段时间	连续的——生产数据如资金流通常是连续的
模糊的——包括诸如高、低、好、坏这样的主观判断	清晰的——生产数据通常是客观的和清晰的
不可靠的——不确定性因素多,常用概率表示	可靠的——不确定性因素少,常用具体数值表示

2. 建模视角

安全通常被认为是系统状态偏离标准状态的程度。然而该定义的适用范围有一定限制,在技术系统中安全可以这样理解和运用,如地下连续墙的变形应当越小越安全,但该定义不应当运用到组织层面,以组织的雇佣和安全培训为例,组织 A 采取较高的雇佣策略和较低的培训策略(即雇佣经验丰富的员工,但对其培训强度较低),组织 B 采取中等的雇佣策略和中等的培训策略(即相对组织 A 雇佣经验较少的员工,但对其培训强度较 A 高),虽然组织 A 和组织 B 的策略(即组织因素)不同,但员工的安全能力可能相同,即不同组织因素的组合其结果可能相同。因此,对组织而言,其安全标准并非唯一。造成这种现象的原因是组织的安全绩效由组织因素相互作用所产生的涌现现象决定,而非由个体因素决定。因而,对组织而言,应更强调基于组织实际行为的建模思路。模拟组织实际行为需要注意以下两点:

1)深刻理解组织安全绩效(即安全是一种涌现现象)。

2)采用的建模技术必须能抓住安全的涌现本质。

组织可以从微观、中观和宏观三个层面进行分析:微观层面通常研究组织框架下的个体或小组行为,如领导力、工作满意度;中观层面通常研究组织内的组织结构和组织行为,如组织架构、组织变革;宏观层面通常研究组织间或组织与外部环境间的关系,如组织兼并、政策/市场对组织的影响。事故致因应当是贯穿于整个社会技术系统中的一个复杂过程,如图4-3所示,可以从不同的角度对系统安全风险进行分析,而同时整合宏观、中观和微观视角无疑最能反映出事故的前因后果,但建立如此庞大的模型往往并不现实。通常,组织层面越高,其因素变化越慢,组织层面越低,其因素变化越快,如图4-3所示,技术革新通常很频繁,而政策和法律的制定、公众意识的改变往往需要很长时间。一般来说,地铁某一车站或区间施工的时间跨度通常为半年到几年,视地质情况和施工工法等条件而定。以盾构隧道施工为例,工期相对较短,实际掘进时间往往为几个月,因此组织宏观层面的变化并不明显。地铁与核电、航空等行业不同,后两者的系统安全受个体行为影响较大,如核电站操作员、飞行员对各自系统的影响非常大(紧密耦合系统),而地铁施工系统通常受个体行为影响较小(松散耦合系统),个人的失误不足以导致整个系统发生重大事故。因此本章从中观层面研究组织因素对系统安全的影响。

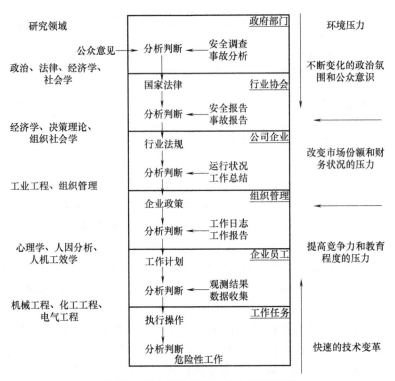

图 4-3　安全风险管理的各个组织层面

事故致因和系统安全模型常用因果关系表示变量之间的联系，而建立模型边界的任务之一是确定分析粒度，即因果关系应当追寻到什么深度才能充分反映系统的安全特性，又不至于模型过于庞大。分析的粒度通常取决于：①建模的目的（即研究哪个层面的决策对安全的影响）；②数据的可得性；③变量受控的程度（即哪些因素或变量能被改变或控制）；④模型分析结果的敏感性（即模型的哪些因素或变量对模型的输出结果有重要影响，对这些因素或变量应进一步细化）。因为本章从中观层面研究组织因素，因此研究粒度主要为组织（功能）层面的因素，如安全培训、雇佣、安全措施制定等。

建模也需要明确模型的适用范围。安全研究可根据事故发生的频率和后果分为以下三类（图 4-4）：

1）职业伤害事故，即发生频繁但后果较小的事故，如高空坠落。

2）重大事故，即发生次数较少而后果较严重的事故，如由于地铁施工导致建筑物损坏甚至垮塌。

3）灾难事故，即鲜有发生但后果极为严重的事故，如由于地铁施工导致生命线工程受到威胁。

其中，第一种类型的事故为分析职业健康安全，由于事故发生较频繁，因此有大量数据可供分析；而后两类事故为分析系统安全，事故发生频率较小，两次事故间的平均间隔时间很长，因此事故数据极少，需要依靠分析事故过程推理事故的发生，可采用概率风险评估方法（Probabilistic Risk Assessment，PRA）。我国地铁多为浅埋隧道，建设中由于下穿城市腹地，对于周边环境，如建（构）筑物、管线等基础设施影响较大，极易诱发重大安全事故甚至灾难事故（如杭州"11·15"事故，上海"7·1"事故），造成第三方损失，并由此引发公众对于公共安全的担忧，甚至反感类似工程的建设，损害业主声誉。因此本章构建的模型主要分析地铁施工中的周边环境风险，预防由于地铁施工导致周边环境发生的重大事故和灾难事故。

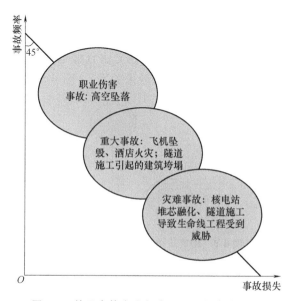

图 4-4　基于事故发生频率和后果的事故分类

3. 建模模块

模型的基本单元包括两个变量和变量之间的连接。一个模型是由许多这样的基本单元通过更为复杂的连接构成。因此，系统安全风险分析模型可以看作是由模型变量所构成的网络。其中，变量之间的连接反映的是变量间的相互作用关系和影响传播路径，描述的是组织因素是如何与最终的组织安全绩效联系起来的。因此，本章选择采用图论的方式来表达变量（或因素）间的相互作用关系。

建模之前需要分清模型包含的因素（变量）的以下本质：

1）全局因素，如组织规模，是从组织整体上反映组织特性。

2）共享因素，如小组工作氛围，是反映群体的共性。

3）构形因素，如小组成员安全意识的差异，是反映群体的个性。

第一种因素是从整体上描述模型中的因素，后两种因素是从个体（或多个个体组成的群体、小组）上描述模型中的因素。由于本章从中观层面研究组织的安全风险，因此所考虑的因素主要是全局因素，如平均经验水平、组织规模。

系统安全风险分析模型既要整合与组织有关的社会因素（如安全文化），又要整合与组织有关的结构因素（如安全管理实践），其因素的选择既要精简又要完备。

因素间的连接反映的是因素间的相互作用关系，需要从三个方面进行明确：层级、本质和结构。

1）连接层级分为单层级连接和跨层级连接，前者是指在同一个层面内的因素间的连接，后者是指在不同层面内的因素间的连接（图 4-5a）。由于本章从中观层面研究组织，因此模型内因素的连接主要是单层级连接。

2）连接本质分为因素到因素连接和因素到连接（图 4-5b）。

3）连接结构分为测量连接和因果连接，前者是指因素的维度和因素本身的连接（强调因素自身的内容，如安全文化往往无法直接描述，需通过其维度进行间接刻画），后者是指因素间的连接（强调因果关系）（图 4-5c）。

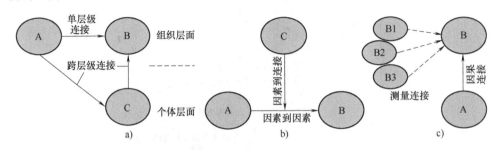

图 4-5　因素连接的层级、本质和结构

a）连接层级　b）连接本质　c）连接结构

地铁施工系统是一个复杂系统，系统中存在大量的反馈回路和延迟，这些系统的动态特性增加了理解事故发生过程的难度。因此，在模型中需要着重考虑系统的动态特性，即模型的时间维度。从建模仿真的角度看，选择合适的时间跨度和仿真步长是合理反映系统动态特性的关键。若时间跨度过小或仿真步长过大，则系统变量随时间的变化特点容易被忽略，系统的动态特性无法得到真实的反映；若时间跨度过大或仿真步长过小，则计算量太大。本章以一个隧道盾构区间为例研究系统风险的动态演化行为，时间跨度即为建设工期，仿真步长以天（d）为单位。

4. 建模方法

建立系统安全风险分析模型的过程就是回答以下三个问题的过程：

1）哪些组织因素会影响系统安全风险。

2）这些因素是如何影响系统安全风险的。

3）影响的大小程度如何。

之前的组织建模原则主要回答的是前两个问题，而衡量手段和建模方法主要是回答最后一个问题。回答最后一个问题的核心是找到一把合适的尺来衡量模型中的变量，包括衡量对象，即模型的哪些因素或连接需要衡量，以及衡量方法。衡量对象分为直接对象和间接对象，直接对象通常反映的是系统的安全输出，表征系统过去的安全状态，如事故频率是系统风险的一个直接反映；间接对象通常为系统的安全输入，揭示系统未来的安全状态，如安全文化是控制系统安全风险走势的一个重要因素。衡量方法分为主观方法和客观方法，两者之间的区别主要是信息来源和衡量工具，主观方法通常是问卷调查或面对面采访，数据往往是类似高、低、好、坏这样的主观经验判断，客观方法通常是通过人或各种仪器收集的历史客观数据。

从风险评估的角度来看，技术系统作为一个相对简单、因素关系相对明确且多为线性因果关系的系统而言，可以采用诸如危险与可操作性分析（Hazard and Operability Analysis，HAZOP）、失效模式与效应分析（Failure Mode and Effect Analysis，FMEA）和故障树分析（Fault Tree Analysis，FTA）的解析方法定量分析技术系统的安全风险，而组织作为一个相对复杂、开放、因素之间可能互为因果关系且关系多为非线性的系统而言，需要采用系统方法，从全局的角度进行分析。组织和技术系统特点的对比如图4-6所示。可见，技术系统的安全风险分析可以采用传统的建模方法（如PRA方法），定量计算事故发生的概率，而组织系统由于其复杂性需要采用多种建模方法。本章主要基于（平滑）相关向量机（s）RVM、贝叶斯网络（BBN）和系统动力学（System Dynamic，SD）等建立地铁施工系统安全风险分析的混合模型。

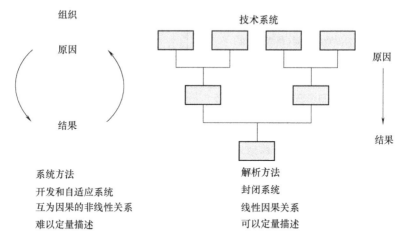

组织　　　　　　　　　　　技术系统

原因　　　　　　　　　　　　　　　　　　　原因

结果　　　　　　　　　　　　　　　　　　　结果

系统方法　　　　　　　　　　　解析方法
开发和自适应系统　　　　　　　封闭系统
互为因果的非线性关系　　　　　线性因果关系
难以定量描述　　　　　　　　　可以定量描述

图 4-6　组织和技术系统特点的对比

综上所述，本章尝试从组织中观层面［表4-1中原则D、E、H］通过混合多种方法［表4-1中原则G、L、M］建立进度、成本、安全三个目标下［表4-1中原则B］的地铁施工系统安全风险分析模型［表4-1中原则A］，以期发现系统因素的因果作用关系［表4-1中原则I、J］和系统安全风险的演化规律［表4-1中原则C、K］，用于预防地铁施工过程中引起周边环境发生的重大灾难事故［表4-1中原则F］。

4.1.3　建模的思路与框架

不确定性是风险的本质特点之一（另一个本质特点是不期望性），不确定性的来源有以下两种：一种来源于活动流程中信息的传递或转换过程，即某种随机现象展现为所观察信息的变化导致的不确定性；另一种来源于这种传递或转换过程所处的外部环境，即由于对现实认知的局限导致所建模型的不确定性。前者称之为偶然不确定性，后者称之为认知不确定性。

Einstein 依据隧道施工的特点将不确定性的来源进一步分为四种：

① （地质）因素的内在时空变化；

② 测量和估计工程属性的统计误差；

③ 分析模型的不确定性；

④ 疏忽遗漏。其中前两种属于偶然不确定性，后两种属于认知不确定性。

地铁施工涉及地质水文条件、周边既有建（构）筑物和管线等诸多不确定性因素。因此，地铁施工过程中的风险分析尤为重要，需要持续应对和处理这些不确定性的挑战。为了有效应对不确定性，可采取减少不确定性和处理不确定性这两种基本策略。应对不确定性的两种基本策略的特点对比见表4-3。

表 4-3　应对不确定性的两种基本策略的特点对比

减少不确定性	处理不确定性
需要较为复杂的规划（预测）系统	只对特定的应对行为进行规划
减少操作自由度（以期按照预想的过程进行）	通过制定任务和合作最大化操作自由度
外部干扰被认为是要尽量避免的	外部干扰被认为是改进系统的机会
常采用前馈控制方法	常采用反馈控制方法

根据第 2 章中对施工阶段风险的分析手段的论述，减少不确定性需要通过模型或理论预测出未来的系统或环境状态，然后调整系统的输入，该策略属于前馈控制（图 4-7）；处理不确定性需要通过比较系统实际输出与预期输出来调整系统的输入，该策略属于反馈控制（图 4-8）。在地铁施工实践中，通常会综合采用两种基本策略来处理其技术系统及周边环境。一方面，可以运用经验判断、数值分析等方法，预测施工对周边环境的影响，并相应地调整施工参数；另一方面，可以基于对实际影响的观测（如变形监测），采取必要的措施来降低和减少所产生的影响。

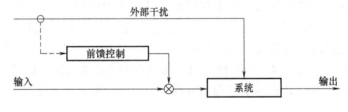

图 4-7　前馈控制

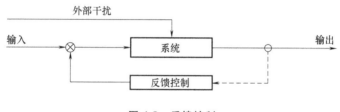

图 4-8　反馈控制

地铁施工可以看作是一个由一系列基本控制过程组成的复杂过程。综合以上地铁施工的特点，地铁施工的基本控制结构如图 4-9 所示，图中矩形方块表示控制器（即约束），从左边或上边进入控制器的箭头表示控制器的输入，从右边或下边离开控制器的箭头表示控制器的输出。地铁施工流程从输入一定的几何参数、地质参数和施工参数开始，施工过程中按照一定的物理规律对周边土体环境输出一定的影响，这种影响通常通过布置监测点（如地下连续墙测斜、建筑物沉降）来观察，施工人员通过对监测数据进行分析和预测来调整下一步施工参数，此循环过程是一个前馈控制，采取的是交互式措施；地铁施工对周边环境造成的影响会传递输入给周边建（构）筑物、管线等，在这种影响和周边建（构）筑物、管线自身参数（如基础埋深、基础类型）的共同作用下，周边建（构）筑物、管线会产生一定的安全风险，组织在对安全风险进行评估后会采取相应的预防措施，而如果发生事故，则需要采取补救措施，这两种措施均属于反馈控制。值得注意的是，这三种措施的执行都要通过组织，即对组织输入各种监测数据、风险分析结果和事故，组织依据这些输入来执行相应的措施。

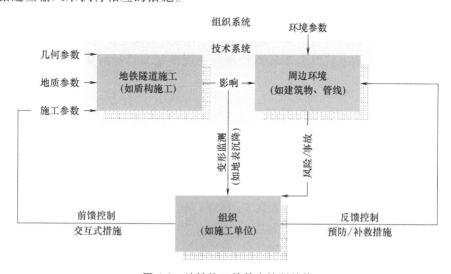

图 4-9　地铁施工的基本控制结构

由此可见，技术系统安全风险建模的主要任务是建立几何、地质和施工参数与监测数据之间的关系，找出各个因素的重要性排序，然后基于此对施工参数进行优化，并分析由于隧道开挖对周边环境产生的影响所带来的安全风险大小；而组织系统安全风险建模的主要任务是分析组织因素对于施工参数大小和措施执行效率的影响。

本节从复杂社会技术系统的角度将地铁建设系统分为技术、外部环境和组织三个层面，并详细介绍了各个层面建模分析的基本原则和基本思路，针对这些原则结合地铁工程特点提出地铁建设系统安全风险分析模型的边界与基本假设，为后面具体建模与分析提供参考依据。

4.2 地铁施工过程仿真模型

如果把地铁施工的技术任务或活动看作一个控制过程，那么控制器的输入与输出是什么？两者之间的关系如何？地铁施工过程控制实质上是在一定地质、几何、施工等参数下，施工活动对周边土体环境产生一定的影响，这种影响通常通过监测数据来感知，并基于对监测数据的分析调整施工参数以减少可能存在的危险。这个循环过程需要以前馈控制的方法来减小下一步施工时的不确定性，即需要采取前馈控制方法来减少由于发现危险后再实施矫正措施产生的延迟所带来的风险。

本节以泥水盾构隧道为例，从技术系统分析层面构建地铁施工过程仿真模型。首先，明确地铁施工技术系统模型的输入与输出，通过地表沉降来监测影响。其次，在确定模型的输入与输出后，采用自适应高斯核函数、平滑相关向量机和粒子群优化算法相结合的方法，构建地表沉降影响因素与地表沉降大小之间关系的智能分析预测模型，用于预测地表沉降的发展趋势，并识别不同影响因素的相对重要性。最后基于所建立的影响因素与地表沉降大小的关系构建盾构施工参数的前馈控制模型，以最小化地表沉降大小和盾构参数的调整量为目标对盾构施工参数进行优化。

4.2.1 沉降分析与预测的算法

地铁隧道施工中一项艰巨的任务是识别和控制各种变形的发展，地表沉降是这些变形监控量测项目中非常重要的一种，通过分析和预测地表沉降的发展可以识别地铁施工对周边环境产生的潜在危险。目前分析和预测地表沉降的方法主要分为两种：以经验法、解析法和数值法为代表的经典方法和以人工神经网络（ANN）、支持向量机（SVM）为代表的智能方法。

1. 地表沉降分析的经典方法

自佩克（Peck）于1969年首次提出地表沉降槽的高斯分布曲线以来（图4-10），许多学者都致力于用经验公式分析地表沉降的研究，表4-4所列为部分学者的研究成果，从这些已知的经验公式中不难看出，最大沉降值 S_{max} 和反弯点 i

是确定沉降槽形状的重要参数，而反弯点又取决于隧道覆土厚度 Z、隧道半径 R 等参数。由于经验法相对简单，计算方便，因此在隧道施工中得到广泛应用。

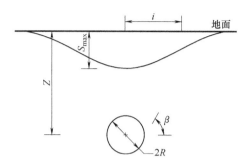

图 4-10　典型的地表沉降槽的高斯分布曲线

表 4-4　地表沉降分析经验公式

公式	参数	作者
$S = S_{\max} \exp\left(-\dfrac{x^2}{2i^2}\right)$，$\dfrac{i}{R} = f\left(\dfrac{Z}{2R}\right)$	Z, i, R	佩克（Peck）
$S_{\max} = f\left(\dfrac{Z}{2R}\right)$	Z, R	阿特韦尔和法默（Attewell and Farmer）
$\left(\dfrac{V_S}{V_L}\right) = 2\sqrt{\dfrac{2}{\pi}}\left(\dfrac{i}{2R}\right)\left(\dfrac{S_{\max}}{S_C}\right)$	$V_S, V_L, S_{\max}, S_C$	阿特金森和波茨（Atkinson and Potts）
$V_S = \sqrt{2\pi}\,S_{\max} i_0$	$S_{\max}, i_0$	吉越等人（Yoshikoshi et al.）
$i_0 = \left(\dfrac{D}{2}\right)\left(\dfrac{z_0}{D}\right)^{0.8}$	D, Z	克拉夫和施密特（Clough and Schmidt）
$i = kZ$	i, Z	奥莱利和纽（O'Reilly and New）
$i = 0.8D\left(\dfrac{Z_0 - Z}{D}\right)^{0.4}$	D, Z	莫等人（Moh et al.）

解析法，如随机介质理论和数值法（如有限元分析），其基本思想是化整为零和积零为整，即把一个连续体分割成有限个单元，把一个结构看成由若干通过结点相连的单元组成的整体，先进行单元分析，然后再把这些单元组合起来代表原来的结构进行整体分析。基于解析法和数值法的地表沉降分析用较为严谨的数学公式表示地表变形的机理，在设计和施工中均有着广泛的应用。

一些学者基于经验法或解析法构建了地表沉降的控制模型，然而地铁盾构施工是一个盾构机与地表相互作用十分复杂的过程，许多参数都对地表沉降的发展有一定影响，上述方法在建模分析时往往并没有把这些因素都予以考虑，而是做了一定的假设简化，因此对地表沉降的分析预测精度有待提高，需要新的分析预测方法作为盾构施工前馈控制的基础。

2. 地表沉降分析的智能方法

人工神经网络被大量应用于解决深基坑开挖或隧道掘进所造成的变形分析，这些研究通常基于 BPNN 建模。例如，金（Kim）等人用人工神经网络推测隧道开挖引起地表沉降的最大沉降值和沉降槽反弯点，而人工神经网络中的相对连接强度被用来识别最重要的影响因素；尼奥帕尼（Neaupane）和阿德哈卡里（Adhikari）建立了两个人工神经网络模型分别用于预测地表的最大沉降和水平位移；苏万萨瓦特（Suwansawat）和爱因斯坦（Einstein）基于人工神经网络建模分析了土压盾构平衡施工对地表沉降的影响，并重点分析了盾构参数与地表沉降大小的关系；桑托斯（Santos）和塞莱斯蒂诺（Celestino）也基于人工神经网络建立了两个地表沉降预测模型，其中一个模型未考虑地基处理因素，而另一个模型考虑了地基处理因素，对比分析结果表明完整的考虑影响因素有助于提高模型预测的能力；詹（Jan）等人基于人工神经网络构建了地下连续墙的弯曲变形预测模型，模型基于上一步开挖时的地下连续墙变形数据和几何参数来预测下一步开挖时的弯曲变形，避免了估计土体参数的麻烦；廖（Leu）和罗（Lo）将人工神经网络和地表沉降经验公式相结合，来预测深基坑开挖导致的周边地表沉降，并针对设计阶段和施工阶段分别建模，采用敏感性分析识别不同因素在两个阶段的重要性大小；龚（Kung）等人采用有限元分析产生一些深基坑施工的虚拟案例，以克服缺少数据的不利条件，然后基于这些数据训练人工神经网络并用于预测实际案例的地下连续墙弯曲变形；叶（Yeh）将人工神经网络运用到盾构控制当中，其构建的控制模型由两部分构成，第一部分用人工神经网络建立盾构参数之间的关系，第二部分基于所建立的关系寻找下一步盾构施工的最优盾构参数，然而该盾构控制优化模型并没有考虑盾构机与地表之间的相互作用关系。

虽然人工神经网络在地表沉降预测分析及其施工控制方面得到广泛应用，但确定其模型结构常常具有挑战性，缺乏固定的方法，通常需要经验性地反复尝试和调整。此外，人工神经网络的泛化能力相对较弱，常常遇到过度学习等问题。

支持向量机（SVM）是一种机器学习方法，基于统计学习理论发展而来，在岩土反分析、基础沉降预测、边坡位移等岩土工程领域获得成功应用。江（Jiang）等研究人员将 SVM 与粒子群优化（PSO）算法相结合，构建了隧道位移的反馈控制方法。他们首先利用 SVM 建立影响因素与位移之间的关系模型，一旦实际监测结果超出控制目标，就运用 PSO 来优化隧道施工参数，以确保位移保持在可控状态。SVM 基于统计学习理论的结构风险最小化原则，展现出卓越的泛化能力。然而 SVM 也存在一些局限，如惩罚参数 C 和不敏感损失系数 ε 的选择相对困难，输出结果仅为点估计，模型复杂度较高（导致计算时间较长），核函数需满足 Mercer 条件等。无论是人工神经网络还是 SVM，都需要进行后处理（如敏感性分析）来识别影响因素的相对重要性。

相关向量机（RVM）是基于稀疏贝叶斯学习（SBL）理论发展起来的一种机

器学习方法，为解决岩土工程中的预测和控制问题提供了一种创新方法。RVM借助其稀疏贝叶斯学习理论的特点，能够自动选择和权衡影响因素，从而建立影响因素与位移、沉降等岩土变量之间的关系模型。RVM的模型稀疏性、泛化能力和概率式估计特征使其能够准确预测隧道位移、边坡稳定性等重要参数，并通过精细调整参数以控制实际监测结果，确保岩土工程的稳定和安全。与传统方法相比，RVM在数据分析和预测中的优越性为岩土工程领域带来了更高效、可靠的解决方案。

4.2.2 地表沉降智能预测模型

1. 地表沉降影响因素

地表沉降大小受到许多因素的共同影响，而地表沉降预测的精度以及影响因素的相对重要性分析很大程度上取决于模型所考虑的影响因素是否完备，因此在建立模型之前需要基于相关知识经验首先识别出这些关键影响因素。

通常而言，这些影响因素包括隧道几何尺寸（如隧道直径、埋深、开挖面高度等）、地质条件（如弹性模量、泊松比、土体渗透率、地下水位等）以及施工参数（如开挖方法、支护方法等）。苏万萨瓦特（Suwansawat）和爱因斯坦（Einstein）针对土压平衡盾构的特点总结了土压平衡盾构法施工时地表沉降的影响因素，由于本章以泥水盾构为例，其施工方法的特点与土压平衡盾构法较为类似，区别主要在于盾构开挖面的稳定方法不同，因此参照苏万萨瓦特（Suwansawat）和爱因斯坦（Einstein）的做法将地表沉降影响因素分为三类（表4-5）：①几何参数；②地质参数；③泥水盾构施工参数。

表4-5 泥水盾构施工下地表沉降影响因素

因素类别	影响因素	数据类型
几何参数	监测点距开挖面距离（m）	数值型
	覆土厚度（m）	数值型
地质参数	隧道拱顶所处土质	逻辑型
	隧道拱底所处土质	逻辑型
泥水盾构施工参数	掘进速度（mm/min）	数值型
	总推力（kN）	数值型
	刀盘转速（rpm）	数值型
	刀盘扭矩（kN·m）	数值型
	上部土压力（bar）	数值型
	中部土压力（bar）	数值型
	进排泥浆流量差（m³）	数值型

（1）几何参数 隧道埋深（Z）和隧道直径（$2R$）通常被看作是影响地表沉

降和盾构开挖面稳定性的重要参数。诺格罗夫（Norgrove）等人的研究分析表明应当将埋深与隧道直径的比值作为一个影响因素。石（Shi）等人则认为应当考虑覆土厚度（H）并将覆跨比（$H/2R$）作为一个影响参数。通常基于盾构法施工的隧道的横截面形状通常是圆形的，隧道埋深就等于覆土厚度与隧道半径的和，在盾构法施工的隧道中常考虑覆土厚度的影响，因此将覆跨比看作一个几何参数。

另外一个重要参数是监测点与开挖面的距离，通常地表沉降随盾构机驶向监测点而增大，随着盾构机远离监测点逐渐稳定，其变化类似一条 S 形曲线（图 4-11）。为了区分盾构掘进的方向（驶向监测点或远离监测点），将盾构机驶向监测点时监测点与开挖面的距离定义为负，而将盾构机远离监测点时监测点与开挖面的距离定义为正，如图 4-12 所示。由于盾构隧道的直径为常数，因此模型中并未考虑隧道直径对地表沉降的影响。

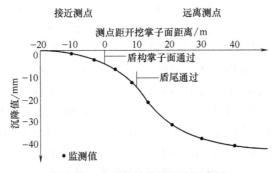

图 4-11 典型的地表沉降发展曲线

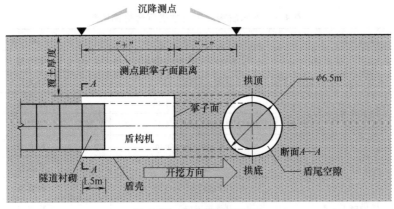

图 4-12 盾构掘进示意图

所以覆土厚度和监测点与开挖面的距离被看作是影响地表沉降的两个几何参数。

（2）地质参数 不少研究将土体属性如弹性模量、泊松比、土体黏聚力作为影响地表沉降的地质参数。苏万萨瓦特（Suwansawat）和爱因斯坦（Einstein）采用土质类型来表征土体属性，他们将隧道拱顶的土质和隧道拱底的土质用二值逻辑变量来表示并作为模型的输入。一般情况下，不同土质的土体属性差异要大于同一土质的土体属性差异，由于土体属性具体参数值在不同的断面均有可能发生改变，而实际中无法对每个监测点所处断面进行地质勘探，无法获得每个监测断面土体属性的具体信息，因此为简便起见，采用隧道拱顶的土质和隧道拱底的土质作为地质参数。为了计算地质参数的相对重要性，土质类型需要作为一个维度输入模型当中，而二值逻辑变量在表示三种或三种以上的土质类型时需要将土质类型以多个维度的方式输入模型中，因此采用逻辑值来表示土质类型。

（3）泥水盾构施工参数　在盾构法施工中，开挖面土压力通常都是开挖过程主要控制的盾构参数，因为控制开挖面土压力对于保持开挖面稳定性从而减小地表沉降非常重要。为了更好地分析开挖面土压力对地表沉降的影响，在盾构机刀盘的上部和中部均安装土压力传感器，上部土压力和中部土压力均作为地表沉降的影响因素。壁后注浆在控制地表沉降的过程中也扮演着重要角色，卡斯珀（Kasper）的分析表明地表沉降随着注浆压力的增大而减小，而实际施工中壁后注浆量和注浆压力通常需要足够大才能防止土体流入盾尾空隙，从而减小盾构通过后的地表沉降量。在本章中，盾尾注浆量为常数，注浆压力在施工过程中变化不大，也被看作常数，因此没有考虑这两个因素对地表沉降的影响。进排泥浆流量差在泥水盾构施工中也是一个关键因素，该参数表明了开挖面实际开挖的土方量，而实际开挖的土方量反映的是盾构是否存在超挖现象。为建立盾构参数的前馈控制模型，其他可以调整的盾构参数如掘进速度、总推力、刀盘扭矩和刀盘转速均纳入模型当中。综上所述，模型共考虑了上部土压力、中部土压力、进排泥浆流量差、掘进速度、总推力、刀盘扭矩和刀盘转速七个盾构参数作为地表沉降的影响因素。

2. 地表沉降智能预测模型的构建

大部分现有的地表沉降预测模型的建模目的是分析地表沉降的最大沉降量，这有助于设计阶段的决策制定而非施工阶段，在隧道施工期间，预测每开挖一步的地表沉降量更有意义，这是因为施工方可以据此在每开挖一步后采取适当措施对地表沉降进行控制，避免较大沉降的发生。叶（Yeh）采用滚动预测的方式将上一步开挖时的土体压力与其他影响因素一起作为模型输入来预测下一步开挖时的土体压力，从而为盾构控制提供依据。本模型中地表沉降的监测频率为每天一次，因此，采取类似的预测方式，即提前一步的预测方式，将上一步地表沉降监测值 s 和影响因素 F 作为模型的输入来预测下一步地表沉降的大小 s'（图 4-13），即

$$s' = f(s, F) \tag{4-2}$$

预测模型由自适应高斯核函数、sRVM 和 PSO 三部分组成。自适应高斯核函数的采用是使模型具有识别影响因素相对重要性大小的内在机制，基于自适应高斯核的 sRVM 则被用来建立影响因素与地表沉降之间的关系，而 PSO 主要用于寻找最优的核参数组合。

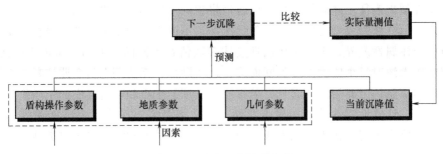

图 4-13 地表沉降预测方式

（1）自适应高斯核函数 核方法的基本思想是把原有的低维空间的数据映射到高维空间以增强其计算能力。通常而言，在机器学习中广泛采用高斯核函数。一个典型的高斯核函数公式如下：

$$K_{\text{Gauss}}(\boldsymbol{x},\boldsymbol{x}') = \exp\left(-\frac{\|\boldsymbol{x} - \boldsymbol{x}'\|^2}{r^2}\right) \tag{4-3}$$

式中 r——统一核参数，核参数不随输入空间的特征（即维度）变化而变化，意味着所有输入特征被视作同等重要。

为了区分不同输入特征的重要性，高斯核函数在输入特征上进行扩展形成下式：

$$K_{\text{AdaptiveGauss}}(\boldsymbol{x},\boldsymbol{x}') = \exp\left(-\sum_{d=1}^{D}\frac{\|\boldsymbol{x}_d - \boldsymbol{x}'_d\|^2}{r_d^2}\right) \tag{4-4}$$

式中 r_d——特征变换因子；

D——输入空间的维度。

注意到现在每个输入特征对应一个核参数，如果某个输入特征很重要，其相应的特征变换因子就会很大，反之就会很小。所以基于自适应高斯核的分析模型具有区分不同因素重要程度的能力。

（2）稀疏贝叶斯模型 RVM 是稀疏贝叶斯模型的一种，而 sRVM 是 RVM 的扩展，本节将简要阐述 RVM 的建模方法，在此基础上简要介绍 sRVM，即本章建立影响因素与地表沉降关系的主要方法。

1）相关向量机。蒂平（Tipping）提出的相关向量机实质上是高斯过程的一个特殊形式。RVM 与 SVM 有着相似的结构，但模型的训练基于贝叶斯框架。RVM 最显著的特点是与 SVM 相比能在提供相同泛化能力的前提下模型所使用的相关向量的数量非常少。

给定一个由 N 个输入向量和 N 个相应输出标量组成的数据集 $\{\boldsymbol{x}_n,t_n\}_{n=1}^{N}$，输出 $\boldsymbol{t} = (t_1,\cdots,t_N)^{\text{T}}$ 可以表示为非线性函数 $\boldsymbol{y} = (y(\boldsymbol{x}_1),\cdots,y(\boldsymbol{x}_N))^{\text{T}}$ 与噪声 $\boldsymbol{\varepsilon} = (\varepsilon_1,\cdots,\varepsilon_N)^{\text{T}}$ 的和：

$$\boldsymbol{t} = \boldsymbol{y} + \boldsymbol{\varepsilon} = \boldsymbol{\Phi}\boldsymbol{w} + \boldsymbol{\varepsilon} \tag{4-5}$$

式中　w——权重向量；

$\boldsymbol{\Phi}$——$N \times M$ 的设计矩阵，$\boldsymbol{\Phi} = [\phi(x_1), \cdots, \phi(x_N)]^T$，其中 $\phi(x_n) = [K(x_n, x_1), K(x_n, x_2), \cdots, K(x_n, x_M)]^T$，$K(\cdot)$ 是核函数。

ε_n 假设为独立同分布的高斯型噪声，即服从均值为 0、方差为 σ^2 的分布 $p(\varepsilon_n \mid \sigma^2) = \mathcal{N}(0, \sigma^2)$。

由于假设输出变量是独立的，整个数据集的似然估计为

$$p(t \mid w, \sigma^2) = (2\pi\sigma^2)^{-N/2} \exp\left(-\frac{1}{2\sigma^2} \| t - \boldsymbol{\Phi}w \|^2\right) \tag{4-6}$$

通常 t 的估计方法是最大化式（4-6）或通过最小方差来估计参数 w 和 σ^2，但这样会导致严重的过拟合。为了提高模型的泛化能力，同时控制模型的复杂性，RVM 为每个权重 w_i 定义了一个均值为 0 的高斯先验概率分布进行约束：

$$p(w \mid \boldsymbol{\alpha}) = (2\pi)^{-M/2} \prod_{m=1}^{M} \alpha_m^{1/2} \exp\left(-\frac{\alpha_m w_m^2}{2}\right) \tag{4-7}$$

式中　$\boldsymbol{\alpha}$——超参数，$\boldsymbol{\alpha} = (\alpha_1, \cdots, \alpha_M)^T$，用于控制每个权重允许偏离均值 0 的程度。

$\boldsymbol{\alpha}$ 的先验概率分布 $p(\boldsymbol{\alpha})$ 和 σ^2 的先验概率分布 $p(\sigma^2)$ 设为 Gamma 分布。

给定了先验概率分布和似然估计，依据贝叶斯准则可以计算权重的后验概率分布：

$$p(w \mid t, \boldsymbol{\alpha}, \sigma^2) = \frac{p(t \mid w, \sigma^2) p(w \mid \boldsymbol{\alpha})}{p(t \mid \boldsymbol{\alpha}, \sigma^2)} \tag{4-8}$$

式（4-8）中 $p(t \mid w, \sigma^2)$ 和 $p(w \mid \boldsymbol{\alpha})$ 都服从高斯分布，所以权重的后验概率分布也服从高斯分布 $p(w \mid t, \boldsymbol{\alpha}, \sigma^2) \sim \mathcal{N}(\boldsymbol{\mu}, \boldsymbol{\Sigma})$，其中

$$\boldsymbol{\Sigma} = (A + \sigma^{-2} \boldsymbol{\Phi}^T \boldsymbol{\Phi})^{-1} \tag{4-9}$$

$$A = \text{diag}(\boldsymbol{\alpha})$$

$$\boldsymbol{\mu} = \sigma^{-2} \boldsymbol{\Sigma} \boldsymbol{\Phi}^T t \tag{4-10}$$

由于 RVM 只需要计算权重的后验概率分布 $p(w \mid t, \boldsymbol{\alpha}, \sigma^2)$，而无须对所有的超参数进行贝叶斯估计，$\boldsymbol{\alpha}$ 和 σ^2 的最大后验估计（MAP）可通过搜索其后验概率 $p(\boldsymbol{\alpha}, \sigma^2 \mid t) \propto p(t \mid \boldsymbol{\alpha}, \sigma^2) p(\boldsymbol{\alpha}) p(\sigma^2)$ 的最优值 $(\boldsymbol{\alpha}_{MP}, \sigma^2_{MP})$ 获得。

所以超参数的 MAP 只需要最大化 $p(t \mid \boldsymbol{\alpha}, \sigma^2) = \int p(t \mid w, \sigma^2) p(w \mid \boldsymbol{\alpha}) \mathrm{d}w$ 的边际似然度 $\mathcal{L}$，也称为证据，该最大化过程即 II 型极大似然估计。

$$\mathcal{L} = \log p(t \mid \boldsymbol{\alpha}, \sigma^2) = -\frac{1}{2}(N \log 2\pi + \log |C| + t^T C^{-1} t) \tag{4-11}$$

其中，

$$C = \sigma^2 I + \boldsymbol{\Phi} A^{-1} \boldsymbol{\Phi}^T$$

$\mathcal{L}$ 相对于 $\log \alpha_i$ 的梯度为

$$\frac{\partial \mathcal{L}}{\partial \log \alpha_i} = \frac{1}{2}(1 - \alpha_i \Sigma_{ii} - \alpha_i \mu_i^2) \tag{4-12}$$

令式 (4-12) 等于 0，有

$$\alpha_i^{\text{new}} = \frac{\gamma_i}{\mu_i^2} \tag{4-13}$$

其中，$\gamma_i = 1 - \alpha_i \Sigma_{ii}$，且 $\gamma_i \in [0, 1]$，表示计算出的当前对应的参数 w_i 的正确程度。

由于数据噪声假设为独立同分布，令 $\beta = \sigma^{-2}$，因此 $\mathcal{L}$ 相对于 $\log \beta$ 的梯度为

$$\frac{\partial \mathcal{L}}{\partial \log \beta} = \frac{1}{2}\left[\frac{N}{\beta} - \|t - \Phi\mu\|^2 - \text{trace}(\Sigma \Phi^{\text{T}} \Phi)\right] \tag{4-14}$$

令式 (4-14) 等于 0，有

$$(\sigma^2)^{\text{new}} = \frac{\|t - \Phi\mu\|^2}{N - \sum_{i=1}^{N} \gamma_i} \tag{4-15}$$

通过式 (4-13) 和式 (4-15) 对超参数进行迭代更新得到 α_{MP} 和 σ_{MP}^2 后，就可计算出权重的后验概率分布的均值 μ 和协方差 Σ，从而可以对新的数据样本 x_* 采用下式进行预测：

$$y_* = \mu^{\text{T}} \phi(x_*) \tag{4-16}$$

$$\sigma_*^2 = \sigma_{\text{MP}}^2 + \phi(x_*)^{\text{T}} \Sigma \phi(x_*) \tag{4-17}$$

式中　y_*——预测值；

　　　σ_*^2——预测的方差，反映了预测的不确定性。

2) sRVM。sRVM 是 RVM 的一种扩展，两者最大的区别在于 sRVM 对于模型稀疏性的控制更加灵活。sRVM 对超参数 α 定义了一个先验因子直接控制模型中非零超参数的个数。从式 (4-9) 和式 (4-10) 中可得出训练样本 $y = (y(x_1), \cdots, y(x_N))^{\text{T}}$ 的模型输出为

$$y = \Phi\mu = (\sigma^{-2}\Phi\Sigma\Phi^{\text{T}})t \equiv St \tag{4-18}$$

式中　S——平滑矩阵，它的迹表示模型中非零超参数的个数。

由此可得

$$p(\alpha | \sigma^2) \propto e^{-c(\text{trace}(S))} \tag{4-19}$$

式中　c——直接控制模型稀疏性的参数，称为平滑先验因子。

基于不同的信息准则可以得出相应的 c 值，即

$$c = \begin{cases} 0 & \text{None(Bayes factor)} \\ 1 & \text{AIC(akaike information criterion)} \\ \log(N)/2 & \text{BIC(Bayesian information criterion)} \\ \log(N) & \text{RIC(Risk inflation criterion)} \end{cases}$$

模型从 None 准则到 RIC 准则的平滑程度依次增大，即模型更加稀疏。注意到 $c = 0$ 时，模型平滑程度最小，为无平滑先验，此时 sRVM 还原为经典的 RVM，因

此可以说 RVM 是 sRVM 的一种特例，反过来说 sRVM 是 RVM 的扩展。

由于加入了平滑先验因子，因此式（4-11）所表示的边际似然度需相应修改为

$$\mathcal{L}^{s} = \mathcal{L} - c\left(N - \sum_{i=1}^{N} \alpha_i \Sigma_{ii}\right) \tag{4-20}$$

$$\Sigma_{ii} = (\alpha_i + s_i)^{-1}$$

式中　s_i——模型迭代升级的过程中基向量与模型中已有的基向量重叠的程度。

（3）PSO 算法　通常采用自适应特征变换因子的 RVM 模型的泛化能力会有显著提升，但如何确定这些特征变换因子的值相对比较困难。PSO 算法是一种进化计算技术，由艾伯哈特（Eberhart）和肯尼迪（Kennedy）提出，主要用于搜索问题的最优解，如优化 SVM 参数，因此本模型采用 PSO 算法获取自适应高斯核函数的特征变换因子。

在 PSO 算法中粒子代表问题的可行解，通常用向量来表示粒子在搜索空间中的坐标位置。假设搜索空间为 D 维空间，则粒子的空间位置可表示为 $\boldsymbol{X}_i = \{x_{i1}, x_{i2}, \cdots, x_{iD}\}$，$\boldsymbol{V}_i = \{v_{i1}, v_{i2}, \cdots, v_{iD}\}$ 为粒子的当前速度，表示粒子在搜索空间中的移动方向。为了避免"飞过"最优解，通常需要对粒子的最大飞行速度加以限制，即 $\boldsymbol{V}_i \in [-\boldsymbol{V}_{\max}, \boldsymbol{V}_{\max}]$。粒子的空间位置会依据适应度函数进行评估，每个粒子自身的最优位置 $\boldsymbol{P}_i = \{p_{i1}, p_{i2}, \cdots, p_{iD}\}$ 和整个粒子群的最优位置 $\boldsymbol{Pg} = \{Pg_1, Pg_2, \cdots, Pg_D\}$ 会被记录下来，然后依据下式更新每个粒子的速度和位置：

$$v_{iD}^{k+1} = wv_{iD}^{k} + c_1 r_1 (p_{iD} - x_{iD}^{k}) + c_2 r_2 (Pg_D - x_{iD}^{k}) \tag{4-21}$$

$$x_{iD}^{k+1} = x_{iD}^{k} + v_{iD}^{k+1} \tag{4-22}$$

式中　w——惯性权重，用于平衡粒子群的全局寻优能力和局部寻优能力；

c_1，c_2——认知学习因子和社会学习因子，分别表示粒子向个体最优位置和全局最优位置飞行的加速因子，通常设为常数 2；

r_1，r_2——服从 $[0，1]$ 均匀分布的随机数。

较大的惯性权重利于全局寻优，而较小的惯性权重偏重局部搜索，实际上惯性权重常在整个搜索过程中线性递减，即

$$w = w_{\max} - \frac{w_{\max} - w_{\min}}{k_{\max}} k \tag{4-23}$$

式中　$w_{\max}$，$w_{\min}$——惯性权重的最大值和最小值；

k——迭代次数。

整个搜索过程持续到某一终止条件，此时整个粒子群的最优位置即为问题的全局最优解。

（4）基于 PSO 优化特征变换因子　通过结合上述方法可以构建地表沉降的智能预测方法，基于 PSO 优化特征变换因子的算法流程如图 4-14 所示，每个粒子所处空间位置即代表了自适应高斯核函数的一组特征变换因子，给定一组特征变换因

子就可以建立相应的 sRVM 模型，而粒子空间位置的适应度常采用 k 折交检验的方法进行评估，即将原始训练样本平均划分成 k 个互不相交的子集，然后训练和测试 k 次，每次用 $k-1$ 个子集组成的训练样本训练模型，而用剩下的一个子集作为测试集计算泛化误差。由于 k 折交检验的方法非常耗时，RVM 和 sRVM 采用最大边际似然度的方法来优化模型的超参数，因此 PSO 算法的适应度函数为

$$\text{fitness} = \mathcal{L}^s \tag{4-24}$$

此外，因为数据标准化对于提高模型的精度也很重要，所以数据必须首先通过下式进行标准化处理：

$$x^{\text{new}} = \frac{x^{\text{old}} - x_{\min}}{x_{\max} - x_{\min}} \tag{4-25}$$

式中　x^{new}——标准化后的数据值；

　　　x^{old}——数据原值；

　　　$x_{\max}$——所有数据的最大值；

　　　$x_{\min}$——所有数据的最小值。

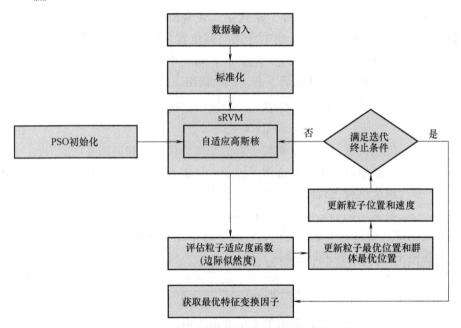

图 4-14　基于 PSO 优化特征变换因子的算法流程

算法流程如下。

步骤 1：对数据集进行标准化处理。

步骤 2：对 PSO 算法参数（种群规模、迭代次数等）和自适应高斯核函数的特征变换因子进行初始化。

步骤 3：计算 sRVM 模型最大边际似然度评估粒子的适应度。

步骤4：根据PSO算法对各个粒子的速度和位置，以及各个粒子自身最优位置和整个粒子群最优位置进行更新。

步骤5：判断是否满足终止条件，若满足则结束计算，输出粒子群的最优位置，即特征变换因子的最优解，基于此最优特征变换因子的sRVM模型即为最优预测模型；若不满足则返回步骤3。

4.2.3　施工参数的前馈控制模型

建立起影响因素与地表沉降的关系后，便可以基于此调整盾构参数以期控制地表沉降的发展。由于盾构参数的调整是一个循序渐进的过程，在短时间内进行大的调整不利于盾构掘进的平稳进行，因此盾构参数的调整范围往往要受到限制，而且不能有过多的参数同时进行调整，但有时为了减小盾构对地表沉降的影响需要对盾构的某些参数进行适当调整，所以盾构前馈控制模型的目标可以理解为用最少的盾构参数的改变实现盾构对周边土体的扰动最小，从而把盾构参数的优化转化为一个两目标优化问题：

$$\min\left(\sum_{i=1}^{I} a_i |u_i| + \sum_{j=1}^{J} b_j |v_j| \right) \tag{4-26}$$

式中　I——盾构掘进影响范围内的地表沉降监测点的数量；

　　　J——需要调整的盾构参数的个数；

　　　u_i——第i个地表沉降监测点沉降大小的变化，$u_i = (s_i - s_i')/s_i' \times 100\%$，$s_i' = f(s_i, \boldsymbol{p}, \boldsymbol{q})$为上一节所建立的地表沉降预测模型，其中$s_i'$是地表沉降的预测值，$s_i$是当前地表沉降大小，$\boldsymbol{q}$是几何参数和地质参数，$\boldsymbol{p}$是盾构参数；

　　　v_j——第j个盾构参数的改变量，$v_j = (p_i - p_i')/p_i' \times 100\%$，$v_j \in [-20\%, 20\%]$；

　　　a_i——各个地表沉降监测点的重要性，$\sum_{i=1}^{I} a_i = 1$；

　　　b_j——把盾构参数的调整看作一种资源调配对应的成本系数，$\sum_{j=1}^{J} b_j = 1$。

4.3　地铁施工安全组织管理模型

系统事故，或者说灾难，不单纯是一个技术术语，它更多的是一个有关安全观念和处事准则的社会术语。类似切尔诺贝利核事故、挑战者号航天飞机灾难和博帕尔毒气泄漏事故这样的悲剧一再表明大型系统事故是技术因素和组织管理因素相互作用的结果，理解管理因素与组织因素对系统的影响可以识别或减少潜在的错误，从而降低事故发生的频率，因此研究组织对于安全的影响被看作是改善系统安全的未来趋势。同样地，施工单位也逐渐意识到控制物理系统和技术危险并不是唯一减少事故的方法，管理者的重点也必须放在管理、组织和人员等因素上。在地铁施工阶段安全风险组织建模原则的基础上构建组织管理绩效模型，通过识别组织安全文化、安全管理系统和安全绩效的定义和维度以及三者之间的相互关系建立组织安全绩效模型，分析安全绩效与生产绩效之间的影响关系，并以系统动力学作为建模工具分别对安全、成本和进度三个目标下的组织管理系统进行定性建模，更加准确智能地分析地铁施工组织管理因素对安全风险的影响。

4.3.1 组织安全绩效模型的建立

由组织安全风险分析建模原则 A 可知建模目的是分析组织因素对安全风险的影响，而由原则 B 可知安全与生产力一样是组织的一种绩效，组织必须同时追求生产目标和安全目标，因此研究组织因素对安全风险的影响必须基于组织安全绩效模型。

奥斯卓夫（Ostroff）等人曾经提出了一个组织效率概念框架，将组织效率看作是组织内部个体效率的一种涌现现象，从心理学的角度分析了组织效率是如何产生和影响组织本身的。该框架认为组织文化影响着组织的结构和实践方式，进而影响工作态度和行为，而这些态度和行为决定了最终的组织效率。莫哈格赫（Mohaghegh）基于该框架建立了组织安全绩效模型，将安全文化作为事故发生的根本原因，并影响组织安全管理实践，而组织安全管理实践决定了组织的安全绩效。费尔南德斯·穆尼兹（Fernández-Muñiz）等人调查了 455 家西班牙公司，基于结构方程模型（Structural Equation Model，SEM）分析了安全管理承诺、员工参与度、安全管理系统与安全绩效之间的关系，发现安全管理承诺是发展安全管理系统的条件，而安全管理系统影响安全绩效，且这两种相关性在所有假设检验中最高。

目前，安全文化被普遍认为是事故发生的根本原因，因为透过它可以洞察组织的安全价值观，即安全意识的强弱。安全文化并不是直接决定组织的安全绩效，而是通过安全管理系统间接影响组织的安全绩效。安全管理系统是安全文化的表现，反映的是组织安全管理承诺，高效的安全管理系统依赖于较高的安全管理承诺，管理者只有把安全放在较为重要的地位，才会给予更多的安全投入，从政策、资源、人员培训等方面给予安全更多的关注。持续的安全投入能够提高系统的安全性，降低事故率，而较低的事故率又可以保障生产活动持续顺利地进行，减少因事故带来的额外支出。因此，安全管理系统不仅对于安全绩效有着直接而重要的影响，还对竞争力、成本等非安全绩效有一定影响。

格罗特（Grote）和昆兹勒（Künzler）强调社会技术系统模型中既要整合组织的管理方式、流程等实体特点，又要反映组织的信仰、价值观和准则等非实体特点。综上所述，本节将基于安全文化—安全管理系统—安全绩效框架建立组织安全绩效模型（图 4-15）。

1. 安全文化

自国际原子能机构在切尔诺贝利核事故调查报告中首次提出"安全文化"这一概念以来，对于安全文化的研究已经过了几十年的发展，安全文化相比传统的监

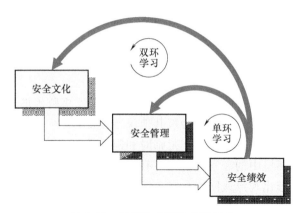

图 4-15　组织安全绩效模型框架

督检查被认为是提高安全绩效更为有效的手段，因为它不但反映的是安全意识或安全价值观并体现在相应的行事方式上，而且它能深入贯穿组织的各个层面并施以持续的影响。因此，安全文化被普遍看作是事故的最远端或最根本的因素。然而安全文化与安全氛围的关系也始终困扰着研究者，这在一定程度上导致了安全文化至今仍然没有一个统一的定义，这一切都表明对于安全文化的研究仍然处于初始阶段。在讨论安全文化之前有必要区分安全文化与安全氛围的关系。

　　安全文化与安全氛围的关系不明确很大程度上是因为在研究两者的历史进程中常常互换使用，因此一些学者认为安全文化与安全氛围是同一个概念，两者之间只是简单的替换；另外一些学者则认为两者有实质性的区别，是不同的两个概念，安全文化是组织更深更稳固的一种特性，而安全氛围是组织更浅更外在化的一种状态，因而安全文化代表的是组织长期存在的一种现象，而安全氛围则是安全文化在某一时点的一种反映，是安全文化的"快照"。考克斯（Cox）和切恩（Cheyne）据此将安全文化比作人的个性，而安全氛围更像是人的心情。古尔登蒙德（Guldenmund）通过对组织文化和组织氛围的对比分析认为安全文化与安全氛围与之类似，安全氛围反映的是组织内部的安全态度，而安全文化则是这一态度背后的信仰教条。可以看出，安全文化与安全氛围既有区别又有联系，安全文化是组织的一种特质属性，而安全氛围是组织的一种状态属性，安全氛围是安全文化的一种显示。鉴于安全文化的提出是为了研究组织事故，而安全氛围更多的是用于解释个体事故，两者属于不同的概念，但考虑到本章的研究范围是组织重大事故（参考原则F），所以将重点关注和讨论安全文化，而安全氛围则不在研究范围之内。

　　组织文化是指区别不同人群的群体心智，即处事方式，是群体基于共同基本假设学习解决组织外部和内部问题的模式，该模式被认为是有效的，因而被传授给新的成员作为感知和思考这些问题的正确途径。关于组织文化目前有以下三种观点：

　　1）同化观点，强调组织文化的定义应包括共同的解决方法、共同的理解和组织共识，它将一个文化系统内部的革新和矛盾看作是对系统平衡的一种扰动，会影响组织的基本假设，而组织目标则会使系统回到平衡状态。

2）分化观点，认为组织文化是由子文化重叠组成，这种重叠有时协调，有时矛盾，子文化既可以是垂直分布的（表现为状态的不同），也可以是水平分布的（表现为功能的不同）。

3）破碎观点，认为组织文化是模糊的，甚至是支离破碎的，组织成员关于议题的共识是短暂而具体的，很快就会被其他议题改变。

同化观点将安全系统的改变看作是临时和间断的，而破碎观点将这种改变看作是长期存在于文化环境中的。三种观点各有其优点，同化观点强调组织文化假设的一致性、连续性；分化观点认同同化观点所强调的一致性，但它认为这种一致性只存在于子文化中；破碎观点则着重于组织文化的模糊性，强调解释组织问题的多样性使得组织成员往往难以达成共识。

三种观点中同化观点的应用最为广泛，其代表是沙因（Schein）提出的组织文化的层次模型，他认为组织文化如同一个洋葱，有三个层次，如图4-16所示。

最外层是外在表象，它代表了深层意识形态的内在价值观的体现，主要有四种：①符号，如产品、组织结构；②组织语言，如行话、口号；③叙述，如有关组织的故事、传奇；④实践，如仪式、禁忌。

中间层是拥护的价值观，是组织或管理大体上认同的目标、理念、战略等。

最内层是核心基本假设，通常难以观察，是组织经过长时间形成的下意识的、认为理所当然的信仰、感知、思想和情感，是价值观和行为的根本来源。

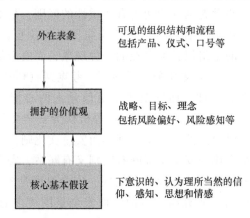

图4-16 沙因（Schein）提出的组织文化的层次模型

安全文化常常被认为是组织文化的子集，应当与组织文化有着类似的层次结构，只是其中的信仰和价值观着眼于安全，因此安全文化的定义应当与组织文化的定义一致，如莫哈格赫（Mohaghegh）对于安全文化的定义就是基于沙因（Schein）对组织文化的定义修改而来的。安全文化是定义在集体或更高层面的一个概念，指的是集体或组织成员共有的价值观和信仰；安全文化影响的是与安全有关的管理和监督系统；安全文化强调组织内每个层面每个人的贡献；安全文化会对组织成员的工作行为产生影响；安全文化常常反映在组织的奖励机制和安全绩效中；安全文化反映了组织愿意从错误和事故中学习的程度；安全文化相对更持久、更稳固，不易改变。

大多数定义反映出"组织是安全文化"而非"组织有安全文化"的观点，前者认为每个组织都存在安全文化，只是强弱不同（积极的安全文化或消极的安全文化），而后者认为组织只有有了强烈的安全承诺才能称组织存在安全文化。

乔德里（Choudhry）等人在总结安全文化定义的基础上，结合建筑业的行业特点提出了施工安全文化的定义，即施工安全文化是个人和集体价值观、态度、观念、能力和行为模式的产物，它们确定了组织安全管理的承诺、风格和专业程度，以及员工在施工现场环境下如何依据组织的安全绩效采取行动和反应。邹（Zou）则将施工安全文化定义为个人和集体的信仰、准则、态度和实践方式的集合，它们关注的是在施工环境下减小工人和公众暴露在不安全行为和条件下的风险。可以看出，施工安全文化仍然是有关共同价值观和信仰的概念，只是将其限制在具体的施工环境下。

建立或识别安全文化的维度（或称元素、因子）是衡量或评估组织安全文化的重要手段，基于不同的方法可以构建不同的评估模型，如迪亚兹·卡夫雷拉（Díaz-Cabrera）提出了构成安全文化的七个维度，并基于竞值架构（CVF）的两个方向——是重视组织内部（如员工福利和发展）还是重视组织外部（如组织自身发展）和是强调组织变革与弹性还是强调组织稳定与控制——把安全文化分为群体文化、发展文化、层次文化和理性文化四类，如图4-17所示。

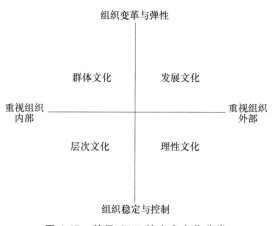

图 4-17　基于 CVF 的安全文化分类

韦斯特鲁姆（Westrum）将安全文化分为病态的、官僚的和创造的三种，每一种文化都反映了处理安全信息的方式，代表了组织安全文化发展改进的方向。病态文化下，组织不支持新的思想，对于失败采取惩罚措施，逃避责任；官僚文化下，组织认为新的思想也会带来新的问题，失败可以容忍，责任分割；创造文化下，组织支持新的思想，对于失败采取宽容的态度并积极找寻原因，责任共享。帕克（Parker）等人在此基础上将三种安全文化扩展为五种，即病态的（只要不出事就不必关心安全）、被动的（安全很重要，每次发生事故都要做大量善后工作）、计划的（有一套系统管理所有危险）、预防的（尝试预估安全问题）、创造的（安全就是工作之一），并指出组织要达到后一种安全文化必须经历前一种安全文化。帕克（Parker）等人提出的这一安全文化的发展框架表明了安全文化的动态本质，正如里希特（Richter）和科赫（Koch）指出，安全文化不是一成不变的，它会随物质条件和社会关系发展持续地再造。

里森（Reason）提出安全文化是一种知晓文化，即在该文化背景下管理和操作系统的组织成员对于影响系统整体安全的人员、技术、组织和环境因素有足够的认识。它由准则文化、报告文化、弹性文化和学习文化四部分组成。准则文化为组织成员提供安全行为准则；报告文化鼓励组织成员报告工作中的各种安全信息（包括违规、事故）；弹性文化要求组织能适应各种变化，如遇到危险时组织成员可以直接采取措施而无须层层上报获得批准；学习文化则强调组织要从过去的错误中吸取经验教训。

基于类似上述对安全文化的不同理解或不同框架可以建立相应的安全文化的维度，进而评估衡量组织的安全文化。然而目前尚没有一个普遍认同的安全文化的维度，不同的文章对于安全文化维度的确定区别很大，考虑的安全文化维度从 2 个到 16 个，甚至 19 个。虽然不同研究中使用的维度不同，但有一个维度在几乎所有的研究中均有涉及——安全管理承诺。不少学者都详细讨论过其重要性。它是指组织高层管理在决策和资源配置上给予安全的优先程度，其决定了组织对待安全的态度和采取相应的行为。邹（Zou）在对五个不同地区施工单位的安全方案实施情况展开调查后也发现高层管理的安全管理承诺是塑造施工安全文化的重要因素。

综上所述，安全文化或施工安全文化是一个有关组织共同安全信仰、价值观的概念，它体现在实际的安全管理实践中，并且会随着外部条件发生动态改变，其最重要的维度是安全管理承诺，它是影响系统安全的重要因素。

2. 安全管理系统

安全管理系统（SMS）是安全文化的表现，它将组织共有安全信仰、价值观通过一系列安全管理政策、流程和措施等具体地体现出来，而这些政策、流程和措施会最终决定组织的安全绩效，因此安全管理系统是连接安全文化与安全绩效的纽带。

安全管理系统是安全管理的实施手段，是一整套由方针、策略、流程等组成的组织管理机制，目的是减少伤害和控制风险，因而安全管理系统也可以认为是风险管理的一套系统方法。

通过建立或识别安全管理系统的维度（或称元素、因子）可以衡量一个组织安全管理系统的效率，从而帮助组织改进或建立有效的安全管理系统。然而目前对于安全管理系统或一个有效的安全管理系统由什么组成尚没有达成共识。

谭（Tam）等人将安全审查、安全培训、安全监督、管理参与度、安全促进、安全政策和危险应对识别为建筑业安全管理系统的七个主要元素，并相对应地构建了七个决策准则，用于评估这7个主要元素对于改善安全管理效率的重要性，并对此进行排序，以此作为安全管理的改进方向。

方（Fang）等人通过对施工现场展开实证研究发现十一个与现场安全管理密切相关的因素，这些因素包括安全检查、安全会议、安全管理执行、安全教育、安全交流、安全合作、管理层与工人的关系以及安全资源等。

缇奥（Teo）和凌（Ling）基于因子分析识别了安全管理系统的四个主要因素：政策因素、过程因素、人员因素和动机因素，并在此基础上构建了具体的施工安全指标，采用层次分析法（AHP）识别了指标权重，用于衡量新加坡施工现场安全管理系统的效率。

费尔南德斯·穆尼兹（Fernández-Muñiz）等人提出安全管理系统具有多个维度的假设，包括政策、动机、培训、交流、计划和控制，并基于此构建了评估安全管理系统的多维量表，通过对包括工业工程、建筑业、服务业在内的大量西班牙公司开展实证研究验证了该假设。

徐（Hsu）等人则通过混合灰色关联分析（GRA）、决策与试验评价实验室（DEMATEL）和网络分析法（ANP）构建了一个定量评估模型，用于识别安全管理系统的关键成分，通过对航空业分析得出了组织、文件、风险管理、质量保证、安全促进和应急响应六个维度。

建设行业是劳动密集型产业，人力资源通常是施工单位的主要资产，现在施工单位逐渐意识到组织需要不断地学习改进以维持较高的安全水平，而施工人员则是这种学习和改进的原动力。由于施工从业人员流动性较大，因此人员的雇佣和培训是影响施工单位安全管理系统的关键因素，而且工人是实施各种安全措施的主体，正确地实施各项措施也是决定安全绩效的关键之一。

另外，采取各种措施应对不同的危险以保证生产活动的连续性是安全管理的基本任务之一，通过采取有效措施可以避免事故的发生，这些措施包括日常的一般性措施，针对各种风险、警告采取的预防性措施和事故发生之后的补救措施。洛夫奎斯特（Lofquist）分别将其定义为交互式措施、前摄式措施和反射式措施。交互式措施在技术层面执行，而前摄式措施和反射式措施需要依靠组织来完成实施，这主要是因为虽然不同的危险所需要采取对应的措施有所不同，但措施的有效性可以通过安全管理系统的效率来反映，高效的安全管理系统会给予工人更多的安全培训，以增加其安全经验，并合理分配工作量以保证措施正确及时地实施。由于安全管理系统是安全文化的体现，因此洛夫奎斯特（Lofquist）也指出措施的有效执行很大程度要依赖于良好的组织安全文化。

3. 安全绩效

史密斯（Smith）等人曾经指出安全管理系统是监测和控制安全绩效的基础。因此，安全绩效由安全管理系统决定。事故常常被用作衡量安全绩效的一种指标，是对系统安全绩效的一种事后衡量，因此也被称为后行指标。与后行指标相对应的是先行指标，迪雷博格（Dyreborg）将先行指标定义为衡量不期望后果发生之前系统绩效的指标，而后行指标则用来衡量不期望后果本身。库珀（Cooper）和菲利普斯（Phillips）指出同时采用先行指标和后行指标有助于组织发现其安全措施的效果。因此，依据风险评估获得的风险等级作为先行指标，而地铁施工中导致的周边环境事故作为后行指标来衡量组织安全绩效。

4. 反馈回路

安全管理系统所开展的各项活动（人员雇佣、培训，措施执行）可以描述为一个学习回路，通过对安全绩效的监督、反馈和学习来调整安全管理系统的政策、流程等。麦当劳（Mcdonald）等人通过走访调查建立了安全管理系统的模型，将安全管理系统描述为一个如图 4-18 所示的回路。乔德里（Choudhry）等人也将安全管理系统描述为计划、执行、监督、调整的系统过程，类似质量管理中的 PDCA（Plan-Do-Check-Act）循环。

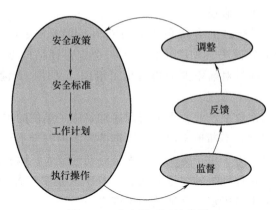

图 4-18　安全管理系统模型

良好、积极的安全文化除了需要有较高的安全管理承诺外，还需要良好的组织学习，能够从事故、失败中吸取教训并进行相应的改进。另外，安全绩效反馈对安全文化的影响同样十分重要。

安全管理系统的学习调整是基于实际结果与预期的偏差，而安全文化的学习则是从根本上对组织安全观念的改变。在组织学习理论中，前者称为单环学习，指在现有准则、标准下对偏差进行分析和控制的过程，也叫开发式学习；后者称为双环学习，指对准则、标准本身进行学习的过程，也叫探索式学习。单环学习是一种以控制导向为主的学习方式，强调系统变化的稳定，其作用较快，但无法打破既有规则带来的限制，因而学习效果有限；而双环学习是一种以再思考导向为主的学习方式，强调突破现有基本目标或假设的限制，通常这一学习过程需要较长的时间，但可以从根本上改变现有的观念、规则或制度，其影响更为深远。

安全管理系统的反馈学习过程更快，但无法改变组织现有安全管理政策、资源配置等，因而其对于安全绩效的影响有限；由于安全文化不易改变因而安全文化的反馈学习通常存在较大延迟，但它可以从根本上改变组织对于安全的认识理解，从而将安全置于更为优先的地位。通常组织结构关系较为紧密的系统更倾向于单环学习，而松散耦合的系统更容易实现双环学习。反馈学习对于提高系统安全绩效同样非常重要，因此，施工单位要实现较好的安全绩效必须朝学习型组织不断迈进。

5. 安全绩效与生产绩效的关系

由组织安全风险分析建模原则 B 可知，安全并非组织的唯一绩效，对于施工单位而言，成本和进度作为组织生产绩效同样非常重要，而且三者之间相互影响。组织需要赔偿安全事故造成的损失从而直接影响成本，而资金吃紧也会导致对安全的投入不足从而使得安全事故更容易发生；安全事故也可能严重影响工程进度，有时需要一定的人力、物力来清理事故现场以恢复生产，进度过快也会分散组织放在安全上的注意力而更多地投入到生产中；成本与进度之间存在相互影响、相互制约的关系，资金不足会减缓工程进度，反过来要加快进度则需要足够的人力、物力和资金支持。

研究表明安全文化是导致事故发生最重要的组织因素之一，营造良好的安全文化能够抵御或平衡生产方面的压力，一方面减小事故发生的可能性，另一方面保证生产活动的连续性。糟糕的安全文化最深远的影响表现在组织不愿意积极地处理系统中存在的问题，即组织允许这种问题存在并在此情形下继续生产，已有大量的组织事故说明了正是由于忽略了这些问题或采取措施不及时才导致事故发生，而事故的发生又会影响到生产活动的进行，从而带来更大的生产压力。地铁隧道施工是一个动态过程，组织或管理者需要及时地对这一过程中出现的各种计划外的事件（如各种事故）进行响应以平衡安全、进度与成本目标，而安全文化则是实现这一精妙平衡的关键。将安全文化作为调节安全与生产之间的桥梁纽带，生产与安全之间的影响会受到安全文化的作用而加强或者减弱。

4.3.2　组织管理绩效系统动力学建模

肯尼迪（Kennedy）和科万（Kirwan）回顾了从组织管理等社会层面到事故后果等技术层面所使用的评估方法，他们将这些方法总结为安全审计方法和风险分析方法两类（图 4-19），其中以建立各种指标为主的安全审计方法比较适用于评估安全文化、安全管理等社会层面的安全影响因素，但该方法难以得出事故后果等分析结果；相反，以传统 PRA 为主的风险分析方法能够定量分析事故发生的概率、损失，但无法将安全文化等远端因素纳入模型。

以安全文化为例，霍普金斯（Hopkins）将评估安全文化的方法总结为问卷调

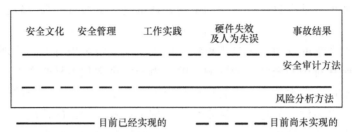

图 4-19　安全审计方法和风险分析方法在不同层面的应用

查法、人类学法和事故调查法三种。

问卷调查法是目前使用最广泛的量性研究方法之一，比较适合分析态度、价值观等，但是这种方法反映的只是组织当前时刻的状态，而不能反映一段时间内组织的动态变化过程，而且没有一个研究能够声称其建立的调查问卷表有较高的通用性，即调查问卷通常需要针对特定组织来专门设计，难以重复使用。此外，调查问卷分析得出的是一种关联度模型，而不是因果模型。例如，防晒油和冰淇淋的销量都随着温度的上升而上升，如果对防晒油和冰淇淋的销量进行调查就会发现两者之间存在强烈的正相关性，但实际上两者之间没有任何因果关系，因此有一些学者开始强调问卷调查法与其他方法相结合使用。

人类学法更注重质性研究，通常使用采访或观察法，它能够提供更多的信息，反映组织实践中的实际具体情况，但这种方法需要消耗大量的时间。

事故调查法则更多地通过对事故调查过程中获得的文档、质询记录进行分析，在分析效果和分析成本上取得了较好的平衡，但是隧道施工中这种重大事故相对较少，而且对于普通研究人员通常也难以获得其调查过程中的记录。

无论采取以上哪种方法，对于诸如安全文化这样的组织因素本身主要是通过构建指标来进行衡量评估。在建立组织社会层面因素对于系统安全影响的模型时，一些学者也尝试通过构建组织安全风险指标的方式来进行研究，如奥恩（Øien）通过构建组织安全风险指标来评估组织因素对于技术系统风险的影响。这种基于指标的评估方法往往需要假设指标之间是相互独立的，而实际上组织因素之间是存在相互作用关系的，最终的系统安全是这些因素共同作用所导致的涌现现象，基于指标的方法无法描述出系统中存在的反馈和延迟现象。因此，孔斯维克（Kongsvik）等人认为由于从组织因素到最后的事故发生之间存在较长的路径，而且组织本身也存在复杂性和动态性，所以要建立一套组织安全风险指标实际上是非常困难的。

参考组织安全风险分析建模原则 D，主要从中观层面建立组织管理绩效模型，系统动力学从整体的角度对系统变量以及变量间存在的反馈、延迟进行仿真建模，非常适合对组织本身或更高层面进行仿真分析。罗德里格斯（Rodrigues）和鲍尔斯（Bowers）也从项目管理的角度强调了采用系统动力学对项目管理中存在的问题进行研究的必要性，他们将分析分为三个层面：公司（组织）内不同项目层面间的影响（level 1），单个项目层面的策略管理（level 2）和某个项目具体目标（level 3）、资源配置等细节层面的管理。对于 level 3 采用传统的项目管理分析手段就足够了，而对于 level 1 和 level 2 则需要系统动力学从整体上分析识别系统中的非线性关系和各种反馈回路，并提供一种管理策略的试验分析手段。因此，采用系统动力学对隧道施工中的组织层面进行建模分析。

1. 概述

系统动力学是 1956 年由美国麻省理工学院福雷斯特（Forrester）教授创建的，它基于控制论、系统论、决策论和信息论等有关理论，建立系统动力学模型，并以计算机仿真技术为主要手段进行仿真试验，主要用于分析和研究系统的行为模式或动力学特性，为管理决策制定提供科学的依据，是研究复杂系统运行规律的理想方法。

由组织安全风险分析建模原则 B 可知安全、成本和进度是地铁隧道施工的三种组织绩效，其中安全绩效是本模型的重点，本章 4.3.1 节构建了组织安全绩效模型框架，而安全绩效又会受到成本、进度等生产绩效的影响，三者之间存在相互作用、相互影响的关系（图 4-20），因此将基于系统动力学分别对三种组织目标（绩效）进行定性分析，识别组织因素间的因果关系、反馈回路和系统延迟。

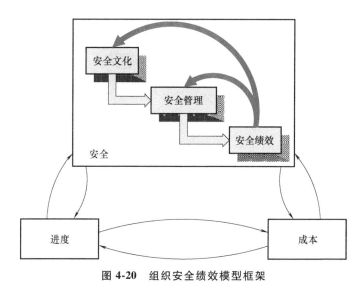

图 4-20　组织安全绩效模型框架

2. 安全目标子模型

（1）组织安全系统动力学基模　系统动力学基模由森格（Senge）在其著作 *The fifth discipline：the art and practice of learning organization* 中提出，主要用于研究系统中各类管理问题的共有通性。系统基模的核心是运用有向线描述系统变量（即影响问题的各个因素）之间的因果关系，这些因素之间构成的环路称为反馈环，对于该反馈环中任一变量，若在给定的时间区间内的任意时刻，该变量相对增加，且由它开始经过一个反馈后导致该变量相对再增加，则称这个反馈环为在给定时间区间内的正反馈环；相对减小则称之为负反馈环；若某一变量改变并不立即导致其指向的变量改变，而是滞后一段时间，则称两变量之间存在延迟，通常在有向线上加上两条短线来表示。正反馈环、负反馈环、延迟是构成系统基模的三个基本要素。

马拉伊斯（Marais）等人曾经提出了若干组织安全系统动力学基模，用于描述组织行为对于系统安全或事故发生的影响。

1）安全意识下降基模。安全意识下降基模描述的是组织采取的各种安全措施，其效果可能存在极限的情况（图4-21）。各种安全措施在项目开始时可以有效地预防事故的发生，然而随着各种安全隐患减少，组织管理者的安全意识也会下降，并导致系统的安全性下降。施工单位在地铁隧道施工开始阶段有较多的资源和精力重点强调施工安全，如盾构始发阶段采取加固土体、加强监测密度和频率等措施来保障始发阶段的安全，但随着盾构掘进逐步进入正常开挖阶段，如果没有新的安全隐患暴露出来，管理者的注意力或安全意识会无意识地下降，并反映在一系列安全措施中，从而使得隧道开挖的危险性增强。

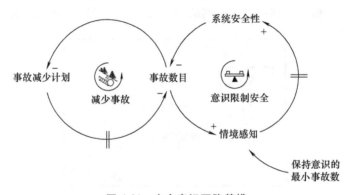

图4-21　安全意识下降基模

2）安全目标侵蚀基模。安全目标侵蚀基模描述的是安全目标是如何遭到侵蚀的（图4-22）。安全目标与系统实际安全之间的差别会激励组织采取措施改善安全，但是措施的效果往往需要经过一段时间才能体现，而且这种差别有可能在面临其他压力的情况下降低安全目标。地铁隧道施工中施工单位为了保证施工安全会采取许多安全措施，如加强工人安全培训等，但是这些措施的效果可能并不是立竿见影的，因此虽然组织做出了努力，但由于在短时间内没有产生效果而导致安全目标与系统实际安全之间的差别仍然较大，此时在生产压力的作用下容易使得组织对安全的要求降低，把更多的资源、注意力转移到安全之外的地方以做出妥协。组织所面临的巨大挑战之一就是如何抵御生产方面的压力以保证组织对于安全的重视程度始终保持在较高水平，而不至于为了应付成本、进度等压力使得"安全第一"逐渐流于口号。

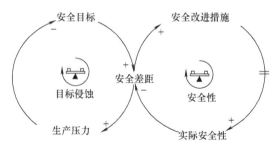

图 4-22　安全目标侵蚀基模

3）组织自满基模。组织自满基模描述的是组织在没有经历事故的情况下是如何产生自满情绪的（图 4-23）。在对系统进行持续的监督和改进下，系统发生事故的数量会逐渐减少，随着事故不再出现，这些监督或改进措施会被认为过于严苛，加上可能存在的预算压力，资金到监督或措施上的资金会被逐渐削减，而这些会反映在减弱安全培训或监督检查的力度上，从而使得事故发生的风险不断增加。

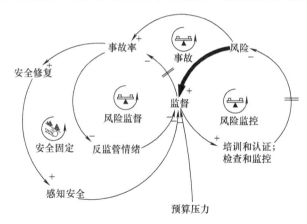

图 4-23　组织自满基模

维克（Weick）曾经指出安全投入对应的产出往往难以被清晰地看到，只要不出事故，系统就会被认为是正常的，组织也会按照原先的做法继续运行。事故往往被认为是衡量一个项目安全方面最重要的指标，从以往经验来看，地铁隧道在施工的过程中频繁发生事故的可能性还是相对较低的，若长时间没有事故发生，施工、安全监理、业主等单位可能会认为其施工现场没有安全问题，因此会减少对于安全的关注，直到由此带来的安全问题的累积导致某一事故发生，各个单位的注意力才会再次回到安全上来。

解决这一问题的关键在于构建一个新的回路，即从风险到安全监督（图 4-23黑色粗箭头），通过对安全风险进行评估使得组织能够在安全上保持足够的注意力。通过对安全风险进行监控，避免了必须等到事故发生才能唤醒组织管理者对于安全的重视。正如里森（Reason）所说，在缺少事故吸引组织对于安全的注意力时，最好的方法就是收集各种安全数据进行风险监控，并构建相应的安全预警信息平台。

（2）安全管理承诺子模型　安全管理承诺是安全文化的重要维度，它反映了组织对于安全的重视和优先程度，即安全意识是影响组织决策偏重于安全还是偏重于生产的重要因素，因此用安全管理承诺表示组织管理对于安全和生产的态度。

安全管理承诺子模型如图 4-24 所示，其基本建模思路基于斯特曼（Sterman）提出的 "sea anchor and adjustment" 思路，即假定安全管理承诺的某一初始值，其随时间的改变依据安全绩效和生产绩效对其产生的共同影响来决定。假定安全管理承诺为 0~100 之间的数值，100 表示安全管理承诺为最高，此时组织的一切决策均以安全为重；相反，0 表示安全管理承诺达到最低，此时组织的一切决策均以生产为重。安全管理承诺改变的依据是目前的水平与目标水平之间的差距，而安全管理承诺目标水平受安全绩效和生产绩效共同影响，若生产方面的压力过高，则目标水平较低，反之则较高（安全目标侵蚀基模）；若安全方面的压力过低，如长时间未出现事故或安全风险等级一直处于可接受或可忽略等级，则目标水平也较低，反之则较高（安全意识下降基模、组织自满基模）。安全管理承诺的改变作为一种双环学习并不是立即产生的，而是具有一定的延迟，通常对于松散耦合系统，由于管理者有更多的自主权灵活地应对系统运行中面临的各种变化，因此类似施工单位改变安全管理承诺所需的时间相对较短。

图 4-24 所示安全管理承诺目标水平同时受安全绩效和生产绩效的影响，其中安全绩效包括由风险评估得出的风险等级这一先行指标和事故等级这一后行指标，不同的等级对于安全管理承诺目标水平的影响不同，等级越高，安全管理承诺目标水平越高，等级越低，安全管理承诺目标水平越低。生产方面的压力涉及进度和成

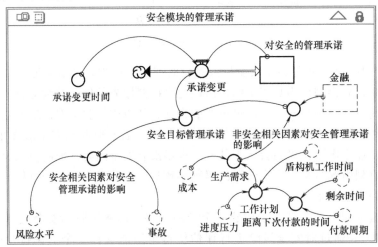

图 4-24　安全管理承诺子模型

本两个方面，采用按照进度压力给出的最低施工进度至下一个结算日的资金需求与当前资金水平的缺口来表征生产压力，若两者相同，则表示当前资金水平恰好能够保证施工顺利进行，处于临界点；若前者小于后者，则表示按照最低施工进度要求会存在资金缺口，即如果保证资金链条则很可能无法按期完工，此时生产压力随缺口增大而增大，相应的安全管理承诺目标水平较低，反之则较高。

（3）安全管理系统子模型　采取各项安全措施保障隧道施工生产活动的顺利进行是安全管理的基本任务（单环学习），这些措施包括针对风险等级的预防措施和针对事故等级的补救措施。而措施的执行实施需要依靠施工人员，措施的效果取决于施工人员的经验（决定措施实施的正确性）和工作量（决定措施实施的及时性）。因此安全管理系统子模型应包括人员雇佣、安全培训、安全措施等方面。

安全管理系统子模型如图 4-25 所示，人员的雇佣依据实际工作量和参照工作量（如 8h/d）的缺口来实行，若实际工作量大于参照工作量，则表示人员短缺，需要雇佣新的人员，同时由于施工单位的人员流动性较大，人员的离职会使得人员总数下降，因此需要保持人员数量的动态平衡以保证各项措施能够顺利执行。

人员的平均经验取决于总体经验水平和人员数量。总体经验水平来源两方面：一方面新雇佣的人员会把过去的经验带到新的组织中，因此雇佣什么经验水平的人员比较重要，通常雇佣经验水平较高（如五年工作经验）的人员对提升组织经验有很明显的效果（表现为经验的传授），但雇佣所需的时间也相对较长（表现为难以弥补离职带来的人员短缺），雇佣经验水平较低的人员则需要更多时间进行培训；另一方面来自对人员的安全培训，但从培训到转化实际经验往往需要一段时间，表现为系统的延迟。

人员的分配主要包含两方面：一方面是隧道日常施工所需人员，其受到进度的影响，进度越快，自然需要人手较多，反之则较少；另一方面是用于采取各种预防措施和补救措施，这一部分是日常施工所需之外的人员，如果人手不够，则可能导致安全工作堆积，从而使得安全措施执行不及时。用安全工作堆积和平均经验水平分别表示措施执行的及时性和正确性，作为影响措施有效性的两个指标。

安全管理系统是组织安全管理承诺在实际安全实践中的具体体现，因此安全培训的力度和安全工作的分配会受到安全管理承诺的影响，安全管理承诺越高，培训的力度也越大，分配给执行安全措施的时间也越充分，从而提高安全措施的有效性。但安全培训也会挤占执行措施的时间，因此需要巧妙平衡两者之间的关系。

（4）安全绩效子模型　安全绩效受安全管理系统影响，安全绩效子模型即为技术系统模型和外部环境风险评估模型。

3. 成本目标子模型

成本压力通常都是影响系统安全的重要因素。吴（Goh）等人基于系统思考分析了西澳大利亚某废品回收公司发生的火灾事故，指出财务困境是导致公司无法处

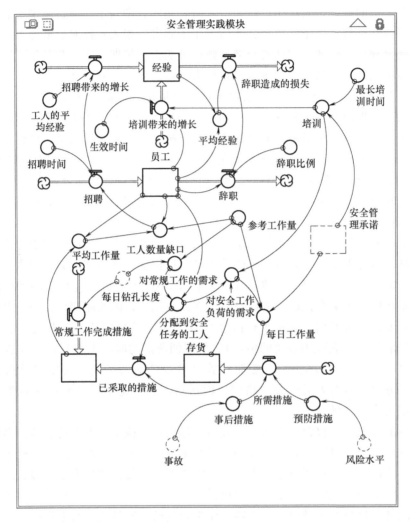

图 4-25　安全管理系统子模型

理危险状况并最终酿成事故的重要因素。图 4-26 所示为组织成本目标子模型，施工单位的财务收入来源于进度结算，依据完成的工程量按比例进行支付，不同的工程项目具体结算方式不同，本模型中按每月结算一次，即依据当月完成的实际工程量（开挖掘进的长度）进行结算，因此进度越快，资金回笼也越快。但是施工进度的提高也意味着成本支出增加，即成本与进度相互制约。此外，事故的发生所需的赔付也会对财务状况造成影响，不同事故等级对应的损失赔偿金额不同，较轻微的事故通常影响有限，但一旦发生灾难事故对于组织财务状况的打击很可能是致命的，严重时甚至会导致工程无法完工，而且会影响施工单位后续的业务发展。

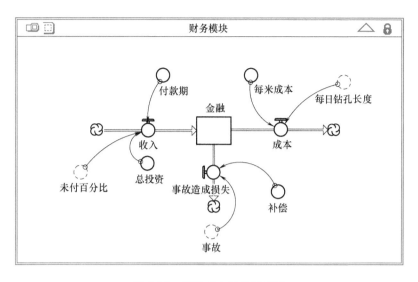

图 4-26 组织成本目标子模型

4. 进度目标子模型

图 4-27 所示为进度目标子模型，进度主要受到掘进速度这一施工参数的影响。掘进速度这一施工参数的选取取决于进度压力，而另外，在第 3 章前馈控制模型中实际上给出的是考虑安全情况下的优化参数，若以掘进速度作为控制对象，则优化得到的掘进速度就是以安全为重点时施工单位应当采取的进度。由地铁施工的基本控制结构可知，施工参数的确定需要依据组织决策。因此，安全管理承诺会影响施工参数的确定，若安全管理承诺较高，则该施工参数应更偏向于由前馈控制模型给出的优化结果，反之则应更偏向于进度压力给出的掘进速度。

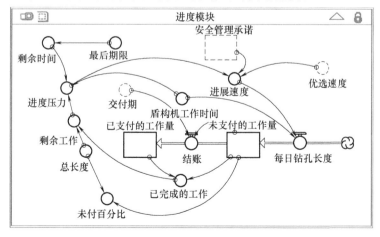

图 4-27 进度目标子模型

4.4 地铁施工风险智能分析模型

地铁施工过程是一个典型的复杂社会技术系统，系统事故的发生往往既有技术原因，又有组织管理原因，而且这些原因并非是在事故发生时才形成的，而是在事故发生之前的一段时间内不断累积发展并最终导致事故的发生，因此需要一个安全模型系统地分析地铁施工中的安全风险，从而找出风险的演化规律和事故的发生机理，对施工过程中的风险进行分析与评估。

4.4.1 施工阶段的风险表征

城市中地铁施工对周边环境可能造成的破坏形式主要包括：①周边建筑物开裂、倾斜或垮塌；②路面开裂或塌陷；③周边地下管线开裂。因此，地铁施工中需要对周边建筑物、周围路面及周边管线进行监测，依据相关的监测数据、建筑物属性等因素对施工阶段的风险进行表征，从而进行安全分析与风险评估，为采取适当的预防措施或补救措施提供很好的决策支持。

1. 地铁施工对周边建筑物影响风险

建筑物破坏模式十分复杂，不同的结构形式、破坏原因造成的破坏形式差异较大，因此选取合适的风险影响因素对于分析地铁施工对周边建筑物影响风险非常关键。目前常用的分析建筑物安全状况的风险影响因素包括裂缝（长度、宽度、位置、数量）和倾斜度，裂缝反映了建筑物上部结构的刚度，即抵抗不均匀沉降的能力；而倾斜度反映了不均匀沉降的大小，如图 4-28 所示，通常可以通过建筑物沉降监测数据来计算。

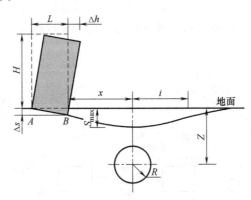

图 4-28 地铁施工对周边建筑物影响示意图

$$\delta = \frac{\Delta h}{H} = \xi \frac{\Delta s}{L} = \xi \theta \tag{4-27}$$

式中 δ——建筑物倾斜度；

Δh ——建筑物檐口偏移量；

H ——建筑物高度；

ξ ——折减系数，依建筑物刚度而定，高层及超高层取 $0.9 \sim 1.0$，多层取 $0.7 \sim 0.9$；

θ ——建筑物弯沉比，$\theta = \Delta s / L$；

Δs ——建筑物由于地铁施工造成的单侧偏沉量；

L ——建筑物与隧道方向垂直一侧的长度。

如果缺少监测数据，也可以通过 Peck 公式进行估计：

$$\Delta s = S_B - S_A = S_{max} \exp\left(- \frac{x^2}{2i^2}\right) - S_{max} \exp\left[- \frac{(x + L)^2}{2i^2}\right] \tag{4-28}$$

式中　S_{max} ——隧道中线正上方的地表沉降值；

　　　i ——沉降槽反弯点，$i = kZ$，其中 Z 为隧道埋深，k 为沉降槽宽度参数，取决于土的类型，对于砂土取 $0.2 \sim 0.3$，对于粉质黏土取 $0.4 \sim 0.5$，对于淤泥质土取 0.7；

　　　x ——隧道中线与建筑物的垂直距离。

骆建军等从地铁施工安全风险管理流程分析了地铁施工中周边建筑物安全风险评估的内容，总结了评估建筑物安全状况需要调查的相关资料，包括下部结构（基础形式、基础埋深）、上部结构（结构形式、建筑物高度）、建筑物与地铁相对位置、材料退化程度等。

基于以上信息可以对建筑物破坏等级进行分类，其中由伯兰德（Burland）提出的分类方法被广泛采用（表4-6），此外《危险房屋鉴定标准》（JGJ 125—2016）也给出了建筑物的评定原则和方法。

表 4-6　建筑物破坏等级划分

伦敦建筑结构工程师协会（BRE）分级		危险房屋鉴定标准	
等级	描述	等级	描述
0（忽视）	毛细裂缝，小于 0.1mm	A 级	结构承载力能满足正常使用要求，未发现危险点，房屋结构安全
1（很轻）	装饰材料出现纤细裂缝，破坏开始影响内墙装饰。仔细检查可能会发现外墙裂缝。裂缝平均宽度大于 1.0mm	B 级	结构承载力基本能满足正常使用要求，个别结构构件处于危险状态，但不影响主体结构，基本满足正常使用
2（轻）	裂缝易修补，可能需要重新装饰，出现的裂缝可用适当的衬砌掩盖。裂缝从外部可观察到，可能会产生渗水。裂缝平均宽度达到 5mm	C 级	部分承重结构承载力不能满足正常使用要求，局部出现险情，构成局部危房
3（中等）	变形增大，门窗可能要修理，给水管可能会破裂，漏雨情况加剧，需要重贴装饰砌砖并可能需要替换部分砌砖。裂缝平均宽度为 $5 \sim 15$mm		

（续）

伦敦建筑结构工程师协会（BRE）分级		危险房屋鉴定标准	
等级	描述	等级	描述
4（严重）	门窗框架歪曲，地板明显倾斜，墙体倾斜超过 1/100，明显鼓起，承载力减弱，给水管破裂，裂缝平均宽度为 15~25mm	D 级	承重结构承载力已不能满足正常使用要求，房屋整体出现险情，构成整幢危房
5（很严重）	基本丧失承载力，墙体严重倾斜并需要外力支撑，窗户由于歪斜而破碎，可能需要局部或全部重建。裂缝平均宽度大于 25mm		

为简便起见，将建筑物破坏分为以下三个等级：

1）较轻，表现为无破坏或美观破坏，对应 BRE 分类 0 级或 1 级破坏，对应危险房屋鉴定标准 A 级或 B 级破坏。

2）中等，表现为功能破坏，对应 BRE 分类 2 级或 3 级破坏，对应危险房屋鉴定标准 C 级破坏。

3）严重，表现为结构破坏，对应 BRE 分类 4 级或 5 级破坏，对应危险房屋鉴定标准 D 级破坏。

综上所述，地铁施工对周边建筑物影响风险的表征应综合考虑基础类型、基础埋深、结构形式、建筑物高度、建筑物与地铁水平距离、监测断面距开挖面水平距离、已用年限、裂缝和倾斜度。作为建筑物风险影响因素，已用年限用来表征材料退化程度，而裂缝由于实际施工中多依靠肉眼观察因此用裂缝发展程度（较轻或较重）来描述，相应的建筑物影响等级分为较轻、中等和严重三个等级，见表 4-7。

表 4-7　建筑物破坏等级风险影响因素

层次	节点	状态/数据类型
触发层	建筑物破坏等级	较轻/中等/严重
因素层	建筑物高度(m)	数值型
	建筑物与地铁水平距离(m)	数值型
	监测断面距开挖面水平距离(m)	数值型
	已用年限(年)	数值型
	倾斜度(mm/m)	数值型
	基础埋深(m)	数值型
	基础类型	逻辑型
	结构形式	逻辑型
	裂缝	逻辑型

2. 地铁施工对周围路面影响风险

城市地铁线路通常选择从既有道路下穿行，因此地铁施工不可避免地会对路面造成影响。以盾构施工为例，其对路面造成的影响主要来自以下三个方面：

1）盾构掘进开挖面失稳造成的地表塌陷。

2）壁后注浆压力控制不当导致路面冒浆。

3）盾构施工引起的地面不均匀沉降造成路面开裂、破损等。

地铁施工对周围路面影响风险的表征应考虑决定开挖面稳定性的因素（表4-8），如埋深、监测断面距开挖面水平距离、拱顶土质、拱底土质、不良地质、掘进速度、土压力、进排泥浆流量差，以及注浆压力和地表沉降。

路面状况常通过路面状况指数（PCI）进行评估，黄宏伟等基于此将路面病害分为基本完好、轻微破坏、中等破坏和严重破坏四级。与建筑物破坏等级类似，本书将路面病害等级分为三个等级：①较轻，即基本完好或轻微破坏；②中等，即中等破坏；③严重，即严重破坏。

表 4-8　周围路面病害等级风险影响因素

层次	节点	状态/数据类型
触发层	路面病害等级	较轻/中等/严重
因素层	掘进速度（mm/min）	数值型
	土压力（bar）	数值型
	注浆压力（bar）	数值型
	进排泥浆流量差（m³）	数值型
	监测断面距开挖面水平距离（m）	数值型
	埋深（m）	数值型
	地表沉降（mm）	数值型
	拱顶土质	逻辑型
	拱底土质	逻辑型
	不良地质	逻辑型

3. 地铁施工对周边管线影响风险

地下管线常用管线曲率半径或管线张角来判断安全状况，如图 4-29 所示。

$$\delta = \frac{\Delta}{D} = \frac{L}{R} \qquad (4\text{-}29)$$

式中　δ——管线张开角；

　　Δ——管道接缝张开值；

　　D——管线外径；

　　L——管节长度；

　　R——管线曲率半径。

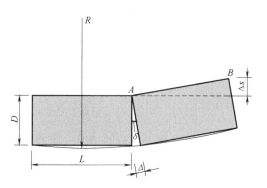

图 4-29　管线曲率半径与管线张角示意图

实际中 Δ 或 R 较难获得，因此常用管线差异沉降值 $\Delta s = S_B - S_A$ 来近似估计：

$$\delta = \frac{\Delta}{D} = \frac{L}{R} = \frac{\Delta s}{L} \tag{4-30}$$

如果缺少管线沉降的直接监测数据，也可以基于 Mair 提出的经验公式进行估计，如图 4-30 所示。

$$S_{Zp} = S_{Zp,max} \exp\left(- \frac{x^2}{2i_p^2}\right)$$
$$\tag{4-31}$$

$$i_p = K(Z_0 - Z_p) \tag{4-32}$$

$$K = \frac{0.175 + 0.325\left(1 - \dfrac{Z_p}{Z_0}\right)}{1 - \dfrac{Z_p}{Z_0}}$$

$$\tag{4-33}$$

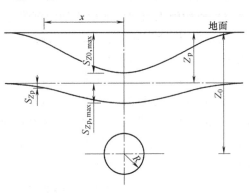

图 4-30　管线地基沉降槽曲线示意图

式中　$S_{Zp,max}$——隧道中线正上方深度为 Z_p 点的沉降值；

S_{Zp}——距隧道水平距离为 x、深度为 Z_p 点的沉降值；

Z_0——隧道埋深；

i_p——深度 Z_p 处的横向沉降槽反弯点；

K——地层沉降槽宽度参数。

$S_{Zp,max}$ 可以用隧道中线的地表沉降值来表示：

$$S_{Zp,max} = \frac{i_0}{i_p} S_{Z0,max} \tag{4-34}$$

式中　i_0——地表沉降槽反弯点，$i_0 = KZ_0$，K 为沉降槽宽度参数，取决于土的类型，对于砂土取 $0.2 \sim 0.3$，对于粉质黏土取 $0.4 \sim 0.5$，对于淤泥质土取 0.7；

$S_{Z0,max}$——隧道中线正上方的地表沉降值。

将式（4-34）带入式（4-31），得

$$S_{Zp} = S_{Z0,max} \exp\left(- \frac{x^2}{2i_p^2}\right) \frac{i_0}{i_p} \tag{4-35}$$

对于管线垂直于隧道的情况，可直接使用式（4-35）计算管线的差异沉降值；而对于管线平行于隧道的情况，可以基于两个地表沉降监测断面的隧道中线正上方地表沉降监测数据分别计算相应断面管线的沉降值，再计算管线的差异沉降值，如图 4-31 所示。

除此之外，骆建军等总结了评估管线安全状况需要调查的其他相关资料，包括

材质、接头类型、管线外径、管线与隧
道相对位置等。

　　综上所述，地铁施工对周边管线影
响风险的表征应综合考虑材质、接头类
型、管线压力、管线埋深、管线外径、
管线与隧道相对位置（平行或相交）、
管线与隧道中线水平距离（若相交则距
离为0）、监测断面与开挖面水平距离以
及管线张开角作为地下管线风险影响因
素，见表4-9，其他如埋设年代、铺设

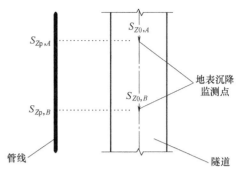

图 4-31　管线与隧道平行的平面示意图

方法、截面形状等因素由于数据通常较难获取或重要性相对较小未予考虑。参照建
筑物或路面破坏等级，将周边管线破坏等级也分为较轻、中等、严重三个等级。

表 4-9　周边管线破坏等级风险影响因素

层次	节点	状态/数据类型
触发层	管线破坏等级	较轻/中等/严重
因素层	管线埋深(m)	数值型
	管线与隧道中线水平距离(m)	数值型
	监测断面与开挖面水平距离(m)	数值型
	管线外径(m)	数值型
	管线张开角(mm/m)	数值型
	材质	逻辑型
	接头类型	逻辑型
	管线压力	逻辑型
	管线与隧道相对位置	逻辑型

4.4.2　施工阶段风险分析与评估方法

　　风险通常被定义为某一危险发生频率和发生后果的组合，场景后来被加入形成
了风险定义的第三个要素，分别回答三个问题，即场景用来描述什么会发生，频率
用来描述发生的可能性，后果用来回答发生的结果是什么，并成为风险的标准分析
程序。风险分析方法通常可分为定性方法、定量方法和混合方法（定性定量相结
合或半定量方法），本章主要基于定量方法或混合方法进行分析，并进一步对风险
进行评估。

　　国际工程保险协会的报告指出大部分事故都发生在隧道施工阶段，对地铁施工
产生的周边环境风险进行风险分析评估时需要充分考虑地铁施工的特点，因此建立
地铁施工风险评估模型需要满足以下几点：

1）模型需要表示出风险的三要素，即场景、频率和后果，这是建模的基本目的。

2）地铁施工存在很多不确定性，包括偶然不确定性和认知不确定性，而使用概率进行描述能够帮助人们认识和处理这种不确定性，因此模型需要用概率的方式表达风险的传播。

3）地铁施工存在众多风险影响因素，奥恩（Øien）指出要通过操控风险影响因素的方式实现风险控制需要满足三个条件，即必须识别出所有相关的风险影响因素、风险影响因素必须是可测量的以及风险影响因素和风险之间的因果关系是已知的，因此模型必须能同时考虑所有的建筑物、周围路面和周边管线的风险影响因素并表示出风险影响因素和风险之间的因果关系。

4）地铁施工中发生的事故往往不是因为对未知因素的认识不够所导致的，而是由于对现有相关知识的利用不足，这种不足主要体现为如何结合历史数据和专家判断，后者作为一种知识表达被看作是前者的有力补充，因此模型必须同时整合客观历史数据和专家主观判断进行风险分析。

基于以上分析，本节构建了一种混合概率风险评估方法（图4-32），对施工阶段的风险进行分析与评估。采用故障树（FT）/事件树（ET）定性地识别可能的事故场景和风险影响因素，并基于此构建贝叶斯网络的结构，从而表示出风险影响因素与风险的因果关系。相关向量分类机（RVC）用于处理历史客观数据并转化为贝叶斯网络的先验概率表。模糊理论用于量化专家判断并作为贝叶斯网络的条件概率表。而最终的事故发生概率和后果由贝叶斯网络推理得出。

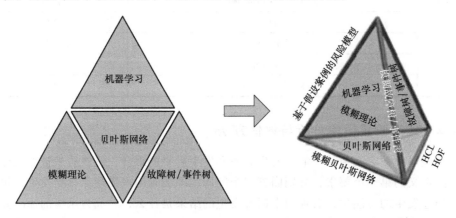

图 4-32　混合概率风险评估方法

1. 模型框架

任（Ren）等人基于瑞士奶酪理论构建了一个具有五层层次结构的风险评估模型，用层次结构来描述从根本原因到事故后果的因果关系及其影响的传播过程。在此基础上构建一个四层层次结构作为混合概率风险评估模型的模型框架，如图4-33

所示，每一层代表风险传播过程中的不同概念，风险的传递通过因果关系从较低层次往较高层次传递并最终到达总体风险。

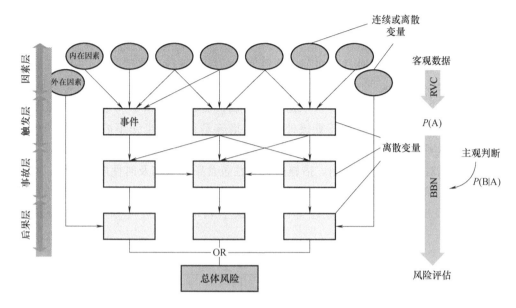

图 4-33　模型框架的层次结构

（1）因素层　这一层描述的对象是基本的风险影响因素，所有可能导致最终风险的因素都应该包含在模型中。郝纳根（Hollnagel）曾指出在复杂系统中，系统绩效是由系统所处的外部环境因素和系统自身的因素共同决定的，外在因素与内在因素相互作用是导致系统实际绩效与预期产生偏差的原因。因此在因素层存在两种因素：一种是内在因素，是指存在于地铁施工系统内部的风险影响因素，如建造方法、设计参数等；另一种是外在因素，是指存在于地铁施工系统所处环境中的风险影响因素，如周边建筑物与地铁相对位置、人流量等。其中一些风险影响因素对风险的影响不是通过层次结构逐步传播的，而是直接施加于最终的后果上，例如，如果发生地表坍塌事故，那么事故发生地段的人群越密集其后果越严重，因此人群密度或人流量能够直接影响地表坍塌事故的后果。本章 4.4.1 节识别的风险影响因素均处于这一层，注意：这些因素可能是连续变量（如建筑物基础埋深），也可能是离散变量（如建筑物基础类型）。

（2）触发层　这一层描述的是触发某一事故场景的始发事件。触发事件通常是多个风险影响因素共同作用的结果，同时也是某一事故场景发生的条件，如建筑物破坏等级，严重的破坏如果不采取适当的控制措施可能导致房屋倒塌。

（3）事故层　这一层描述的是事故类型，如房屋倒塌、地表坍陷等。一个事故可能由两种方式导致：一种是几个触发事件共同作用的结果，如房屋倒塌可能是因为建筑物破坏等级严重且未采取适当措施所致；另一种是某一事故可能由于其他事故的发生而导致，从而形成一种多米诺效应，如地表塌陷事故表明周边土体受到了较大扰动，因此附近埋设的管线也可能受到了损伤甚至破裂。

（4）后果层　这一层表示的是事故所导致的对应后果。一个事故的后果可能直接受某些风险影响因素作用。最后需要评估系统总体风险来辅助管理者制定相应的决策，而总体风险常通过合并每个单独事故的后果进行计算，一般采用故障树中的或门综合各种后果。

由于施工中会对周边环境采取适当的控制措施，因此除了周边建筑物破坏等级、路面病害等级和管线破坏等级外，处理措施是否得当也是事故发生的条件之一。虽然不同的风险需要采取的措施并不相同，但可以通过衡量措施的有效性来一并反映措施对风险传播的影响。措施的有效性包含正确性与及时性两个方面，有的措施虽然合理但由于执行不及时也有可能导致措施的效果不明显。由于影响措施的正确性与及时性涉及组织管理等问题，这里暂时沿用贝叶斯网络进行模拟（表 4-10）。

表 4-10　措施有效性的影响因素

层次	节点	状态
触发层	有效措施	是/否
	建筑物破坏等级	较轻/中等/严重
	路面病害等级	
	管线破坏等级	
因素层	正确性	适当/不适当
	及时性	及时/不及时
	实施计划	详细/粗略
	人员培训	高/低
	资源	充足/不足
	资金	充足/不足
	承包商安全管理	良好/中等/较差
	承包商经验	丰富/一般/较差
	专家支持	充分/不充分
	业主管理	良好/一般/较差
	周边建筑物	有/无
	建筑物重要性	危险/关键/其他
	周边管线	有/无
	管线重要性	危险/关键/其他
	人流量	密集/中等/较少

（续）

层次	节点	状态
事故层	建筑物事故	倒塌/不可修复损伤/可修复损伤/无影响
	路面事故	坍塌/破损/无影响
	管线事故	破裂/功能损伤/无影响
后果层	建筑物事故后果	无影响/可忽略的/需考虑的/严重的/非常严重的/灾难的
	路面事故后果	
	管线事故后果	

事故层中建筑物可能发生的事故有四种：倒塌、不可修复损伤、可修复损伤和无影响；路面可能发生的事故有三种：坍塌、破损、无影响；管线可能发生的事故有三种：破裂、功能损伤和无影响。路面事故可能导致周边建筑物或管线发生次生事故，形成多米诺效应，因此事故层的节点间存在连接。每个事故层节点连接一个后果层节点，表明事故发生的后果。然而，后果同样会受到某些因素层节点的影响。例如，若隧道开挖面周围不存在建筑物（如穿越郊区地带），则需要一个"开关"节点"关闭"相应的后果节点，即此时后果为无影响的概率为1；建筑物或管线的用途也会影响后果大小，这里将用途按重要性分为危险的（如加油站或煤气管道）、关键的（如历史建筑或主供水管）和其他三种，危险的或关键的建筑物或管线肯定会提升后果的严重程度；此外周边人流量的密集程度也会影响事故导致的后果大小。

经过分析得出的模型网络结构如图4-34所示。

国际隧道协会在隧道建设风险管理指南中给出了基于事故后果和频率的风险分级评价矩阵（即风险接受准则），采用决策矩阵的方法对风险进行分级有利于管理者进行决策，该矩阵将事故后果和频率分为五级，依据风险分析的结果与该矩阵进行比较从而确定风险等级（如图4-35实线部分）。然而该决策矩阵是一种确定式评估方式，没有考虑到风险的不确定性，因此需要用概率式的评估方式反映事故可能导致的不同后果的概率，即先估计事故各个后果的概率分布，再对每一种事故后果按上述评价矩阵进行风险分级，然后取每种后果的风险分级的最大值来确定最终的风险等级。由于采取概率式评估方法，上述风险分级评价矩阵已不适合进行风险分级，因此在该矩阵的基础上对后果和频率各加入一级对该矩阵进行了扩展（如图4-35虚线部分），相应的事故后果分级、发生频率分级和风险分级及其控制方案见表4-11~表4-13。

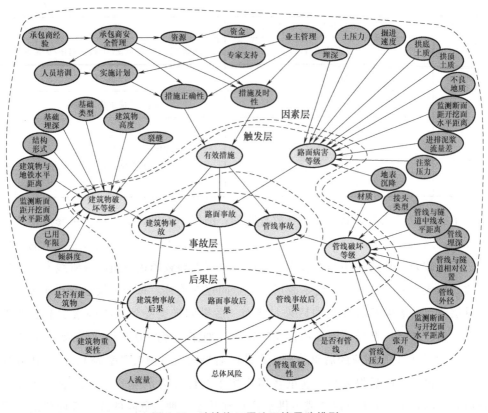

图 4-34　地铁施工周边环境风险模型

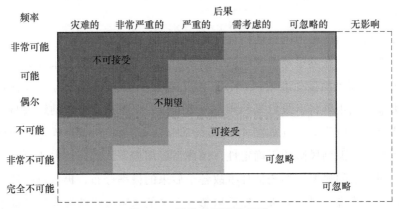

图 4-35　风险分级评价矩阵

表 4-11　事故后果分级　　　　　　　　　　　　　　（单位：百万）

事故等级	灾难的	非常严重的	严重的	需考虑的	可忽略的	无影响
经济损失	>30	3~30	0.3~3	0.03~0.3	0~0.03	0

注：事故后果包括人员伤亡、工期延误和经济损失，这里均采用经济损失来反映。

表 4-12　事故发生频率分级

频率等级	概率区间	中间值	等级描述
6	>0.3	1	非常可能
5	0.03~0.3	0.1	可能
4	0.003~0.03	0.01	偶尔
3	0.0003~0.003	0.001	不可能
2	0.00003~0.0003	0.0001	非常不可能
1	<0.00003	0.00001	完全不可能

表 4-13　风险分级（接受准则）及其控制方案

风险等级	接受准则	控制方案
红色	不可接受	无论风险控制措施的成本多高，都应将风险至少降至橙色等级
橙色	不期望	应制定风险控制措施，只要该风险控制措施的成本与减少的风险成正比，就应当执行该措施（ALARP 原则）
黄色	可接受	需注意，加强日常管理和审视，但不要求对风险采取进一步控制
绿色	可忽略	日常管理和审视，不需要对风险进行进一步考虑

　　风险影响因素与建筑物破坏等级、路面病害等级和管线破坏等级的关系采用 RVC 建模，由于每个触发事件均有三种状态，因此需要设计两个二分类 RVC 来进行区分（图 4-36）。贝叶斯网络建模所需的条件概率表可直接采用表 4-12 作为专家判断的参考依据。共有四位专家给出了判断结果，为简便起见，假设其权重大小相同，计算出所有节点的条件概率表。

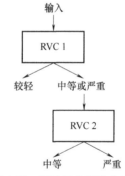

2. 贝叶斯网络建模

　　贝叶斯网络（BBN）是由若干表示系统变量的节点和表示变量间因果关系的边组成的有向无环图（Directed Acyclic Graph，DAG），若边由节点 X 指

图 4-36　风险触发事件分类器

向节点 Y，则称 X 为 Y 的父节点，Y 为 X 的子节点，其中没有父节点的节点为根节点，没有子节点的节点为叶节点，每个根节点联系有一个先验概率表（Prior Probability Table，PPT），先验概率表表示节点的先验概率，而每个非根节点联系有一个条件概率表（Conditional Probability Table，CPT），条件概率表列出了此节点相对于其父节点所有可能的条件概率。贝叶斯网络的计算过程就是求所有节点的联合概率分布，由贝叶斯网络的条件独立性假设可知，求网络中变量集 $U = \{X_1, \cdots, X_n\}$ 联合概率分布的链式规则为

$$P(U) = \prod_i^n P(X_i \mid X_1, \cdots, X_{i-1}) \tag{4-36}$$

可以简化为

$$P(U) = \prod_i^n P(X_i \mid \mathrm{Parents}(X_i))$$

(4-37)

式中　　$\mathrm{Parents}(X_i)$——节点 X_i 的父节点集合，基于联合概率分布可以求得网络
　　　　　　　　　中任一变量的边际概率或条件概率。

如图 4-37 所示，一个由 4 个节点组成的贝叶斯网络包含所有节点的联合概率
分布为

$$P(A,B,C,D) = P(D \mid B,C)P(B \mid A)P(C \mid A)P(A)$$

(4-38)

由图 4-37 可以看出，贝叶斯网络是
基于概率论和图论的一种不确定性知识
表达和推理模型，它由两部分组成：网
络结构构成了贝叶斯网络的定性部分，
它表示变量之间的因果关系，是某一专
业领域的一种知识表达；先验概率表和
条件概率表给出了贝叶斯网络的定量部
分，它表示变量间因果关系影响的强弱

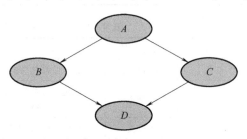

图 4-37　贝叶斯网络示意图

程度。贝叶斯网络建模实际上就是先对网络的定性部分建模，再对定量部分建模。

（1）建立贝叶斯网络结构　贝叶斯网络建模从建立 DAG 开始，它代表了网络
的定性部分，即网络结构。通常有以下两种方式确定网络结构：第一种方法是结构
学习，它需要获取网络中所有变量的数据样本进行学习，而模型框架中的事故层、
后果层由于实际发生的事故案例较少，数据难以获得，因此不适合采取此种方法建
立网络结构；第二种方法主要依据相关专业知识背景。考虑到 FT/ET 在隧道及深
基坑施工的风险分析中有着较好的识别事故因果关系和事故场景的能力；地铁施工
对于经验知识有较高的要求，实际施工中往往要结合专家判断分析可能导致风险的
因素及其因果关系两方面。因此可先采用基于 FT/ET 转化为贝叶斯网络，然后通
过专家修改的方式构建网络结构。

已有部分文献对 FT/ET 转化为贝叶斯网络进行过讨论。通常 FT 向贝叶斯网络
转化其拓扑结构保持不变，如图 4-38 右上方结构所示，基本事件、逻辑门和顶事
件均在贝叶斯网络中予以保留，并按照逻辑关系将基本事件、逻辑门和顶事件进行
连接，相应的 CPT 也可依据逻辑关系建立。然而实际中基本事件对于顶事件的影
响并不是 AND/OR 的关系，而是一种更为复杂的因素共同作用关系，如建筑物破
坏等级就是多个风险影响因素共同导致的，没有一个十分明确的逻辑关系，因此如
果只使用 FT 建立贝叶斯网络的结构，而不涉及逻辑关系的转化，则图 4-38 右上方
所示的网络结构还可以进一步简化为图 4-38 右下方所示的网络结构，即顶事件由
其基本事件共同导致。

ET 向贝叶斯网络转化将 ET 中的初始事件、后续事件和结果在贝叶斯网络中

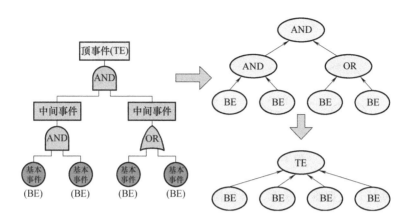

图 4-38 FT 转化为贝叶斯网络

建立对应的网络节点，对于重复事件只建立一个节点，然后将初始事件和后续事件对应的节点连接到结果对应的节点，如图 4-39 所示。ET 的逻辑关系也可以转化为贝叶斯网络的 CPT，但实际中仍有可能出现在初始事件或后果事件均不发生时产生不期望后果的情况，即由于对问题认识的局限性没有考虑的其他原因导致的一种极小概率事件。因此这里只涉及网络结构的转化，不涉及逻辑关系的转化。

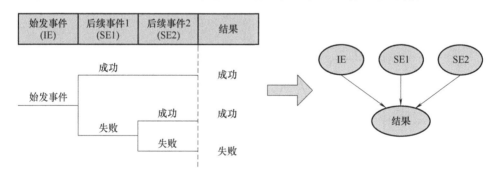

图 4-39 ET 转化为贝叶斯网络

将 ET 和 FT 分别转化为贝叶斯网络后，进而可以对贝叶斯网络结构进行整合和修正，通常将 ET 对应的贝叶斯网络中的根节点与 FT 对应的贝叶斯网络中的叶节点对应起来，而相同名称的节点叠合为一个节点，保持其连接关系不变，如图 4-40 所示。最后，整合的网络结构还需要基于专家判断进行修正，若模型框架中处于事故层的事件可能存在多米诺效应（如 SE1 对于 SE2 有影响），则两节点之间应该添加连接，因此需要基于一定的经验知识对网络节点间的连接进行修正。

（2）建立先验/条件概率表 贝叶斯网络节点的先验概率表（PPT）和条件概率表（CPT）给出了网络的定量部分，即网络节点间因果关系影响的强弱程度。通常有两种方法估计这些概率分布：第一种方法是通过数据样本进行学习，即参数学

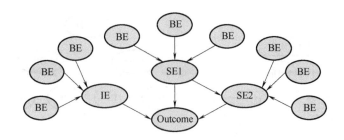

图 4-40 ET/FT 整合为贝叶斯网络

习，由于这些统计数据难以获取，因此模型不适用此方法建立 PPT 和 CPT；第二种方法是基于专家判断，通常采用量表的方式来帮助专家表达意见，量表中的刻度常对应"较高""很低"这样的文字表示父节点影响子节点的程度，符合专家表述他们的判断习惯和方式，因此采用模糊集合理论处理专家判断以建立节点间影响程度的概率分布。

假设描述节点 X 对节点 Y 影响程度（如事件 X 发生导致事件 Y 发生的条件概率 $P(Y=1 \mid X=1)$）的隶属度函数如图 4-41 所示，共有极低（VL）、低（L）、中等（M）、高（H）、极高（VH）五种描述，转化为模糊数形式见表 4-14，以"中等"对应的模糊数为例，0.35 和 0.65 分别为影响程度属于中等的下限值和上限值，而0.5 为影响程度属于中等的最可能值。

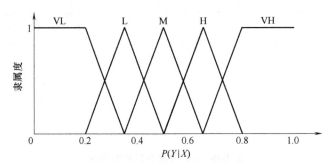

图 4-41 节点影响程度的隶属度函数

表 4-14 专家判断的模糊数形式

语言描述	模糊数
极低	$f_{VL} = (0, 0, 0.2, 0.35)$
低	$f_L = (0.2, 0.35, 0.5)$
中等	$f_M = (0.35, 0.5, 0.65)$
高	$f_H = (0.5, 0.65, 0.8)$
极高	$f_{VH} = (0.65, 0.8, 1, 1)$

由于模糊数不利于贝叶斯网络计算，因此需要将模糊数转化为脆值。将模糊数

转化为脆值的方法有重心法、加权平均法。许多方法在转化过程中会损失部分信息，本节采用f加权估值函数来减少这种信息损失：

$$\text{Val}(F) = \frac{\int_0^1 \text{Average}(F_\alpha) \times f(\alpha) \, d\alpha}{\int_0^1 f(\alpha) \, d\alpha} \tag{4-39}$$

式中　Val(F)——基于模糊隶属度函数F转化后的脆值；

$\qquad F_\alpha$——F的α截集，$F_\alpha = \{x \mid F(x) \geqslant \alpha\}$；

$\quad$Average(F_α)——α截集元素的平均数；

$\qquad f(\alpha)$——f加权估值函数。

以梯形隶属度函数为例，隶属度函数形式如下：

$$F(x,(a,b,c,d)) = \text{Trapezoid}(x,(a,b,c,d))$$

$$= \begin{cases} 0 & x < a \\ \dfrac{x-a}{b-a} & a < x \leqslant b \\ 1 & b < x \leqslant c \\ \dfrac{d-x}{d-c} & c < x \leqslant d \\ 0 & x > d \end{cases} \tag{4-40}$$

α截集元素的平均数 Average(F_α) 可以通过下式计算：

$$\text{Average}(F_\alpha) = \frac{u_\alpha + v_\alpha}{2} \tag{4-41}$$

其中，

$$u_\alpha = (b-a) \times \alpha + a \tag{4-42}$$

$$v_\alpha = d - (d-c) \times \alpha \tag{4-43}$$

式中　u_α，v_α——α截集上下界，如图 4-42 所示。

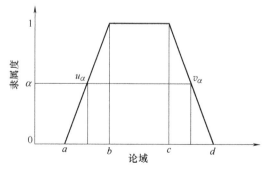

图 4-42　梯形隶属度函数上的 α 截集

设 f 加权估值函数 $f(\alpha) = 1$，则式（4-39）变为

$$\mathrm{Val}(F(x,(a,b,c,d))) = \frac{\dfrac{1}{2}\displaystyle\int_0^1 [(b+c)\times\alpha + (1-\alpha)\times(a+d)]\mathrm{d}\alpha}{\displaystyle\int_0^1 \mathrm{d}\alpha} = \frac{\left(\dfrac{b+c}{2}\right) + \left(\dfrac{a+d}{2}\right)}{2}$$

（4-44）

同样，对于三角形隶属度函数 $F(x,(a,b,c))$ 不难得出

$$\mathrm{Val}(F(x,(a,b,c))) = \frac{b + \left(\dfrac{a+c}{2}\right)}{2}$$

（4-45）

因此若专家判断节点 X 对节点 Y 影响程度为中等，依据图 4-41 所示的隶属度函数可得 $P(Y\,|\,X) = [(0.35 + 0.65)/2 + 0.5]/2 = 0.5$。

估计这些概率分布是很关键的，因为它们会强烈地影响风险分析的结果，由于专家判断受其个人经验知识影响较大，主观性较强，所以往往需要邀请多位专家进行判断后再进行综合。综合不同专家意见的方法也有很多种，不同文献均有描述，此处不再赘述。为简便起见，本节采取加权平均对专家判断进行综合，即

$$\tilde{P} = \frac{1}{N}\sum_{i=1}^{N}\omega_i P_i$$

（4-46）

式中　$\tilde{P}$——综合后的概率分布；

　　　N——邀请的专家数量；

　　　ω_i——第 i 个专家的权重；

　　　P_i——第 i 个专家的判断经过式（4-39）转化得出的结果。

3. 相关向量分类机

影响环境风险的风险影响因素很多，而对应的触发事件是受这些影响因素共同作用影响的，因此若图 4-33 中风险从因素层传递到触发层模型仍然沿用贝叶斯网络，则相应的条件概率表会由于状态空间随着因素的数量几何增长而难以构建。此外风险影响因素既存在离散变量，也存在连续变量，而处理此类问题的贝叶斯网络（称为混合贝叶斯网络，HBN）通常采取连续变量离散化、混合截断指数法、变分近似法、马尔科夫蒙特卡洛（MCMC）四种策略。但这些方法普遍需要对连续变量进行分布假设（常用的如指数分布）并估计相应的参数（如指数分布的参数 λ），而且这些推理方法都采用近似推理，使得推理精度和算法效率不能兼顾。风险影响因素是可测量的，而触发事件如建筑物破坏等级也是可以估计的，这表明处于这两层的变量有数据样本，因此本节采用机器学习方法获取两层变量之间的关系。但常规的机器学习方法如 ANN、SVM 无法给出分析结果的不确定性，使得基于这些方法估计的事件没有相应的概率分布，因而无法与贝叶斯网络进行整合。相关向量分类机（RVC）作为一种新的分类方法，不仅可以给出分类的结果，还可以给出分

类结果的不确定性（概率）。

对于一个二分类问题，分类结果 $t_n \in \{0,1\}$，RVC 使用常用的 Sigmoid 逻辑连接函数 $\sigma(y) = 1/(1 + e^{-y})$ 作为 $y(\boldsymbol{x})$ 的分类函数，则数据集的似然估计为

$$P(\boldsymbol{t} \mid \boldsymbol{w}) = \prod_{n=1}^{N} \sigma\{y(\boldsymbol{x}_n; \boldsymbol{w})\}^{t_n} [1 - \sigma\{y(\boldsymbol{x}_n; \boldsymbol{w})\}]^{1-t_n} \tag{4-47}$$

由于这种形式权值 $\boldsymbol{w}$ 没有解析解，因此采用 Laplace 算法求其近似解。对于给定的一组超参数 $\boldsymbol{\alpha}$，可以计算其相应权值后验概率分布的最可能值 $\boldsymbol{w}_{\mathrm{MP}}$，由于 $p(\boldsymbol{w} \mid \boldsymbol{t}, \boldsymbol{\alpha}) \propto P(\boldsymbol{t} \mid \boldsymbol{w}) p(\boldsymbol{w} \mid \boldsymbol{\alpha})$，因此求 $\boldsymbol{w}_{\mathrm{MP}}$ 等价于最大化下式：

$$\log\{P(\boldsymbol{t} \mid \boldsymbol{w}) p(\boldsymbol{w} \mid \boldsymbol{\alpha})\} = \sum_{n=1}^{N} [t_n \log y_n + (1 - t_n) \log(1 - y_n)] - \frac{1}{2} \boldsymbol{w}^{\mathrm{T}} \boldsymbol{A} \boldsymbol{w}$$

$$\tag{4-48}$$

Laplace 算法简化为对 $\log p(\boldsymbol{w} \mid \boldsymbol{t}, \boldsymbol{\alpha})$ 的二次逼近，则对式（4-48）进行两次微分得

$$\nabla_{\boldsymbol{w}} \nabla_{\boldsymbol{w}} \log p(\boldsymbol{w} \mid \boldsymbol{t}, \boldsymbol{\alpha}) \mid_{\boldsymbol{w}_{\mathrm{MP}}} = -(\boldsymbol{\Phi}^{\mathrm{T}} \boldsymbol{B} \boldsymbol{\Phi} + \boldsymbol{A}) \tag{4-49}$$

式（4-49）中，$\boldsymbol{B} = \mathrm{diag}(\beta_1, \cdots, \beta_N)$ 是对角矩阵，其中，$\beta_n = \sigma\{y(\boldsymbol{x}_n)\}[1 - \sigma\{y(\boldsymbol{x}_n)\}]$。

令 $\nabla_{\boldsymbol{w}} \log p(\boldsymbol{w} \mid \boldsymbol{t}, \boldsymbol{\alpha}) \mid_{\boldsymbol{w}_{\mathrm{MP}}} = 0$，有

$$\boldsymbol{\Sigma} = (\boldsymbol{\Phi}^{\mathrm{T}} \boldsymbol{B} \boldsymbol{\Phi} + \boldsymbol{A})^{-1} \tag{4-50}$$

$$\boldsymbol{w}_{\mathrm{MP}} = \boldsymbol{\Sigma} \boldsymbol{\Phi}^{\mathrm{T}} \boldsymbol{B} \boldsymbol{t} \tag{4-51}$$

而超参数 $\boldsymbol{\alpha}$ 仍沿用式（4-13）迭代更新。

对于多分类问题，可以将其转化为多个二分类问题。为简便起见，采用二叉树方法先将所有类别分成两个子类，再将子类进一步划分成两个次级子类，如此循环，直到所有的节点都只包含一个单独的类别为止，该方法对于 K 分类问题只需要构建 $K-1$ 个分类器，计算复杂度较小。

不难发现，通过整合 RVC，BBN 结构从触发层开始，即触发事件变为 BBN 的根节点，而触发事件各状态的概率通过 RVC 计算得出可以直接作为 BBN 根节点的先验概率进而计算最终风险大小。值得注意的是，如果风险影响因素与触发事件之间的关系是明确的，那么也可以直接采用 BBN 计算风险如何从因素层传播到触发层。

4. 模型推理

建立好混合概率风险评估模型的结构和变量间的影响关系后就可以基于观测到的风险影响因素进行风险分析，从而对风险进行评估。整个风险评估分析过程可以总结为以下四步（图4-43）。

（1）建立模型的网络结构　首先通过 FT/ET 分析得出风险类型、风险影响因素及相应的事故场景，并按照模型框架将风险影响因素或事件对应到模型的四个层

面，再依据前文提到的方法将其转化为贝叶斯网络，在此基础上通过专家修正进一步完善网络结构。这一步是构建混合概率风险评估模型的定性部分。

（2）建立网络节点间的关系 这一步包含两方面：对于风险影响因素与触发事件间的关系，搜集相关的风险影响因素的数据样本，通过 RVC 进行建模，得到两者间的影响关系；对于网络中的其他部分，通过专家判断给出节点间的条件概率表利用贝叶斯网络建模。

（3）判断风险大小 在获取新的风险影响因素的观测值后，首先基于 RVC 进行分析，给出相应触发事件的概率分布，然后将其输入对应的贝叶斯网络根节点作为节点的先验概率表，基于贝叶斯网络进行推理，得到与事故后果对应的概率分布。

（4）得出风险等级 将风险大小，即事故后果及对应的概率分布与风险接受准则（如 ALARP 准则）进行比较，确定风险等级，以便于管理者采取相应的措施。

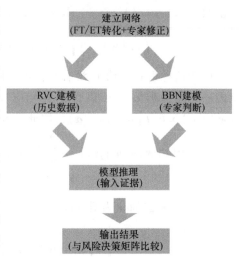

图 4-43 基于混合概率风险评估模型的风险评估分析过程

4.4.3 基于系统论的安全风险智能分析模型

本节将在前述模型的基础上将地铁施工过程中基于技术、环境和组织系统等层面的过程仿真模型、组织管理模型、风险评估模型进行整合，综合运用多种建模工具和智能化方法，构建基于系统论的地铁施工安全风险智能分析模型，对整个地铁施工过程中安全风险的演化规律和事故的发生机理进行综合性分析。

1. 高层结构图

图 4-44 所示为地铁施工安全风险动态演化模型，即基于系统论的地铁施工安全风险智能分析模型的高层结构图，安全、成本、进度是施工过程中需要平衡的三个组织目标，三者之间相互联系、相互制约，其中安全目标又包含安全管理承诺、安全管理实践和安全绩效。组织安全管理承诺会受到安全、成本和进度绩效的影响，若成本或进度吃紧，则组织会将更多的注意力放在生产上，反之则会将安全置于优先位置。而安全管理承诺的高低则直接决定了安全管理的效率，进而影响到安全绩效，通过反馈安全绩效来调整安全管理实践和影响安全管理承诺形成了组织学习中单环学习和双环学习两个反馈回路。此外，安全绩效也会影响到成本绩效和进度绩效，事故的发生会造成财务上额外的损失，也可能造成工期拖延，而当进度吃紧时，加快进度可能会增加地铁施工的安全风险。

从建模的角度来说，安全管理承诺、安全管理实践，以及成本、进度绩效子模型反映的是组织决策、管理、学习等方面，而安全绩效子模型反映的是施工过程中在上述组织因素的作用下隧道掘进参数的确定以及由此带来的安全风险的大小。因此图 4-44 中左下部分表示的是地铁施工系统的组织层面，而右上部分表示的是地铁施工系统的技术层面和环境层面。

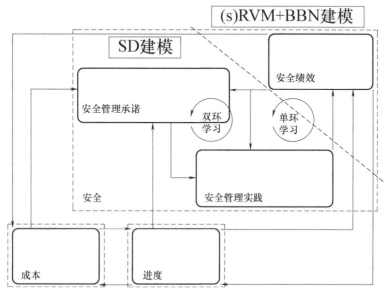

图 4-44　基于系统论的地铁施工安全风险智能分析模型的高层结构图

2. 模型整合

基于系统动力学方法可以很好地描述组织层面因素之间的相互作用关系，比较适合对组织进行建模仿真，如列文森（Leveson）基于系统动力学分析了沃克顿（Walkerton）水污染事故各个管理机构的责任，然而该方法无法给出事故发生的后果和概率，即对风险的传统描述略显不足；而基于概率风险评估等方法虽然可以给出风险的大小，却难以对组织因素进行建模分析。由组织安全风险分析建模原则 M 可知，组织系统更加复杂，系统内各变量之间可能互为因果关系，因此需要采用系统方法（如系统动力学）进行分析，而技术系统相比而言属于简单系统，可以采用传统的风险分析方法进行建模。可见，对于地铁施工这样的复杂社会技术系统，单纯采用某一种建模方法无法满足所有的建模要求，需要综合多种建模手段进行分析。

本章已分别基于（平滑）相关向量机、贝叶斯网络和系统动力学等方法对地铁施工中的技术、环境和组织系统分别构建了子模型，本节将主要把前文已构建的子模型进行整合，建立具体的基于系统论的地铁施工安全风险智能分析模型，如图 4-45 所示。

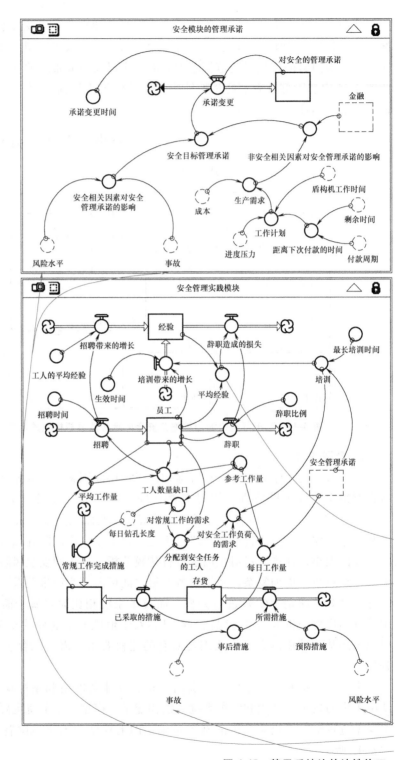

图4-45　基于系统论的地铁施工

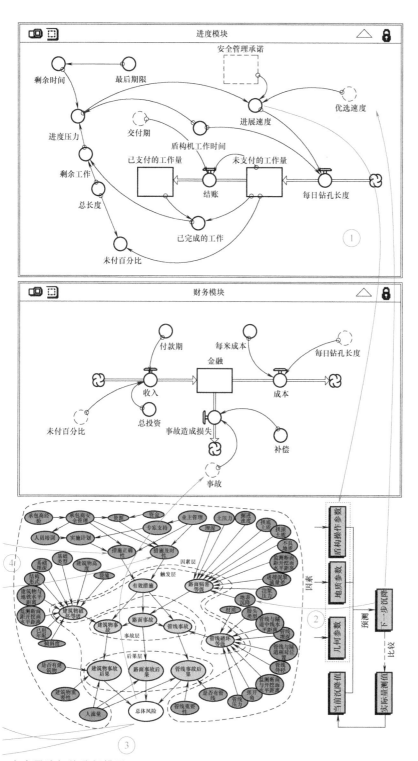

安全风险智能分析模型

（1）组织系统子模块与技术系统子模块（连接①）　连接①反映的是组织因素对于决策技术层面施工参数的影响，以及由此计算得到的施工前馈控制分析结果对于组织决策的反馈，即图 4-9 中"地铁隧道施工"模块与"组织"模块之间的相互作用，而在图 4-44 中则为"安全绩效"子模块与"进度"子模块之间的连接。组织安全管理承诺反映的是组织在决策和资源配置上给予安全的优先程度，即平衡安全与生产的重要组织因素。一些重要施工参数的确定既受限于安全考虑，又需要平衡生产压力，因此组织安全管理承诺在这些参数的决策上有着极其重要的影响。

盾构法施工中掘进速度是一个相对较为重要的盾构参数，同时由于掘进速度还关系到施工进度，进而影响到项目的成本绩效，需要慎重确定，因此本节选取该参数作为反映组织决策在技术层面的体现。

由项目工期不难确定在生产压力下盾构施工所需的最小掘进速度 V_p，而盾构施工前馈控制模型可以确定在安全压力下下一步盾构施工的最大掘进速度 V_s，因此对于下一步盾构掘进速度的决策可以依据下式确定：

$$\begin{cases} V = V_s \cdot C/100 + V_p \cdot (1 - C/100) & IF \quad V_s < V_p \\ V = V_s & IF \quad V_s \geq V_p \end{cases} \tag{4-52}$$

式中　C——安全管理承诺。

可以看出，如果安全目标控制下的最大掘进速度 V_s 大于或等于生产目标控制下的最小掘进速度 V_p，可以按照安全目标控制下的最大掘进速度 V_s 进行掘进；如果安全目标控制下的最大掘进速度 V_s 小于生产目标控制下的最小掘进速度 V_p，实际参数取决于组织安全管理承诺的高低，安全管理承诺越高，则实际掘进速度越靠近 V_s，当安全管理承诺达到最高时，表示组织完全将安全放在第一位，此时 $V = V_s$，当安全管理承诺达到最低时，表示组织完全将生产放在第一位，此时 $V = V_p$。

（2）技术系统子模块与环境风险子模块（连接②）　连接②反映的是地铁施工过程对周边环境产生的影响，即图 4-9 中由"地铁隧道施工"模块到"周边环境"模块的连接，而在图 4-44 中为"安全绩效"内部连接。基于地铁施工过程仿真模型可以分析在盾构施工参数、几何参数及地质参数作用下盾构施工所造成的地表沉降大小，在此基础上通过经验公式可以近似得出相应周边建筑物及管线所受到的沉降影响，作为风险影响因素输入混合概率风险评估模型中，从而计算出对应的风险等级。由于盾构施工参数中的掘进速度受组织决策影响，在每一步开挖过程中不断更新，因此周边地表、建筑物和管线的沉降也会随之发生变化，体现了组织对施工过程的安全管理效果。

（3）环境风险子模块与组织系统子模块（连接③和连接④）　连接③反映的是地铁施工安全绩效对组织决策管理的影响，而连接④反映的是组织依据安全风险大小对周边环境采取措施以减少地铁施工所产生的影响，即图 4-9 中"周边环境"模块和"组织"模块之间的连接，而在图 4-44 中连接③表示的是安全绩效对组织安全管理承诺、安全管理实践以及成本的反馈和影响，而连接④表示的则是组织通过安全管理手段影响地铁施工的安全绩效。

衡量组织安全绩效必须同时采用先行指标和后行指标，由于基于混合概率风险评估模型可以定量得出事故后果及对应的概率分布，因此在模型中通过比较事故概率分布和风险矩阵所得到的风险等级可以作为安全绩效的先行指标；而基于该概率分布进行仿真所得到的地铁施工事故则作为安全绩效的后行指标。

安全绩效对组织决策管理最直接的影响就是造成经济上的损失，从而影响组织的财务状况。因为不同等级的事故所造成的经济损失也不同，较低等级的事故造成的影响相对有限，而较严重的事故如灾难性事故则有可能导致组织名誉和财务上的双重损失，进而影响组织安全管理的效率。除了经济上的直接损失，组织还必须对地铁施工中所产生的安全风险和事故采取相应的预防措施和补救措施，同时安全风险和事故也会影响组织对于安全的重视程度，这两者构成了两个反馈回路，分别对应于组织学习中的单环学习和双环学习：一方面，组织通过在安全管理实践中采取各种措施来直接控制和调整施工所产生的影响；另一方面，组织通过对安全绩效指标的学习来反思自身对于安全问题的管理和重视程度，并在这个学习过程中逐步调整管理政策和方针，以期同时实现组织的多个管理目标。

由于模型需要混合（平滑）相关向量机、贝叶斯网络和系统动力学三种工具针对不同的模块进行建模，而不同的建模工具需要在不同的软件环境中运行，因此，采用 Excel 作为不同软件之间的接口实现不同软件之间的数据交换，如图 4-46 所示。模型仿真流程如图 4-47 所示。

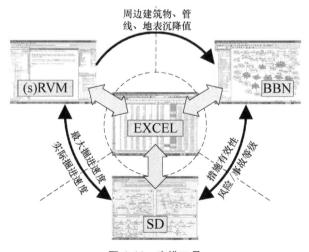

图 4-46　建模工具

Initialize SD,BBN,sRVM	//初始化SD,BBN,sRVM仿真环境,定义有关参数,如隧道长度、工期、土质类型、隧道几何参数、周边建筑物及管线的相关属性参数以及有关组织管理参数;
For t=0 to T	//T为工期
Do 1-step SD simulation	//SD一步仿真
SD→advance speed, work amount, backlog, experience	//输出工作量(已开挖长度)、盾构掘进速度、累积安全工作量、员工经验等参数
work amount Update ground/structure/pipeline distance	//依据工作量更新掌子面距周边建筑物、管线及地表沉降测点的距离
sRVM←advance speed,ground distance	//将掌子面距地表沉降测点和掘进速度输入sRVM
BBN←backlog, experience, ground/structure/pipeline distance	//将累积安全工作量,员工距周边建筑物、管线及地表沉降测点的距离等参数输入BBN
Do sRVM modeling	//sRVM计算
sRVM→ground settlement,favored speed	//输出地表沉降值和最大掘进速度
ground settlement Update structure/pipeline settlement	//依据地表沉降值近似计算建筑物和管线沉降值
BBN←ground/structure/pipeline settlement	//将地表、建筑物、管线沉降值累积安全工作量、员工经验等参数输入BBN
SD←favored speed	//将最大掘进速度输入SD
Do BBN calculation	//BBN计算
BBN→risk level, accident level	//计算风险等级和事故等级
SD←risk level, accident level	//将风险等级和事故等级输入SD
End	

图 4-47　模型仿真流程

参 考 文 献

［1］　LEVESON N. A new accident model for engineering safer systems［J］. Safety Science, 2004, 42（4）: 237-270.

［2］　REASON J. Managing the risks of organizational accidents［M］. Aldershot: Ashgate, 1997.

［3］　RASMUSSEN J. Risk management in a dynamic society: a modelling problem［J］. Safety Science, 1997, 27（2/3）: 183-213.

［4］　MOHAGHEGH Z, MOSLEH A. Measurement techniques for organizational safety causal models: characterization and suggestions for enhancements［J］. Safety Science, 2009, 47（10）: 1398-1409.

［5］　LEVESON N, DAOUK M, DULAC N, et al. Applying STAMP in accident analysis［C］// NASA Conference Publication. NASA: 1998, 2003: 177-198.

［6］　LOFQUIST E A. The art of measuring nothing: the paradox of measuring safety in a changing civil aviation industry using traditional safety metrics［J］. Safety Science, 2010, 48（10）: 1520-1529.

［7］　KENNEDY R, KIRWAN B. Development of a hazard and operability-based method for identifying safety management vulnerabilities in high risk systems［J］. Safety Science, 1998, 30（3）:

249-274.

［8］ ESKESEN S D, TENGBORG P, KAMPMANN J, et al. Guidelines for tunnelling risk manage-ment: international tunnelling association, working group No. 2 ［J］. Tunnelling and Underground Space Technology, 2004, 19 (3): 217-237.

［9］ ØIEN K. Risk indicators as a tool for risk control ［J］. Reliability Engineering & System Safety, 2001, 74 (2): 129-145.

［10］ SENGE P M. The fifth discipline: the art and practice of learning organization ［M］. New York: Currency, 1990.

［11］ WEBER P, MEDINA-OLIVA G, SIMON C, et al. Overview on Bayesian networks applications for dependability, risk analysis and maintenance areas ［J］. Engineering Applications of Artifi-cial Intelligence: The International Journal of Intelligent Real-Time Automation, 2012, 25 (4): 671-682.

［12］ MOHAGHEGH Z, MOSLEH A. Incorporating organizational factors into probabilistic risk assess-ment of complex socio-technical systems: principles and theoretical foundations ［J］. Safety Sci-ence, 2009, 47 (8): 1139-1158.

［13］ COWING M M, PATÉ-CORNELL M E, GLYNN P W. Dynamic modeling of the tradeoff be-tween productivity and safety in critical engineering systems ［J］. Reliability Engineering & Sys-tem Safety, 2004, 86 (3): 269-284.

［14］ GROTE G. Understanding and assessing safety culture through the lens of organizational manage-ment of uncertainty ［J］. Safety Science, 2007, 45 (6): 637-652.

［15］ EINSTEIN H H. Risk and risk analysis in rock engineering ［J］. Tunnelling and Underground Space Technology, 1996, 11 (2): 141-155.

［16］ KARAM K S, KARAM J S, EINSTEIN H H. Decision analysis applied to tunnel exploration planning. Ⅱ: Consideration of uncertainty ［J］. Journal of Construction Engineering and Man-agement, 2007, 133 (5): 354-363.

［17］ NEAUPANE K M, ADHIKARI N R. Prediction of tunneling-induced ground movement with the multi-layer perceptron ［J］. Tunnelling and Underground Space Technology, 2006, 21 (2): 151-159.

［18］ ATTEWELL P B, Farmer I W. Ground deformations resulting from shield tunnelling in London Clay ［J］. Canadian Geotechnical Journal, 1974, 11 (3): 380-395.

［19］ ATKINSON J H, POTTS D M. Subsidence above shallow tunnels in soft ground ［J］. Journal of the geotechnical engineering division, 1977, 103 (4): 307-325.

［20］ YOSHIKOSHI W, WATANABE O, TAKAGI N. Prediction of ground settlements associated with shield tunnelling ［J］. Soils and Foundations, 1978, 18 (4): 47-59.

［21］ CLOUGH G W, SCHMIDT B. Design and performance of excavations and tunnels in soft clay ［J］. Soft Clay Engineering, 1981. 100-104.

［22］ DE FARIAS M M, JUNIOR A H M, DE ASSIS A P. Displacement control in tunnels excavated by the NATM: 3-D numerical simulations ［J］. Tunnelling and Underground Space Technology, 2004, 19 (3): 283-293.

[23] KIM C Y, BAE G J, HONG S W, et al. Neural network based prediction of ground surface settlements due to tunnelling [J]. Computers and Geotechnics, 2001, 28 (6/7): 517-547.

[24] YANG Y, ZHANG Q. A hierarchical analysis for rock engineering using artificial neural networks [J]. Rock Mechanics and Rock Engineering, 1997, 30 (4): 207-222.

[25] SUWANSAWAT S, EINSTEIN H H. Artificial neural networks for predicting the maximum surface settlement caused by EPB shield tunneling [J]. Tunnelling and Underground Space Technology, 2006, 21 (2): 133-150.

[26] SANTOS JR O J, CELESTINO T B. Artificial neural networks analysis of Sao Paulo subway tunnel settlement data [J]. Tunnelling and Underground Space Technology, 2008, 23 (5): 481-491.

[27] JAN J C, HUNG S L, CHI S Y, et al. Neural network forecast model in deep excavation [J]. Journal of Computing in Civil Engineering, 2002, 16 (1): 59-65.

[28] SOU-SEN L, HSIEN-CHUANG L. Neural-network-based regression model of ground surface settlement induced by deep excavation [J]. Automation in Construction, 2004, 13 (3): 279-289.

[29] KUNG G T C, HSIAO E C L, SCHUSTER M, et al. A neural network approach to estimating deflection of diaphragm walls caused by excavation in clays [J]. Computers and Geotechnics, 2007, 34 (5): 385-396.

[30] YEH I C. Application of neural networks to automatic soil pressure balance control for shield tunneling [J]. Automation in Construction, 1997, 5 (5): 421-426.

[31] VAPNIK V N, Statistical Learning Theory [M]. New York: Wiley, 1998.

[32] ZHAO H, YIN S. Geomechanical parameters identification by particle swarm optimization and support vector machine [J]. Applied Mathematical Modelling, 2009, 33 (10): 3997-4012.

[33] SAMUI P. Support vector machine applied to settlement of shallow foundations on cohesionless soils [J]. Computers and Geotechnics, 2008, 35 (3): 419-427.

[34] FENG X T, ZHAO H, LI S. Modeling non-linear displacement time series of geo-materials using evolutionary support vector machines [J]. International Journal of Rock Mechanics and Mining Sciences, 2004, 41 (7): 1087-1107.

[35] JIANG A N, WANG S Y, TANG S L. Feedback analysis of tunnel construction using a hybrid arithmetic based on support vector machine and particle swarm optimisation [J]. Automation in Construction, 2011, 20 (4): 482-489.

[36] TIPPING M E. Sparse Bayesian learning and the relevance vector machine [J]. Journal of Machine Learning Research, 2001, 1 (3): 211-244.

[37] SCHMOLCK A, EVERSON R. Smooth relevance vector machine: a smoothness prior extension of the RVM [J]. Machine Learning, 2007, 68: 107-135.

[38] NORGROVE W B, COOPER I, ATTEWELL P B. Site investigation procedures adopted for the Northumbrian water authority's tyneside sewerage scheme, with special reference to settlement prediction when tunneling through urban areas [J]. Tunnelling, 1979: 79-184.

[39] SHI J S, ORTIGAO J A R, BAI J. Modular neural networks for predicting settlements during

tunneling [J]. Journal of Geotechnical and Geoenvironmental Engineering, 1998, 124 (5): 389-395.

[40]　YOSHIKOSHI W, WATANABE O, TAKAGI N. Prediction of ground settlements associated with shield tunnelling [J]. Soils and Foundations, 1978, 18 (4): 47-59.

[41]　CHUA C G, GOH A T C. Estimating wall deflections in deep excavations using Bayesian neural networks [J]. Tunnelling and Underground Space Technology, 2005, 20 (4): 400-409.

[42]　KASPER T, MESCHKE G. A 3D finite element simulation model for TBM tunnelling in soft ground [J]. International Journal for Numerical and Analytical Methods in Geomechanics, 2004, 28 (14): 1441-1460.

[43]　SMOLA A J, SCHÖLKOPF B. A tutorial on support vector regression [J]. Statistics and Computing, 2004, 14 (3): 199-222.

[44]　RASMUSSEN C E, WILLIAMS C K I. Gaussian processes for machine learning [M]. Cambridge: MIT Press, 2006.

[45]　黄宏伟, 陈龙, 胡群芳, 等. 隧道及地下工程的全寿命风险管理 [M]. 北京: 科学出版社. 2010.

[46]　FERNÁNDEZ-MUÑIZ B, MONTES-PEÓN J M, VÁZQUEZ-ORDÁS C J. Safety culture: analysis of the causal relationships between its key dimensions [J]. Journal of Safety Research, 2007, 38 (6): 627-641.

[47]　GULDENMUND F W. The nature of safety culture: a review of theory and research [J]. Safety Science, 2000, 34 (1/3): 215-257.

[48]　FERNÁNDEZ-MUÑIZ B, MONTES-PEON J M, VAZQUEZ-ORDAS C J. Safety management system: Development and validation of a multidimensional scale [J]. Journal of Loss Prevention in the Process Industries, 2007, 20 (1): 52-68.

[49]　GROTE G, KÜNZLER C. Diagnosis of safety culture in safety management audits [J]. Safety Science, 2000, 34 (1/3): 131-150.

[50]　HOPKINS A. Studying organisational cultures and their effects on safety [J]. Safety Science, 2006, 44 (10): 875-889.

[51]　HALE A R. Culture's confusions[J]. Safety Science, 2000, 34 (1/3): 1-14.

[52]　COX S J, CHEYNE A J T. Assessing safety culture in offshore environments [J]. Safety Science, 2000, 34 (1/3): 111-129.

[53]　SCHEIN E H. Organizational Culture and Leadership: A dynamic view [M]. San Francisco: Jossey-Bass, 1992.

[54]　BROOKS B. The natural selection of organizational and safety culture within a small to medium sized enterprise (SME) [J]. Journal of Safety Research, 2008, 39 (1): 73-85.

[55]　ROSEN M. Coming to terms with the field: understanding and doing organizational ethnography [J]. Journal of Management Studies, 1991, 28 (1): 1-24.

[56]　MARTIN J. Cultures in organizations: three perspectives [M]. New York: Oxford University Press, 1992.

[57]　CHOUDHRY R M, FANG D, MOHAMED S. The nature of safety culture: a survey of the state-

of-the-art [J]. Safety Science, 2007, 45 (10): 993-1012.

[58] COX S, COX T. The structure of employee attitudes to safety: a European example [J]. Work & Stress, 1991, 5 (2): 93-106.

[59] CHOUDHRY R M, FANG D, MOHAMED S. Developing a model of construction safety culture [J]. Journal of Management in Engineering, 2007, 23 (4): 207-212.

[60] ZOU P X. Fostering a strong construction safety culture [J]. Leadership and Management in Engineering, 2011, 11 (1): 11-22.

[61] DIAZ-CABRERA D, HERNANDEZ-FERNAUD E, ISLA-DIAZ R. An evaluation of a new instrument to measure organisational safety culture values and practices [J]. Accident Analysis & Prevention, 2007, 39 (6): 1202-1211.

[62] REASON J. Achieving a safe culture: theory and practice [J]. Work & Stress, 1998, 12 (3): 293-306.

[63] ZOHAR D. Safety climate in industrial organizations: theoretical and applied implications [J]. Journal of Applied Psychology., 1980, 65 (1): 96-102.

[64] O'TOOLE M. The relationship between employees' perceptions of safety and organizational culture [J]. Journal of Safety Research, 2002, 33 (2): 231-243.

[65] TAM C M, TONG T K L, CHIU G C W, et al. Non-structural fuzzy decision support system for evaluation of construction safety management system [J]. International Journal of Project Management, 2002, 20 (4): 303-313.

[66] FANG D P, XIE F, HUANG X Y, et al. Factor analysis-based studies on construction workplace safety management in China [J]. International Journal of Project Management, 2004, 22 (1): 43-49.

[67] TEO E A L, LING F Y Y. Developing a model to measure the effectiveness of safety management systems of construction sites [J]. Building and Environment, 2006, 41 (11): 1584-1592.

[68] HSU Y L, LI W C, CHEN K W. Structuring critical success factors of airline safety management system using a hybrid model [J]. Transportation Research Part E: Logistics and Transportation Review, 2010, 46 (2): 222-235.

[69] DYREBORG J. The causal relation between lead and lag indicators [J]. Safety Science, 2009, 47 (4): 474-475.

[70] COOPER M D, PHILLIPS R A. Exploratory analysis of the safety climate and safety behavior relationship [J]. Journal of Safety Research, 2004, 35 (5): 497-512.

[71] MCDONALD N, CORRIGAN S, DALY C, et al. Safety management systems and safety culture in aircraft maintenance organisations [J]. Safety Science, 2000, 34 (1/3): 151-176.

[72] GULDENMUND F W. The use of questionnaires in safety culture research-an evaluation [J]. Safety Science, 2007, 45 (6): 723-743.

[73] OIEN K. A framework for the establishment of organizational risk indicators [J]. Reliability Engineering and System Safety, 2001, 74 (2): 147-167.

[74] KONGSVIK T, ALMKLOV P, FENSTAD J. Organisational safety indicators: some conceptual considerations and a supplementary qualitative approach [J]. Safety Science, 2010, 48 (10):

1402-1411.

［75］ RODRIGUES A, BOWERS J. The role of system dynamics in project management ［J］. International Journal of Project Management, 1996, 14 (4): 213-220.

［76］ MARAIS K, SALEH J H, LEVESON N G. Archetypes for organizational safety ［J］. Safety Science, 2006, 44 (7): 565-582.

［77］ WEICK K E. Organizational culture as a source of high reliability ［J］. California Management Review, 1987, 29 (2): 112-127.

［78］ GOH Y M. BROWN H, SPICKETT J. Applying systems thinking concepts in the analysis of major incidents and safety culture ［J］. Safety Science, 2010, 48 (3): 302-309.

［79］ GOH Y M, LOVE P E D, STAGBOUER G, et al. Dynamics of safety performance and culture: a group model building approach ［J］. Accident Analysis & Prevention, 2012, 48: 118-125.

［80］ 骆建军, 张顶立, 王梦恕, 等. 地铁施工对邻近建筑物安全风险管理 ［J］. 岩土力学, 2007, 28 (7): 1477-1482.

［81］ BURLAND J B, WORTH C P. Settlement of buildings and associated damage ［J］. Brick Construction, 1975.

［82］ 中华人民共和国住房和城乡建设部. 危险房屋鉴定标准: JGJ 125—2016 ［S］. 北京: 中国建筑工业出版社. 2016.

［83］ MAIR R J, TAYLOR R N, BRACEGIRDLE A. Subsurface settlement profiles above tunnels in clays ［J］. Geotechnique, 1993, 43 (2): 315-320.

［84］ 骆建军, 张顶立, 王梦恕, 等. 北京地铁暗挖车站施工对管线的影响分析 ［J］. 铁道学报, 2007, 29 (5): 127-132.

［85］ CÁRDENAS I C, AL-JIBOURI S S H, HALMAN J I M, et al. Capturing and integrating knowledge for managing risks in tunnel works ［J］. Risk Analysis, 2013, 33 (1): 92-108.

［86］ ZENG J, AN M, SMITH N J. Application of a fuzzy based decision making methodology to construction project risk assessment ［J］. International Journal of Project Management, 2007, 25 (6): 589-600.

［87］ REN J, JENKINSON I, WANG J, et al. A methodology to model causal relationships on offshore safety assessment focusing on human and organizational factors ［J］. Journal of Safety Research, 2008, 39 (1): 87-100.

［88］ BOBBIO A, PORTINALE L, MINICHINO M, et al. Improving the analysis of dependable systems by mapping fault trees into Bayesian networks ［J］. Reliability Engineering & System Safety, 2001, 71 (3): 249-260.

［89］ 周忠宝. 基于贝叶斯网络的概率安全评估方法及应用研究 ［D］. 长沙: 国防科学技术大学, 2006.

［90］ ZIO E. Reliability engineering: old problems and new challenges ［J］. Reliability Engineering & System Safety, 2009, 94 (2): 125-141.

［91］ MOHAMED S. Scorecard approach to benchmarking organizational safety culture in construction ［J］. Journal of Construction Engineering and Management, 2003, 129 (1): 80-88.

［92］ PATE-CORNELL M E, MURPHY D M. Human and management factors in probabilistic risk analysis: the SAM approach and observations from recent applications [J]. Reliability Engineering & System Safety, 1996, 53 (2): 115-126.

[93] COX S, FLIN R. Safety culture: philosopher's stone or man of straw [J]. Work & Stress, 1998, 12 (3): 189-201.

[94] PARKER D, LAWRIE M, HUDSON P. A framework for understanding the development of organisational safety culture [J]. Safety Science, 2006, 44 (6): 551-562.

[95] RICHTER A, KOCH C. Integration, differentiation and ambiguity in safety cultures [J]. Safety Science, 2004, 42 (8): 703-722.

[96] STERMAN J D. Business dynamics: system thinking and modeling for complex world [M]. Boston: McGraw-Hill, 2000.

第5章 运营阶段的安全风险智能诊断

5.1 地铁运营安全风险概述

随着地铁持续不断地建设和运营，城市巨大的轨道交通网络渐渐地成为促进城市迅猛发展的主要交通脉络。地铁运营系统十分复杂，一旦某环节出现问题，就可能会引发重大运营事故。回顾近年来地铁事故，2009年12月21日，上海地铁2号线江苏路站的自动扶梯突然停止运行，导致7人受伤。2011年7月，北京地铁动物园站的滚动扶梯突然倒转，触发踩踏事件，造成1人死亡，30人受伤。2014年5月，深圳地铁龙华线一列车乘客所携带的移动电源意外自爆，导致地铁运行中断，大批乘客被迫撤离。国外地铁运营事故也频频发生。例如1995年3月，日本东京地铁发生一起特大中毒事故，邪教组织人员在东京3条地铁线的5班列车车厢中释放沙林神经毒剂，造成13人丧生，受伤者超过6000人，将近1000人出现视力问题。2003年2月，韩国大邱市中央路地铁一名乘客无视警告，将易燃物洒在地铁车厢的座椅上并点燃，导致车站突然失去电力并迅速爆发火灾，火势迅速蔓延至对向站台的列车，造成了198人不幸遇难，另有147人受伤。这些事故显现出地铁系统普遍具有深埋地下、系统封闭、逃生路径有限、疏散及应急救援困难等特点。因此，如何科学且合理地分析地铁运营的安全水平，不仅关乎城市轨道交通的正常运转，更关乎人民的生命财产安全。

5.1.1 地铁运营安全风险的内容与分类

地铁运营系统的安全性面临着严峻的挑战，因为它涉及很多不确定因素。通过运用系统工程理论的方法，可以深入理解地铁运营系统的复杂性，并有效指导安全隐患的处理，以实现问题的全面评估。地铁运营系统的不确定因素大致可以分为人员因素、设备设施因素、环境因素以及管理因素四个方面，如图5-1所示。这四个方面都是影响地铁安全的重要因素，不能孤立地看待任何一个方面，只有全面理解和处理这些因素之间的相互关系和影响，才能够有效地提高地铁运营的安全性。

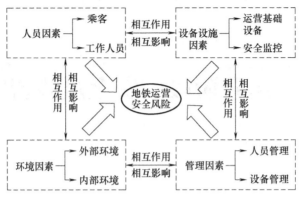

图 5-1　地铁运营安全事故致因机理体系图

1. 人员因素对地铁运营系统的影响

　　地铁运营事故的发生往往与多方面因素息息相关，而人员因素无疑是其中最重要的一环。地铁运营系统的人员因素可以分为系统外部的乘客和系统内部的工作人员。前者作为系统的用户，其行为直接影响着地铁运行的安全性；后者则是系统的管理者和操作者，其工作失误也会导致地铁事故。

　　首先，来看系统外部乘客对地铁运营系统的影响。他们的不安全行为常常成为地铁运营事故的导火索，如携带危险物品进入地铁车厢、不小心从站台坠落、在车上吸烟等。这些不安全行为的存在，直接加剧了地铁运营的安全风险，一旦失控，便可能引发极其严重的后果。其次，系统内部工作人员的角色对地铁运营系统的安全性也同样至关重要，他们的错误操作极易导致地铁事故的发生，如安全检查疏漏将导致未能发现潜在的安全隐患，驾驶员操作失误引发列车行驶异常等。这些人员因素导致的不当行为直接威胁着地铁运营系统的安全性，需要系统管理者和相关部门高度重视。除了增强系统的设施设备和技术保障之外，也要格外重视人员因素对地铁运营系统的影响，并通过采取开展培训、加强监管等措施，尽可能降低人为因素对地铁运营安全的负面影响。

2. 设备设施因素对地铁运营系统的影响

　　地铁运营系统的设备设施在其地铁运营中扮演着至关重要的角色。这些设备设施包括供电设施、车辆设施、机电设备、线路轨道设施以及土建设施等。这些设备设施在运营期间会由于设计缺陷、使用磨损以及自然老化等原因引发故障，如果没有被及时发现，会对地铁运营安全造成极其严重的影响。

　　地铁供电设施故障可能会导致列车滞留，进而威胁乘客的安全疏散。地铁车辆设施故障则可能会引发连锁反应，如列车脱轨或火灾等严重事件，直接威胁着乘客的生命安全。地铁的机电设备是保证地铁运营安全的关键，一旦发生故障，会严重影响地铁的正常运营。此外，地铁线路轨道设施的故障也是一个潜在的风险因素，例如，线路几何尺寸超标或者钢轨严重磨损也可能会导致地铁运营中断，给乘客的出行带来不便甚至安全隐患。地铁土建设施的故障也可能导致运营线路中断，尤其是当基床稳定性下降时，可能会造成严重的坍塌隐患，危及乘客的生命安全。综上所述，地铁运营系统的设备设施故障会对地铁运营安全带来极其严重的负面影响，必须引起高度重视。为提高地铁运营系统的安全性，有必要对地铁运营隧道结构以及地铁信号系统等的设备设施安全风险进行分析，及时发现问题，采取有效措施保障设备设施的正常运行。

在众多的地铁运营系统设备设施中，地铁运营隧道结构安全、地铁信号系统运营维护的风险分析诊断最为显著，将分别在5.2和5.3节进行详细介绍。

3. 环境因素对地铁运营系统的影响

地铁运营系统的正常运转不仅仅依赖于设备设施和相关人员操作，环境因素也是至关重要的。地铁运营系统的环境因素可以分为内部环境和外部环境两个方面。

1）内部环境包括作业环境和站内综合环境。作业环境的良好与否直接影响着地铁工作人员的工作状态和心态。如果作业环境不佳，如设备老旧、工作空间狭小等，极易导致工作人员操作失误或者工作效率低下。站内综合环境则直接关系到乘客的出行体验。站内环境脏乱差、设施损坏，不仅会引起乘客的不满和反感，甚至可能会影响到他们的安全感。

2）外部环境包括自然环境和社会环境。自然环境因素包括大风、洪涝、地震等自然灾害，可能对地铁运营系统造成直接的恶劣影响。这些灾害会导致设备损坏、线路中断等问题，但可以通过预防措施来进行有效的管控，减少对地铁系统的影响。社会环境中的政治生态和法律规范也对地铁运营产生重要影响。一个良好的社会环境可以提高乘客的安全感和工作效率，有助于事故的及时管控和处理。相反，如果社会环境不稳定或者规范不健全，则会给地铁运营带来很多负面影响。

因此，地铁运营管理者需要综合考虑内部和外部环境因素，在保障设备运转的同时，也要关注乘客的舒适度和安全感，以及应对各种可能发生的自然和社会风险，确保地铁运营系统安全、高效、顺畅运行。

4. 管理因素对地铁运营系统的影响

地铁运营事故的发生往往与管理因素密不可分。它不仅是减少和控制地铁运营事故的关键因素，更是引发地铁运营交通问题的关键因素之一。管理的根本目的在于尽可能减少事故的发生及其可能造成的人员伤亡和财产损失，这一点至关重要。如果管理出现问题，就会导致人员因素的不安全行为、设备设施故障、运营环境不佳等问题难以在第一时间发现和应对，使地铁运营系统发生事故的概率及发生事故造成的人员伤亡和财产损失大大提升。只有严格制定和落实管理措施，才能有效减少人员因素、设备设施因素和环境因素导致的地铁运营事故，确保地铁运营系统安全、高效、顺畅运行。

5.1.2 地铁运营安全风险的形成

地铁运营安全风险的形成是一个极其复杂的过程，涉及各种因素的相互作用和相互影响。要深入研究地铁运营安全风险的形成，对事故及其发生原因进行分析就显得至关重要。地铁运营安全事故的分析通常采用事故致因理论，这种理论有助于人们了解事故的发生、发展和形成过程，反映了事故发生的客观规律，可以指导事故预防和减少同类事故的发生。

不同领域的专家从不同的角度对事故产生的原因进行探讨，比如海因里希因果连锁理论强调事故是由一系列相互关联的事件引起的；弗兰克·博德因果连锁理论则关注于事故的潜在缺陷和系统漏洞；约翰·亚当斯因果连锁理论着重于人为因素对事故的影响；轨迹交叉理论则强调不同因素之间的交叉作用；能量意外释放理论关注于能量在事故中的释放过程；系统安全理论将事故看作是系统运行的一部分，强调整体系统的安全性。这几种理论的主要观点见表5-1。

表 5-1 事故致因理论主要观点

理论名称	主要观点
海因里希因果连锁理论	该理论又称为多米诺骨牌理论，该理论强调事故伤害并非孤立事件，而是由一系列相互关联的事件相继发生所导致的结果。海因里希将这种连锁关系形象地用五块骨牌来描述，它们分别为遗传与社会环境、人的缺点、人的不安全行为与物的不安全状态、事故、伤害。在这个理论中，一旦有一块骨牌被碰倒，如人的不安全行为或物的不安全状态，那么其他的骨牌将会相继被碰倒，从而形成连锁作用，导致事故的发生。然而，值得注意的是，如果能够及时阻止连锁反应中的任何一块骨牌被碰倒，就能够破坏这种连锁关系，从而终止事故的发生，避免了多米诺骨牌效应。因此，中断事故连锁过程的关键在于预防人的不安全行为，并消除物的不安全状态。通过这种方式，可以有效地防止事故的发生，保障地铁运营的安全
弗兰克·博德因果连锁理论	弗兰克·博德在海因里希因果连锁理论的基础上做了进一步的拓展和完善。根据他的观点，事故并非突如其来，要有效地预防事故的发生，必须深入挖掘事故背后的深层次原因。为了更好地理解和应对事故，弗兰克·博德提出了"事故连锁过程"的概念。这一概念包括多个方面，涵盖了管理失误、个人因素、工作条件、人的不安全行为、物的不安全状态等多个因素。他将海因里希因果连锁理论中的五块多米诺骨牌进行了更新，提出了新的概念，控制不足对应于管理、基本原因对应于根源、直接原因对应于征兆、事故对应于接触、伤亡和破坏对应于损失。在弗兰克·博德的理论中，管理起着至关重要的作用，有效的管理可以帮助识别和解决潜在的安全隐患，从而降低事故发生的可能性
约翰·亚当斯因果连锁理论	根据弗兰克·博德因果连锁理论，约翰·亚当斯提出了一个类似的模型。该模型将人的不安全行为和物的不安全状态统称为现场失误，意味着这些因素都可能导致事故和伤害的发生。对于现场失误的研究不仅限于表面现象，更深入地探讨了其背后的根本原因。约翰·亚当斯认为，现场失误的深层原因常常可以追溯到企业领导和安全技术工作人员的管理失误。这种管理失误可能表现为对安全文化的忽视、对风险评估的不足，甚至是对员工培训和意识提升的疏忽。这些管理层面的问题被认为是造成操作者现场失误的重要因素之一。值得注意的是，管理失误对安全工作具有决定性的影响。一个有效的领导团队和完善的安全管理制度能够为员工提供清晰的指导，确保他们了解并遵守安全规程，从而最大限度地减少现场失误的发生

（续）

理论名称	主要观点
轨迹交叉理论	在生产系统中,人的不安全行为和物的不安全状态的运动轨迹交叉是导致事故发生的主要原因之一。这种交叉发生在特定的时间点和空间点(被称为交叉点),也是事故发生的关键时刻和地点。在这个交叉点上,人的不安全行为和物的不安全状态同时发生,导致了事故的发生。事故发生的过程可以用一个链式反应来描述。首先是基本原因,例如人的疏忽大意或物的故障;接着是间接原因,可能是环境条件的不利因素;然后是直接原因,即事故发生的直接触发因素;接下来是事故本身,它可能导致损失或伤害。这种链式反应显示了事故发生的复杂性和多层次性。这种人和物运动轨迹的交叉不仅是事故发生的根本原因,也是事故发生的过程。通过避免人和物的运动轨迹交叉,可以有效地预防事故的发生
能量意外释放理论	事故的发生往往源于能量的意外释放或转移,这是一个重要的物理现象。在各种生产活动中,如机械能、电能、热能、化学能、原子能、声能、生物能、电离及非电离辐射能等各种形式的能量都可能不按预期释放,成为事故发生的基础。事故的发生往往是一个连锁反应,初始阶段往往涉及能量的异常释放。管理上的疏忽或缺陷可能导致员工采取不安全的行为,或者造成设备处于不安全的状态,从而加剧能量的异常释放。这种异常释放可能对人体和设备造成严重影响,导致人员伤亡、设备损坏和财产损失。为预防因能量释放引起的事故,可以通过降低生产过程中的能量或者增强防护措施来实现,以确保生产过程的安全性和稳定性
系统安全理论	系统安全理论着重运用系统安全工程和管理方法,以识别系统中的潜在危险源,并采取相应的控制措施。这些方法的核心概念是认识到任何系统活动都可以归结为由人、机器和环境三个要素组成。事故通常是由人的不安全行为、物的不安全状态以及恶劣的环境相互作用导致的。在特定环境下,人和机器设备需要在生产系统中协同完成工作任务,系统的安全性不仅仅取决于人的行为,还受到物的状态的影响。统计数据显示,88%~90%的事故是由人的不安全行为、物的不安全状态所引起的。因此,只有从根本上消除人的不安全行为和物的不安全状态方能避免生产安全事故的发生,从而建立起一个安全可靠的人、机器和环境相互配合的生产系统

地铁运营系统作为一个典型的复杂系统，其安全管理面临诸多挑战。这个系统涉及大量的不确定因素，包括人员、设备、环境以及管理等各个方面。在地铁的日常运营中，各方人员和设备必须紧密配合，相互联系，以确保系统安全稳定运行。地铁运营的安全性取决于多个因素的综合影响，其中包括人的行为举止、设备的状态、环境的影响以及管理机制的有效性。因此，维护地铁运营系统的安全性需要综合考虑并有效应对这些方面的挑战。

5.1.3　地铁运营安全风险的预测与建模分析方法

目前，关于地铁运营安全风险的预测与建模分析方法有很多，常见的有故障树分析法、结构方程模型、Copula 函数等，下面对这三种方法进行详细介绍。

1. 故障树分析法

故障树分析法是一种在系统设计过程中广泛应用的方法。它的核心在于分析可能导致系统失败的各种因素，包括但不限于硬件、软件、环境以及人为因素。通过绘制故障树，可以清晰地确定系统失效的原因以及它们之间的组合方式和可能发生的概率。这种方法不仅可以很好地识别系统中潜在的故障点，还能够定量地计算系统失效的概率。这为提高地铁运营系统的安全性提供了重要参考，被广泛用于重要军事装备研发以及航天、电子、化工等行业的安全分析。

故障树分析法是一种系统化方法，旨在揭示系统发生故障的可能原因和潜在路径。在这个分析过程中，首先，要明确定义一个系统故障作为最顶层事件，这可以是任何影响系统正常运行的异常情况。其次，通过逐级分解，将导致系统故障的各种原因细分为中间事件，这些中间事件可以是设备故障、操作失误或环境变化等。分解过程一直进行，直到不能或不必再继续分解为止，此时的基本事件被确定为底事件，即不能再细分的最小故障单元。这些基本事件可以是具体的故障现象或失效状态。最后，所有事件的逻辑关系被整理成一张树状逻辑图，这就是故障树图（图 5-2）。故障树图清晰地展现了各个事件之间的因果关系，为系统故障的预防和管理提供了重要参考。

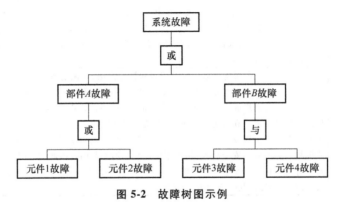

图 5-2　故障树图示例

图 5-2 展示了一个简洁而有效的故障树，故障树在系统故障分析中扮演着至关重要的角色。通过这个故障树，可以清晰地了解地铁运营系统故障的可能性及其引起的根本原因。首先，故障树表明地铁运营系统的故障可能是由两个主要部件之一的故障引起的，这两个部件分别是部件 A 和部件 B。具体而言，部件 A 的故障可能是由其所包含的元件 1 或元件 2 的故障所导致的，而部件 B 的故障则更为复杂，它要求元件 3 和元件 4 同时发生故障才会导致整个部件的故障，这种并行性的故障路径表明了在设计地铁运营系统时需要考虑到的各种故障可能性。总体而言，这个故障树以简明扼要的方式清晰地呈现了地铁运营系统故障的基本原因和可能的影响途径，为地铁运营安全风险提供了一个有力的分析工具，同时也为如何进行地铁运营系统故障预防和管理提供了重要参考。

2. 结构方程模型

结构方程模型（SEM）旨在揭示变量之间的相互影响关系。它利用变量的协方差矩阵进行分析，特别适用于处理多变量研究数据。与传统方法相比，结构方程模型的一大优势在于其能够考虑测量误差，因而所得结果更为可靠和真实。目前，结构方程模型已经广泛应用于管理学、社会学等多个领域，并且随着研究者对其方法和技术的深入了解，其应用前景仍在不断扩展。

结构方程模型由测量模型和结构模型两部分组成。测量模型用于描述潜在变量与其观测变量之间的关系：

$$\begin{cases} X = A_x\xi + \delta \\ Y = A_y\eta + \varepsilon \end{cases} \tag{5-1}$$

式中　　X——外生观测变量；

ξ——外生潜在变量；

A_x——外生观测变量与外生潜在变量之间的关系；

Y——内生观测变量；

η——内生潜在变量；

A_y——内生观测变量与内生潜在变量之间的关系；

δ,ε——残差项。

该模型还描述了各潜在变量之间的关系：

$$\eta = B\eta + \Gamma\xi + \varepsilon \tag{5-2}$$

式中　　B——内生潜在变量之间的关系；

Γ——外生潜在变量对内生潜在变量的影响。

结构方程模型在进行分析时，通常包括模型建立、模型识别、参数估计、模型检验和模型修正五个关键步骤。首先是模型建立，这一步骤是根据现有研究理论构建初始模型，对研究需要做的假设进行明确定义，对需要用到的相关变量和参数进行详细解释，从而建立模型的基本框架。其次是模型识别，在这一阶段，需要确保研究假设和变量之间的关系与实际情况相符，并确保模型具有唯一解。然后是参数估计，得到实际观测数据后，使用极大似然法对模型参数进行估计，得到模型参数的估计值。接下来是模型检验，包括显著性检验和模型拟合度检验。显著性检验用于判断模型是否可接受，判断方法为比较显著水平和 P 值，而拟合度检验用于判断模型的拟合效果，判断方法为将模型拟合度指标与适配标准进行比较。最后是模型修正，当模型检验的拟合度不佳时，可以通过增删路径等方法对模型进行优化，从而得到拟合度较好的结构方程模型。

3. Copula 函数

斯科拉（Sklar）在1960年提出的定理奠定了 Copula 理论的基础，该定理使得 Copula 函数的建模可以将边缘分布和联合分布函数的构建分开进行。该定理的具体内容为：若 H 是 n 维随机变量 $(X_1, X_2, \cdots, X_n)$ 的联合分布函数，与其对应的边缘分布是 $F_1, F_2, \cdots, F_n$，则存在一个 n 元 Copula 函数 C 使得对于全部 $(x_1, x_2, \cdots, x_n) \in [-\infty, +\infty]$，有

$$H(x_1, x_2, \cdots, x_n) = C(F_1(x_1), F_2(x_2), \cdots, F_n(x_n)) \tag{5-3}$$

之后 Copula 函数在此基础上，逐步发展，经历了二维、多维 Copula 阶段。然

而利用传统多维 Copula 构建多维参数的联合分布，仅能使用单一的 Copula 函数，并不能应用多种 Copula 去表征各变量的相依性。为解决传统多维 Copula 的局限性，Joe 首次提出使用 Pair Copula 函数按照一定的逻辑结果关系构造多维 Copula 模型的思路。

目前 Copula 函数已经应用在很多领域，比如在岩土工程领域，基于 Copula 函数分析了不同 Copula 模型构建的相依性模型对系统失效概率的影响；在桥梁工程领域，基于 Copula 函数构建了桥梁二维参数串联体系的 Copula 模型，验证了在可靠度分析中考虑失效模式之间相依性的必要性。在地铁工程领域的相依性建模尚在探索初期。基于 Vine Copula 模型对地铁工程相依性参数建模鲜有研究，而 Vine Copula 在参数相依性表达方面具有更精确的优势，有必要在地铁工程领域引入 Vine Copula 模型开展相依性参数建模研究。

5.1.4　地铁运营安全风险识别技术与分析诊断体系

1. 地铁运营安全风险识别技术

根据安全风险识别技术发展的过程，可以大致分为传统的安全风险识别方法（检查表法、头脑风暴法、专家调查法）和安全风险智能识别方法（基于知识管理的安全风险识别信息方法、基于信息技术的安全风险智能识别方法），这几种方法的主要内容见表 5-2。

表 5-2　安全风险识别技术

安全风险识别技术的发展阶段	方法名称	主要观点
传统的安全风险识别方法	检查表法	检查表法是一种系统工程方法，旨在通过科学分解建设工程项目来识别潜在的安全风险。运用工作分解结构（WBS）法来对工程项目进行逐层分解，将项目细分为可管理的任务和子任务，从而更容易发现潜在的风险点。同时，运用风险分解结构（RBS）法对安全事故进行结构化分析，以确保对每个可能的风险因素都进行了全面的考虑。在这一过程中，对每个分部或分项工程都建立相关的风险清单，这有助于提供依据进行风险识别。通过这种系统化的方法，可以更加全面地审视工程项目，从而减少安全风险对项目的不利影响。此外，检查表法相对于其他复杂的方法而言，更为简洁易懂，容易掌握和运用。因此，检查表法在工程实践中被广泛采用
	头脑风暴法	头脑风暴法旨在激发团队成员的创造力和想象力。在头脑风暴会议中，参与者被鼓励自由表达各种想法，而不受任何批评，这个过程通常会引发出意想不到的创意，因为每个人的思维都得到了充分的尊重和鼓励。在进行头脑风暴会议时，通常会有一个主持人或者引导者来组织会议，确保会议的正常开展。参与者可以使用各种创意激发技巧，比如联想、类比、逆向思维等，来激发创造力。该方法的优点包括能够快速产生大量的创意、激发团队成员的合作和互动、促进创新和问题解决等。然而，也存在一些缺点，比如可能出现一些想法质量较低或者不切实际的情况、某些人可能会过于抢占话语权等

（续）

安全风险识别技术的发展阶段	方法名称	主要观点
传统的安全风险识别方法	专家调查法	专家调查法旨在收集和分析专家对特定主题或问题的意见和见解。在使用该方法时，研究者通常会邀请一组经验丰富、在相关领域具有较强专业知识和技能的专家参与调查。专家调查法的优点：一是能够利用专家的专业知识和经验来深入理解研究主题，提供有价值的见解和建议；二是由于专家调查通常涉及小样本量，因此可以更深入地探索和理解复杂的问题。然而，专家调查法也存在一些局限性，例如，可能受到专家个人偏见或局限性的影响，以及难以确定专家代表性的问题，专家的选择对于风险识别的精确性具有重大影响
安全风险智能识别方法	基于知识管理的安全风险识别信息方法	基于知识管理的安全风险智能识别方法是一种利用知识管理理论来识别和管理安全风险的方法。首先，需要建立一个完整的知识库，包括安全法律法规、安全管理文件、事故案例以及专家经验等。然后，该方法可以利用机器学习、自然语言处理等方法分析、整理和更新知识库，以帮助识别潜在的安全威胁并评估其对组织的影响程度。最后，该方法通过建立有效的沟通和协作机制，将识别到的安全风险信息传达给管理人员，以便他们采取相应的预防和应对措施
	基于信息技术的安全风险智能识别方法	基于信息技术的安全风险智能识别方法是一种利用先进的信息技术手段，如深度学习、大数据技术等，来识别和评估工程项目中安全风险的方法。这种方法通过对大量的工程项目事故案例进行分析和挖掘，从中提取关键的安全风险特征，并利用机器学习等算法建立预测模型，以实现对潜在安全风险的智能识别和预测。通过采用这种方法，工程项目可以更加及时发现潜在的安全隐患并采取相应的预防措施，最大限度降低事故发生的可能性，从而保障工程项目的安全和可持续发展。同时，还可以利用虚拟现实（VR）技术，通过模拟施工环境，为设计人员提供实践机会，帮助他们主动识别潜在的安全隐患

2. 地铁运营安全风险分析诊断体系

地铁运营安全风险分析诊断体系主要以运营安全和服务质量为重点，建立健全地铁运营标准体系，管理制度子体系主要包括基础制度、安全制度、应急制度和服务制度四个方面，主要内容见表 5-3。

表 5-3　地铁运营安全风险分析诊断体系

管理制度子体系	主要内容
基础制度	1. 制定地铁建设和运营交接管理办法，明确交接界面的工作内容和办理程序 2. 健全统计报表制度，规范数据报送和统计分析 3. 制定智能管理系统建设指南，推动建设覆盖地铁运营生产全过程、全区域、各管理层级的智能管理系统
安全制度	1. 建立风险分级管控和隐患排查治理双重预防制度，制定风险源识别和隐患排查手册 2. 制定车辆、信号、通信、自动售检票等关键设施设备运营准入技术要求，提升本质安全水平 3. 制定地铁的设施设备运行管理办法，明确检测监测、安全评估、维修保养规程规制 4. 制定加强从业人员管理的意见，明确上岗条件培训考核、技能鉴定要求 5. 制定行车组织管理办法 6. 制定运营安全风险性事件报告和分析办法 7. 制定地铁运营安全的评估办法，明确初期运营前、正式运营前和日常运营安全评估内容和周期等

（续）

管理制度子体系	主要内容
应急制度	1. 制定地铁运营突发事件的应急预案,通过提前规划和组织,可以在发生紧急情况时做出迅速而准确的反应,以最大限度地减少人员伤亡和财产损失 2. 制定应急演练管理办法,切实提高应急处置能力 3. 建设国家级的应急演练中心,提升现场的应急指挥人员、专业应急的救援队伍、一线员工的应急处置能力
服务制度	1. 强化地铁标委会的建设,扩大委员专业化覆盖范围,提高标准质量和行业影响力 2. 依托有关企业设立地铁运营管理的交通运输行业研发中心,围绕前沿技术开展科研攻关和成果转化 3. 建立专家库,为政策制定、安全评估等工作提供智力支持 4. 建立省、市以及运营单位联络员制度,畅通政策传达、工作部署、信息报送、问题反映、沟通交流的渠道,实现上下协同联动 5. 联合有关部门定期组织和开展职业技能竞赛,培养工匠精神,提升服务的技能水平 6. 搭建行业沟通交流平台。定期举办培训、论坛,研讨热点问题,统一思想认识,共谋行业发展

5.2　地铁运营隧道结构安全风险智能诊断模型

地铁运营隧道由于处于复杂的地下环境中，其结构性能很容易受到周边建筑环境、地质条件、气候条件、自然灾害情况的影响，更不可避免地会受到设计、施工、运营管理等诸多环节中各种不确定性因素的耦合作用，同时地铁投入运营后的服役周期一般长达几十年，甚至百年之久，地铁隧道结构服役能力会随着时间的推移不断产生劣化，进而引发隧道出现各种不同程度的病害，如管片裂损、隧道收敛变形、渗透水、差异沉降等。这些病害是地铁运营隧道结构安全所面临的主要影响因素，不仅影响运营地铁的正常使用，甚至会导致地铁安全事故的发生，例如，在1999 年日本接连发生了三起因运营隧道混凝土剥落而造成的重大事故；迪拜运营十年之久的 Shindagha 海底隧道因病害问题进行修复，修复所花费的成本高达最初建造成本的两倍；建成于 20 世纪 70 年代的中国香港地铁在运营近二十年后，其隧道管片内部出现了大量的钢筋严重锈蚀现象，导致隧道混凝土保护层剥落，影响了隧道使用；2011 年 8 月 22 日，南京地铁二号线渗入了地下水，造成了隧道地基隆起，列车车厢错位，对社会造成了严重的不良影响。在上述工程结构安全事故发生前，这些隧道就已经出现了管片开裂、沉降、收敛等病害现象。因此，如何科学且合理地分析地铁运营隧道结构的安全水平，确保运营地铁拥有足够的安全服役性能，不仅关乎地铁的正常运转，更关乎人民的生命财产安全。

目前，传统用于运营地铁结构安全可靠性分析的方法，通常假定结构系统中各组件的故障和失效行为是孤立存在的，因此在独立性假设方面做了简化计算。然而，各组件的故障和失效行为往往存在着相互依赖、相互作用的相依性，从而造成分析结果存在一定的误差，例如，利用荷载结构法对厦门海底隧道衬砌结构的可靠性进行分析时，由于采用蒙特卡洛（MC）法进行抽样时并未考虑到各参数的相依性，从而影响了失效概率的精确度。在利用故障树分析（FTA）法、蒙特卡洛法、层次分析（AHP）法对崇明越江盾构隧道结构的耐久性失效概率进行评价时，由于 FTA 和 AHP 的参数赋值定性成分比较大，没有充分考虑到各影响因素复杂的相依关系，从而造成分析结果存在局限性。事实上，在实际工程中，地铁结构系统的各组件失效通常并非是完全独立的关系，往往存在一定相依性。其中结构系统内各组件的相依性突出的示例包括：系统各组件发生了共同原因的故障；由于系统内某一组件的故障诱发了另一组件的故障，从而造成了故障传播效应。

鉴于传统的结构安全分析方法往往未能准确表征出各影响因素的相依性而造成分析结果的误差。为了在可靠性分析中消除系统内各组件间所存在的依赖关系对评估结果的影响，近年来，Copula 理论快速发展，其在非线性、不确定性参数相依性建模方面的突出能力逐渐被相关学者关注并用于结构可靠性分析。引入国内外学者在 Copula 相依性建模领域具有更精确优势的研究理论成果——Vine Copula 模型，并在充分考虑各影响因素相依性的前提下，实现了对地铁运营隧道结构安全进行准确的分析，从而为地铁运营隧道结构安全运维管理提供有效的决策信息支持。

5.2.1　地铁运营隧道结构安全影响因素与成因

为深入了解地铁运营隧道结构安全影响因素的相依关系，通过结合国内外相关研究，从理论层面选取几种典型影响因素的相依性进行归纳总结，证实了各影响因素之间存在理论上的相依性，在对地铁运营隧道结构安全性能进行分析时，有必要关注各影响因素的相依性。

地铁运营隧道处于环境复杂的地下，其结构安全受到了多种影响因素的作用，主要包括六类：隧道渗透水、隧道收敛变形、隧道不均匀沉降、管片错台、管片开裂、衬砌材质劣化，如图 5-3 所示。

1）地铁运营隧道渗透水按照表观形态可以分为四种类型，分别为渗润、滴水、流水、涌水，最常见的类型是渗润。渗透水按照渗透的部位可以分为接头处渗透水、注浆孔处渗透水、裂缝与破损处渗透水。隧道的渗透水不仅会影响隧道的安全运营，更会进一步劣化隧道的结构性能。例如，当隧道发生滴水、涌水时有可能会造成电力配线绝缘设施的失效，从而引发短路、跳闸等事故，另外由于水的化学性质的特殊性，会促使隧道衬砌混凝土发生风化、腐蚀现象，钢筋锈蚀现象，导致隧道衬砌结构发生破坏，隧道耐久性降低。目前，关于运营期产生渗透水原因的研究有很多，按照渗透部位，其产生的原因可分为三种：接头处渗透水主要由于防水材料在复杂的环境中出现了腐蚀老化现象，以及由于错台、不均匀沉降、收敛等结构应力变形导致了防水材料的失效，从而形成了渗透通道的隐患，进而引发渗透水病害；

图 5-3 地铁运营隧道结构常见的影响因素

a）渗透水　b）收敛变形　c）不均匀沉降　d）管片错台　e）管片开裂　f）衬砌材质劣化

注浆孔处渗透水主要由于盾构隧道施工阶段造成的孔位误差留下了渗透隐患，以及在隧道运营期间，注浆孔部位防水材料的老化失效所致；裂缝与破损处渗透水主要由于管片的裂缝、破损为渗透水提供了直接的通道，从而导致渗透水的发生。

2）地铁运营隧道收敛变形常见的表现形式是横向变形。导致横向变形的原因是隧道衬砌结构受到了外界应力的作用引起隧道拱轴形状发生了改变。收敛变形会增大隧道的横径，减小隧道的纵径，从而使隧道呈现出"横压蛋"的形态。隧道收敛变形的加剧，会增大隧道的裂缝，减弱弹性密封垫圈的效能，从而降低隧道防水的能力，进而引发渗透水并进一步加速钢筋锈蚀等病害的发生。

3）地铁运营隧道不均匀沉降也称为差异沉降，指的是在相同时刻，同一隧道的两个相邻构件基础沉降量的差值。相较累计沉降，过大的差异沉降会增大隧道外部结构所受的应力值，并随着该应力的长期积累，逐渐导致隧道产生收敛、错台、渗透水等病害，这些病害也会进一步加剧管片产生不均匀沉降，进而综合影响地铁结构的耐久性和运营的安全度，相邻管片的不均匀沉降主要是由运营期的外界不均匀荷载作用或岩土体地质情况的不同导致的。

4）地铁运营隧道管片错台的表现形式主要为两个相邻管片之间出现了高低错开的相对位移。管片错台会对隧道净空产生直接影响，另外管片之间的相对位移产生的应力，会引起管片结构发生破损，管片错台也会为渗透水提供渗透通道，进而引发渗透水病害。造成运营阶段管片错台的主要原因是由于不均匀沉降使相邻管片因受力不均匀产生了不同的竖向位移，以及外部环境等因素造成隧道结构变形。

5）地铁运营隧道管片开裂指的是衬砌表面出现了衬砌裂缝的现象，管片衬砌裂缝是评价隧道表面破坏程度的重要指标之一。裂缝按其表现形式可分为斜向裂缝、纵向裂缝、环向裂缝、边角裂缝四种类型。运营期管片开裂原因主要分为内因和外因：内因主要由于管片内部钢筋的锈蚀导致管片混凝土膨胀而出现裂缝；外因为在外界环境温度的变化、混凝土的收缩冻胀、隧道不均匀沉降、管片错台、收敛变形等因素作用下，引起的裂缝。裂缝在一定程度上会降低隧道承载性能和耐久性能，混凝土裂缝的出现，易使渗透水侵入，从而加剧钢筋腐蚀和混凝土的劣化，相继引发隧道结构其他病害。

6）地铁运营隧道衬砌材质劣化主要是指隧道混凝土构件在应力荷载和化学侵蚀的作用下，隧道衬砌强度逐渐降低，衬砌厚度逐渐减小，主要的表征形式为钢筋锈蚀、管片表面混凝土剥离。钢筋锈蚀中最为严重一种类型是隧道管片间连接螺栓的锈蚀，由于连接螺栓长期承受着较大的剪切荷载及拉应力，同时连接螺栓没有采取防腐蚀的措施，长期遭受着化学侵蚀。在物理和化学的双重作用下，连接螺栓很容易发生老化，造成性能衰减，从而影响地铁运营隧道结构安全性能和服役能力。管片表面混凝土剥离主要是由于隧道混凝土构件在地下土壤里的氯盐和硫酸盐等有害物质的作用下，产生了溶解性和膨胀性腐蚀，从而降低了混凝土的性能。另外，空气中的二氧化碳会溶于水中，从而渗入混凝土，造成混凝土的中性化，进一步加剧混凝土的强度降低，造成管片表面混凝土剥离的加剧，另外管片错台也容易引起管片螺栓孔附近混凝土发生破损。管片表面混凝土剥离会加剧裂缝的成长，引发渗透水，降低结构的耐久性。

5.2.2 地铁运营隧道结构安全影响因素相依性分析

地铁运营隧道结构安全影响因素之间的相依性表征了各影响因素之间相互依赖、相互作用的关系。地铁运营隧道结构安全的影响因素之间往往相互关联而非孤立存在，其影响因素不仅直接影响地铁运营隧道结构的安全性能，更通过对其他影响因素的作用而间接地影响地铁结构安全性能，所以在进行地铁运营隧道结构安全分析时，有必要考虑影响因素的相依性。

为深入了解各影响因素的相依关系，通过结合国内外相关研究，从理论层面选取几种典型影响因素的相依性进行归纳总结。

1. 收敛变形与渗透水的相依性分析

收敛变形对防水极限和螺栓强度极限有直接影响，过大的收敛变形会导致螺栓接头张开，从而引发渗透水。当管片横向收敛变形与竖向收敛变形相等时，其连接螺栓呈现弹性的状态如图5-4所示，此时收敛与隧道防水能力存在如下关系：

$$\Delta D = \begin{cases} 1 + \dfrac{(d - c_1)^2}{(h - b - c_2)^2}\sqrt{2}L\theta_1 & \text{（管片防水极限）} \\[4mm] 1 + \dfrac{(h - b - c_2)^2}{(b - c_1)^2}\sqrt{2}L\theta_2 & \text{（连接螺栓强度极限）} \end{cases} \tag{5-4}$$

式中　θ_1——管片外侧张开角；

　　　θ_2——管片内侧张开角；

　　　b——螺栓中心点与管片内侧的距离；

　　　h——管片厚度；

　　　c_1——管片外侧弯矩点到管壁的距离；

　　　c_2——管片内侧弯矩点到管壁的距离；

　　　ΔD——隧道横向收敛值；

　　　L——单块管片的弧长。

因此，在理论上，隧道收敛变形与渗透水存在一定的相依性。

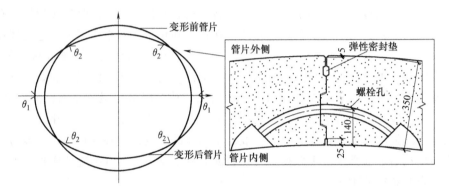

图 5-4　隧道横向收敛变形图

2. 收敛变形与不均匀沉降的相依性分析

地铁运营隧道在受到纵向不均匀沉降作用时，会导致 Brazier 效应，即隧道薄壁空心结构弯曲时产生截面椭圆化现象，从而造成隧道发生断面收敛变形。当地铁运营隧道发生 Brazier 效应时，隧道断面收敛值与纵向沉降曲率半径存在如下关系：

$$\Delta D = \frac{1}{6}\frac{bR^5}{\eta I_c r^2} \tag{5-5}$$

式中　ΔD——隧道断面收敛值；

　　　η——隧道横向刚度有效率；

　　　R——隧道半径；

　　　r——纵向沉降曲率半径；

　　　b——衬砌管环厚度；

　　　I_c——衬砌管环惯性矩。

式（5-5）中隧道纵向沉降曲率半径 r 描述了隧道不均匀沉降的变化状态。因此，在理论上，隧道不均匀沉降与收敛变形存在一定的相依性。

3. 错台与不均匀沉降的相依性分析

当隧道某一环发生不均匀沉降时，会向相邻的环施加向下的压剪力，从而引发错台，纵向沉降曲率半径与错台存在如下关系：

$$\frac{2\delta_h}{B} = \frac{B}{r} \tag{5-6}$$

式中 δ_h——错台值；

    r——纵向沉降曲率半径；

    B——隧道管环宽度。

综上可以说明不均匀沉降与错台在理论上存在一定的相依性。

4. 错台与收敛变形的相依性分析

当隧道管片发生错台时，隧道纵向变形会产生纵向剪切传递效应，从而对收敛变形产生一定影响，在考虑隧道周围的侧向土体弹性抗力对衬砌管环的应力作用的条件下，隧道错台导致横向收敛变形的表达式为

$$\delta_h = \frac{0.0342 t_s r^3}{0.0454 m r^4 + \eta E I_c} \tag{5-7}$$

式中 η——隧道横向刚度有效率；

    r——纵向沉降曲率半径；

    t_s——与纵向沉降曲率函数相关；

    I_c——衬砌管环惯性矩；

    E——混凝土弹性模量；

    m——土体弹性抗力系数。

由式（5-7）可知，管片错台产生的纵向剪切传递效应会对收敛变形产生一定影响，即错台与收敛变形存在理论上的相依性。

5. 渗透水与不均匀沉降、管片破损、管片错台、钢筋锈蚀等影响因素的相依性分析

地铁运营隧道发生渗透水最根本的原因是衬砌结构的渗透系数变大。而造成衬砌结构渗透系数变大的主要原因有两种：一是接头性能的劣化；二是管片裂缝与破损。其中，接头性能的劣化主要表现为橡胶密封垫的防水失效，橡胶密封垫是地铁运营隧道结构接头防水的重要部位，管片拼装后，橡胶密封垫会因自身弹性而使管片密封，从而达到防水的效果，另外，橡胶密封垫遇水膨胀会进一步加强隧道止水效果。当隧道受到收敛变形、不均匀沉降作用时，易导致接头张开，从而致使橡胶密封垫接触面的压力不足而防水失效。管片错台会导致橡胶密封垫产生错位现象，使密封垫失效，由此可知渗透水与收敛变形、管片错台、不均匀沉降具有一定的相依性。管片破损和管片裂缝会直接导致衬砌结构渗透系数增大，从而引发渗透水现象，同时使钢筋锈蚀，故而说明管片破损、裂缝和渗透水存在直接的相依性。

针对几种比较典型影响因素的相依性分析，可知影响地铁运营隧道结构安全的影响因素之间往往存在着复杂的相依关系，基于相关学者的公式推导，各影响因素之间的相依关系往往并非简单的线性关系，而是非线性关系。

5.2.3　基于 Vine Copula 模型的地铁运营隧道结构安全可靠性分析

由 5.2.2 节可知，地下复杂环境中的地铁运营隧道结构，不可避免地会受到多种具有相依性影响因素的耦合作用，导致隧道结构性能随着时间的推移而逐渐产生劣化。因此，如何基于现场监测的有限数据，综合考虑各影响因素的相依性，对各影响因素耦合作用下地铁运营隧道结构安全可靠性进行分析，是地铁运营安全管理需要解决的问题之一。然而，目前该领域的可靠性分析方法研究，大多局限于应用二维 Copula 参数相依性模型对地铁运营隧道结构的安全进行分析，对地铁结构安全多维参数相依性建模分析还不够成熟和精准。近些年来，在多维参数相依性建模领域内发展出了 Vine Copula 模型，该模型能够更精准地实现多维参数相依性建模。因此，将其引入地铁运营隧道结构安全可靠性分析中，提出一种基于 Vine Copula 模型的地铁运营隧道结构安全可靠性分析方法，从而为多维影响因素耦合作用下的地铁运营隧道结构安全可靠性定量分析提供有效的工具。

1. Copula 相依性建模基础理论

（1）Copula 函数定理　Copula 函数连接了多维参数的联合分布与一维边缘分布。根据 Sklar 定理可知，存在唯一的 Copula 函数可以将向量 $X = (x_1, x_2, \cdots, x_n)$ 的联合分布函数 $F(x_1, x_2, \cdots, x_n)$ 与其边缘分布函数 $F_1(X_1)$，$F_2(X_2)$，$\cdots$，$F_n(X_n)$ 连接起来，即

$$F(x_1, x_2, \cdots, x_n) = C(F_1(x_1), F_2(x_2), \cdots, F_n(x_n); \theta) \tag{5-8}$$

式中　θ——参数，表征各变量间的相依性程度。

对式（5-8）左右两边求导可得 n 维连续向量 $X = (x_1, x_2, \cdots, x_n)$ 的概率密度函数：

$$f(x_1, x_2, \cdots, x_n) = c(F_1(x_1), F_2(x_2), \cdots, F_n(x_n)) \prod_{i=1}^{n} f_i(x_i) \tag{5-9}$$

式中　$f_i(x_i)$——边缘概率密度函数；

　　　　c——C 的概率密度函数。

由式（5-8）可知，基于 Copula 函数构建参数联合分布函数的步骤如下：

步骤 1：识别出能够准确表征子向量 $X = (x_1, x_2, \cdots, x_n)$ 的最优边缘分布函数 $F_1(X_1)$，$F_2(X_2)$，$\cdots$，$F_n(X_n)$。

步骤 2：从多种备选的 Copula 函数中识别出能够准确表征各变量间相依结构的最优 Copula 函数。

（2）Copula 函数类型　Copula 函数类型很多，最常见的类型包括椭圆 Copula 函数和 Archimedean 函数，其中椭圆 Copula 函数常用的几种 Copula 包括 Guassian Copula、t-Copula，而 Archimedean 函数常用的几种包括 Clayton Copula、Gumbel Copula、Frank Copula、Joe Copula。下面主要介绍以上六种常见的 Copula 函数，以作为模型建模的最优备选的 Copula 函数，见表 5-4。

表 5-4　六种常见的 **Copula** 函数的概率分布函数 $C(u_1, u_2; \theta)$ 以及相关参数 θ

序号	Copula 函数	$C(u_1 u_2; \theta)$	θ 取值范围
1	Guassian Copula	$\Phi_\theta(\Phi^{-1}(u_1), \Phi^{-1}(u_2); \theta)$	$[-1, 1]$
2	t-Copula	$T_2(T_v^{-1}(u_1), T_v^{-1}(u_2); \theta, v)$	$\theta \in [-1, 1], v \in (0, +\infty)$
3	Clayton Copula	$(u_1^{-\theta} + u_2^{-\theta} - 1)^{-\frac{1}{\theta}}$	$(0, +\infty)$
4	Gumbel Copula	$\exp\left\{ -\left[(-\ln u_1)^\theta + (-\ln u_2)^\theta\right]^{\frac{1}{\theta}} \right\}$	$[1, +\infty)$
5	Frank Copula	$-\frac{1}{\theta}\ln\left[1 + \frac{(e^{-\theta u_1} - 1)(e^{-\theta u_2} - 1)}{e^{-\theta} - 1}\right]$	$(-\infty, 0) \cup (0, +\infty)$
6	Joe Copula	$1 - \left[(1-u)^\theta + (1-v)^\theta - (1-u)^\theta(1-v)^\theta\right]^{\frac{1}{\theta}}$	$[1, +\infty)$

（3）随机变量的边缘分布函数拟合　对各随机变量的边缘分布函数拟合是构建所有 Copula 函数模型的第一步，其边缘分布函数的拟合效果直接影响 Copula 函数模型的精确性。表 5-5 列出了在工程领域常用的几种边缘分布拟合函数。

表 5-5　边缘分布拟合函数

类型	边缘概率密度函数 $f(x; p, q)$	边缘分布函数 $F(x; p, q)$	样本均值 μ	样本方差 σ^2
正态	$\exp\left[-\frac{(x-p)^2}{2q^2}\right]\frac{1}{q\sqrt{2\pi}}$	$\varphi\left(\frac{x-p}{q}\right)$	p	q^2
对数正态	$\frac{1}{x\sigma\sqrt{2\pi}}\exp\left[-\frac{(\ln x - \mu)^2}{2\sigma^2}\right]$	$\varphi\left(\frac{\ln(x) - p}{q}\right)$	$\frac{q}{p}$	$\frac{q}{p^2}$
Weibull	$\exp\left[-\left(\frac{x}{p}\right)^q\right]\frac{q}{p}\left(\frac{x}{p}\right)^{q-1}$	$-\exp\left[-\left(\frac{x}{p}\right)^q\right] + 1$	$p\Gamma\left(1+\frac{1}{q}\right)$	$p^2\left[-\Gamma^2\left(1+\frac{1}{q}\right) + \Gamma\left(1+\frac{2}{q}\right)\right]$
指数	$p \cdot \exp(-px)$	$-\exp(-px) + 1$	$\frac{1}{p}$	$\frac{1}{p^2}$
Gamma	$\frac{p^q x^{q-1} e^{-px}}{\Gamma(q)}$	$\Gamma(q)\int_0^{px} t^{q-1} e^{-t} dt$	$\frac{q}{p}$	$\frac{q}{p^2}$

为了拟合和识别出最优的边缘分布函数，常使用的方法包括 K-S 检验、A-D 检验方法。K-S 检验用于测量每一个数据点上经验累积概率函数与目标分布的累积概率函数的距离；A-D 检验是对 K-S 检验的改进。另外，在实际工程中，AIC 和 BIC 准则也常应用在边缘分布函数拟合与识别中。表 5-6 列出了四种最优边缘分布拟合的检验方法。

表 5-6 四种最优边缘分布拟合的检验方法

检验方法	统计量	最优边缘分布的判断准则
K-S 检验	$K = \sup_x \lvert B(x) - F_n(x) \rvert$	在满足临界值条件时，统计量最小的分布为最优边缘分布
A-D 检验	$A^2 = -\dfrac{1}{n}\sum_{i=1}^{n}\left[(2n + 1 - 2i)\ln(1 - F(x_i)) + (2i - 1)\ln F(x_i)\right] - n$	
AIC 准则	$\mathrm{AIC} = 2k - 2\sum_{i=1}^{n}\ln f(x_i; p, q)$	以最小的 AIC、BIC 值的边缘分布作为最优边缘分布
BIC 准则	$\mathrm{BIC} = k\ln n - 2\sum_{i=1}^{n}\ln f(x_i; p, q)$	

注：$B(x)$ 表示各指标样本的备选边缘分布函数；$F_n(x)$ 表示各指标样本的累积分布函数；sup 表示函数的上确界；n 表示样本数量；$F(x_i)$ 表示备选边缘分布函数；k 表示分布参数个数。

（4）最优 Copula 函数的识别　AIC 准则和 BIC 准则是在工程领域常用的最优 Copula 函数识别方法，其判断准则见表 5-7。

表 5-7 AIC、BIC 准则的判断准则

检验方法	统计量	判断准则
AIC 准则	$\mathrm{AIC} = 2k - 2\sum_{i=1}^{n}\ln C(u_{1i}, u_{2i}; \theta)$	取得最小 AIC、BIC 值的 Copula 函数为最优 Copula 函数
BIC 准则	$\mathrm{BIC} = k\ln n - 2\sum_{i=1}^{n}\ln C(u_{1i}, u_{2i}; \theta)$	

注：k 为 Copula 函数中相关参数个数；n 为样本数量；θ 为 Copula 函数中的相依性参数；(u_{1i}, u_{2i}) 为样本序列 (x_{1i}, x_{2i}) 的经验分布值。

（5）Copula 函数的拟合检验　基于 AIC 准则、BIC 准则，可以从所有备选的 Copula 函数中识别出最优 Copula 函数，但对于已识别的最优 Copula 函数的精确性还需要进行拟合检验，以验证模型的精确度。常用的拟合检验评价方法主要有 RMSE 值拟合评价法、K-S 检验法、Q-Q 图法等。RMSE 值拟合评价法可以较好地描述 Copula 模型的整体误差。因此，选用 RMSE 值拟合评价法对 Copula 模型进行检验：

$$\mathrm{RMSE} = \sqrt{\dfrac{\sum_{i=1}^{n}(x_i^{\mathrm{est}} - x_i)^2}{n}} \tag{5-10}$$

式中　x_i——监测样本数据；

x_i^{est}——模型模拟值；

n——样本数量。

（6）Copula 函数的相依性度量指标　各随机变量的相依关系可以用多种指标进行度量，常用的度量指标包括 Kendall 秩相关性系数 τ 和尾部相关系数 λ。

Kendall 秩相关性系数 τ 也称为等级相依性系数，其不依赖变量的边缘分布，是一种非线性的相关系数，可以描述变量间的一致性变化程度。Kendall 秩相关性系数的定义如下：

设 X_1，X_2 为两组观测的随机变量，那么 Kendall 秩相关性系数 τ 可以由变量 X_1 和 X_2 的实测数据计算：

$$\tau = \frac{\sum_{i<j} \text{sign}[(x_{1i} - x_{1j})(x_{2i} - x_{2j})]}{0.5n(n-1)} \quad (i,j = 1,2,\cdots,n) \quad (5-11)$$

式中　(x_{1i}, x_{1j})，(x_{2i}, x_{2j})——变量 X_1 和 X_2 的两组观察值；

$\qquad\qquad\quad n$——样本数量；

$\qquad\qquad\quad \text{sign}(\cdot)$——符号函数。

尾部相关系数的大小描述了当多维变量中的某一个变量取较大值（较小值）时，另外一个变量也相应取较大值（较小值）的概率情况。将连续随机变量 X_1 和 X_2 上尾相关系数 λ_U 和下尾相关系数 λ_L 定义为

$$\begin{cases} \lambda_U = \lim_{t \to 1^-} P[X_2 > F_2^{-1}(t) \mid X_1 > F_1^{-1}(t)] = \lim_{t \to 1^-} \dfrac{1 - 2t + C(t,t;\theta)}{1-t} \\ \lambda_L = \lim_{t \to 0^+} P[X_2 \leqslant F_2^{-1}(t) \mid X_1 > F_1^{-1}(t)] = \lim_{t \to 0^+} \dfrac{C(t,t)}{t} \end{cases} \quad (5-12)$$

式中　$F_1^{-1}(\cdot)$——X_1 的边缘分布的逆函数；

$\qquad\quad F_2^{-1}(\cdot)$——$X_2$ 的边缘分布的逆函数；

$\qquad\qquad t$——X_1 和 X_2 的边缘累积分布函数值。

2. Vine Copula 模型理论

以往传统描述多维参数相依关系的方法都是基于一种多维 Copula 函数，如 t-Copula、Guassian Copula 直接去建立多维参数的联合分布，以表征多维参数相依关系。由于多维 Copula 模型在表征多维随机变量之间相依关系时，仅用一种 Copula 函数，因此往往假定了各随机变量之间具有相同相依的结构，缺乏一定的灵活性，同时目前多维 Copula 函数的种类较少。

随着 Copula 理论的发展，Vine Copula 模型因其在参数相依性表达方面具有更精确的优势，成为 Copula 理论相依建模应用的一个新趋势。Vine Copula 模型，即基于藤（Vine）结构将多维 Copula 结构分解成为符合一定逻辑关系的二元的 Pair-Copula，使多维参数的建模更加灵活，同时满足了应用多种 Copula 函数去表征多维变量间的相依性要求。

（1）Pair-Copula 函数　按照一定的逻辑结构关系，可基于 Pair-Copula 分解理论，将多维变量之间的相依结构分解成为多个二维 Pair-Copula 函数的关系组合，从而为 Vine-Copula 理论在多维随机变量的应用提供了理论基础。

考虑一个 n 维向量 $\boldsymbol{X} = (x_1, x_2, \cdots, x_n)$，其联合分布概率密度函数为 $f(x_1, x_2, \cdots, x_n)$，相应的边缘概率密度函数为 $f_1(x_1)$，$f_2(x_2)$，$\cdots$，$f_n(x_n)$，由概率

论的知识可知，存在如下分解：

$$f(x_1, x_2, \cdots, x_n) = f_1(x_1)f(x_2 \mid x_1) \cdots f(x_n \mid x_1, x_2, \cdots, x_{n-1}) \tag{5-13}$$

当 $n = 2$ 时，由式（5-13）可得

$$f(x_1, x_2) = f_1(x_1) \cdot f(x_2 \mid x_1) \tag{5-14}$$

结合式（5-9），可知：

$$f(x_1, x_2) = f_1(x_1) \cdot f_2(x_2) \cdot c_{12}(F_1(x_1), F_2(x_2)) \tag{5-15}$$

综合式（5-14）和式（5-15），可得

$$f(x_2 \mid x_1) = f_2(x_2) \cdot c_{12}(F_1(x_1), F_2(x_2)) \tag{5-16}$$

由式（5-16）可知，条件概率密度函数 $f(x_2 \mid x_1)$ 由 Pair-Copula 概率密度函数 $c_{12}(F_1(X_1), F_2(X_2))$ 和边缘概率密度函数 $f_2(x_2)$ 组成。

以上的二维 Pair-Copula 推导过程可拓展到 n 维模型中，其分解过程如下：

$$f_{u \mid v}(u \mid v) = f_{u \mid v_{-j}}(u \mid v_{-j}) \cdot c_{u, v_j \mid v_{-j}}(F_{u \mid v_{-j}}(u \mid v_{-j}), F_{v_j \mid v_{-j}}(v_j \mid v_{-j})) \tag{5-17}$$

由式（5-17）可知，条件累积概率分布函数为

$$F_{u \mid v}(u \mid v) = \frac{\partial C_{u, v_j \mid v_{-j}}(F_{u \mid v_j}(u \mid v_j), F_{v_j \mid v_{-j}}(v_j \mid v_{-j}))}{\partial_{u \mid v_{-j}} F(u \mid v_{-j})} \tag{5-18}$$

在式（5-17）和式（5-18）中，$v = (v_1, \cdots, v_j, \cdots, v_d)$，其中 v_j 是变量 v 中任意一部分元素构成的随机量，而 $v_{-j} = (v_1, \cdots, v_{j-1}, v_{j+1}, \cdots, v_d)$ 表示去除了 v_j 后的量。

当 v 是一元变量，可得

$$F_{u \mid v}(u \mid v) = \frac{\partial C_{u, v}(F_u(u), F_v(v))}{\partial F_v(v)} \tag{5-19}$$

假设 u 和 v 在（0，1）区间服从均匀分布，式（5-19）可以进一步进行化简。

定义 $h(u, v, \Theta)$ 表征条件概率分布函数 $F_{u \mid v}(u \mid v)$，则式（5-19）可以表示为

$$h(u, v, \Theta) = \frac{\partial C_{u, v}(F(u), F(v))}{\partial F_v(v)} \tag{5-20}$$

式中 Θ ——随机变量 u 和 v 构建的二维 Copula 函数中的参数。

可令 $h^{-1}(u, v, \Theta)$ 为 h 函数的逆函数，则

$$h^{-1}(u, v, \Theta) = F_{u \mid v}^{-1}(u \mid v) \tag{5-21}$$

（2）Vine Copula 模型结构设计 随着 Copula 理论的发展，基于有规则的藤（Regular Vine）被提出来构建多维随机变量的相依性结构，从而建立多维随机变量联合分布。Vine 即藤，由节点、边、树组成，而 Regular Vine 利用 $n-1$ 棵树 $T_j(j = 1, 2, \cdots, n-1)$ 的形式表征 n 维变量的相依结构，其中 Pair-Copula 表示树 $T_j(j = 1, 2, \cdots, n-1)$ 的每一条边。这种基于 Vine 构造的多维随机变量联合概率分布的 Copula 函数模型，简称 Vine Copula。Regular Vine 中有很多不同的组成结构，其

中 D 藤（D-Vine）和 C 藤（C-Vine）是在实际工程中两种常用的有规则的藤结构，它们分别构成了 D-Vine Copula 和 C-Vine Copula。

n 维的 D-Vine Copula 模型，含有 $n-1$ 棵树 $T_j(j=1, 2, \cdots, n-1)$，树 T_j 有 $n-j+1$ 个节点和 $n-j$ 条边，每一条边代表着一个 Pair-Copula 函数。图 5-5 所示为 5 维 D-Vine Copula 模型的树状结构图，该分解图包括了 4 棵树，其中每棵树的任一条边都有两个节点与其相连。

D-Vine Copula 模型结构设计最主要的是排列好第一层树的节点顺序。D-Vine Copula 模型最常用的结构估计算法是由 Brechmann 提出的汉密尔顿最短路径法，该方法将节点顺序的选择问题转化 Traveling Saleman Problem（TSP），由于 D-Vine Copula 模型的每个节点的重要性一致，因此只需要计算遍历一个节点到其他节点的最短路径，该算法可基于 R 语言中（TSP 程序包）实现。

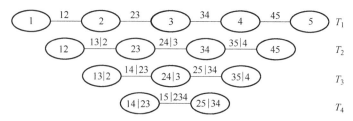

图 5-5　5 维 D-Vine Copula 模型的树状结构图

基于 D-Vine Copula 模型结构，n 维变量的 Pair-Copula 模型分解形式如下：

$$f(x_1, x_2, \cdots, x_n) = \prod_{j=1}^{n-1} \prod_{i=1}^{n-j} c_{i,j+i \mid (i+1):(i+j-1)} (F(x_i \mid x_{(i+1):(i+j-1)}),$$

$$F(x_{i+j} \mid x_{(i+1):(i+j-1)})) \prod_{m=1}^{n} f_m(x_m) \tag{5-22}$$

式中　$f_m(x_m)$——各节点的边缘概率密度函数，其中 $(m=1, 2, \cdots, n)$；

$c_{i,j+i \mid (i+1):(i+j-1)}$——连接 $F(x_i \mid x_{(i+1):(i+j-1)})$ 和 $F(x_{i+j} \mid x_{(i+1):(i+j-1)})$ 的二维 Copula 函数。

C-Vine Copula 模型结构中的节点、边、树的数目与 D-Vine Copula 模型相同，其结构差异主要在于 C-Vine Copula 模型的每棵树都有一个根节点。图 5-6 所示为 5 维 C-Vine Copula 模型的树状结构图。

C-Vine Copula 模型结构设计最主要的是选择好根节点，根节点的选择要能体现出各变量间的最强相依性，由此基于两两变量间 Kendall 秩相关性系数和最大原则被提出来确定根节点的方法。基于式（5-11）可求得两两变量间的 Kendall 秩相关性系数 $\hat{\tau}_{ij}(i,j=1,2,\cdots,n)$，令

$$\hat{\tau}_{\text{sum}} = \sum_{j=1}^{n} |\hat{\tau}_{ij}| \tag{5-23}$$

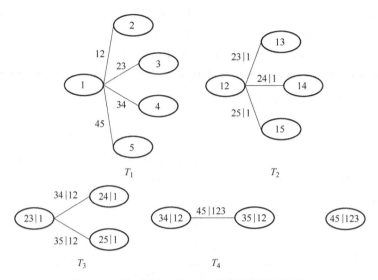

图 5-6 5 维 C-Vine Copula 模型的树状结构图

令 $\hat{\tau}_{\text{sum}}$ 达到最大的变量即为第一层树（T_1）的根节点，而对于 C-Vine，当确定了第一层（T_1）的根节点，所有的 Vine Copula 结构就确定了。

与 D-Vine 类似，C-Vine 构建 n 维变量的 Pair-Copula 模型分解形式为

$$f(x_1, x_2, \cdots, x_n) = \prod_{j=1}^{n-1} \prod_{i=1}^{n-j} c_{j,(i+j)\,|\,1:(j-1)}\left(F(x_i \,|\, x_{i:(j-1)}), F(x_{i+j} \,|\, x_{i:(j-1)})\right) \prod_{m=1}^{n} f_m(x_m)$$

$$(5\text{-}24)$$

式中　各符号含义与式（5-22）相同。

（3）Vine Copula 模型参数估计　Vine Copula 模型的参数可以通过多种方法进行估计，其中最常用的是极大似然法。以 D-Vine Copula 为例，使用极大似然法对 Vine Copula 参数进行估计，C-Vine Copula 与之类似。

考虑随机序列 $X_i = (x_{i,1}, x_{i,2}, \cdots, x_{i,T})$，$i = 1, 2, n$，其中 $x_{i,T}$ 代表 i 维变量中的总数为 T 的随机变量，$x_{i,T}$ 在区间 $[0, 1]$ 上服从均匀分布，则 D-Vine Copula 的概率密度函数公式的对数似然函数可表示为

$$L(X \,|\, \theta) = \prod_{t=1}^{T} \prod_{j=1}^{n-1} \prod_{i=1}^{n-i} \ln c_{i,j+i\,|\,i+1,\cdots,i+j-1}\left(F(x_{i,t} \,|\, x_{(i+1,t):(i+j-1,t)}),\right.$$

$$\left. F(x_{i+j,t} \,|\, x_{(i+1,t):(i+j-1,t)}) \,|\, \theta_{i,(i+j)\,|\,(i+j):(i+j-1)}\right) \qquad (5\text{-}25)$$

式（5-25）中，每个 Pair-Copula 概率密度函数都需要估计的参数 θ 的数量取决于备选 Copula 函数的类型，其中结合式（5-20），$F(x_{i,t} \,|\, x_{(i+1,t):(i+j-1,t)})$ 与 $F(x_{i+j,t} \,|\, x_{(i+1,t):(i+j-1,t)})$ 都可以由 $h(u, v, \Theta)$ 函数表示。

Vine Copula 参数估计的算法步骤如下：

步骤 1：根据式（5-25），由原始数据对第一层树的各节点间的 Pair-Copula 的参数 Θ 进行估计。

步骤 2：基于步骤 1 所得到的树 T_1 中各节点的 Pair-Copula 参数估计值 Θ 和 h 函数［见式(5-20)］，可计算出树 T_2 的参数。

步骤 3：通过步骤 2 所得到的观测值，依次估计出 $T_j(j = 1, 2, \cdots, n - 1)$ 的参数。

步骤 4：依次循环步骤 2 和步骤 3，完成所有的树 $T_j(j = 1, 2, n - 1)$ 的参数估计。

（4）Vine Copula 模型的抽样算法　C-Vine Copula 和 D-Vine Copula 的模拟值抽样算法类似，下面以 D-Vine Copula 模型为例介绍抽样算法。

对于给定的 D-Vine Copula 模型结构，假定 $(x_1, x_2, \cdots, x_n)$ 为一组 n 维随机变量模拟值，其生成的方式如下：

令

$$w_1 = F_1(x_1); w_2 = F_{2|1}(x_2|x_1); \cdots; w_n = F_{n|1,2,\cdots,(n-1)}(x_n|x_1, x_2, \cdots, x_{n-1})$$

$$(5-26)$$

对式（5-26）求逆可得

$$x_1 = F_1^{-1}(w_1); x_2 = F_{2|1}^{-1}(w_2|x_1); \cdots; x_n = F_{n|1,2,\cdots,(n-1)}^{-1}(w_n|x_1, x_2, \cdots, x_{n-1})$$

$$(5-27)$$

式（5-27）中，随机变量 $w_1, w_2, \cdots, w_n$ 在 $[0, 1]$ 区间内服从均匀分布。

为更清晰地展示上述的计算过程，令

$$e_1 = F_1(x_1); e_2 = F_2(x_2); \cdots; e_n = F_n(x_n) \quad (5-28)$$

即模拟的随机变量 $(x_1, x_2, \cdots, x_n)$ 可通过如下步骤计算得出：

步骤 1：抽取一组在 $(0, 1)$ 区间内服从标准均匀分布的随机变量 $(w_1, w_2, \cdots, w_n)$。

步骤 2：令

$$e_1 = w_1 \quad (5-29)$$

步骤 3：令

$$F_{2|1}(x_2|x_1) = \frac{\partial C_{12}(F_1(x_1), F_2(x_2))}{\partial F_1(x_1)} = h_{21}(e_1, e_2) = w_2 \quad (5-30)$$

即

$$e_2 = h_{21}^{-1}(w_2, e_1) \quad (5-31)$$

步骤 4：令

$$F_{3|12}(x_3|x_1, x_2) = \frac{\partial C_{13|2}(F_{3|2}(x_3|x_2), F_{1|2}(x_1|x_2))}{\partial F_{1|2}(x_1|x_2)}$$

$$= h_{3|2,1|2}(h_{32}(e_3, e_2), h_{12}(e_1, e_2)) = w_3 \quad (5-32)$$

可得

$$e_3 = h_{32}^{-1}(h_{3\,|\,2,1\,|\,2}^{-1}(w_3, h_{12}(e_1, e_2)), e_2) \tag{5-33}$$

步骤 5：按照上述步骤，依此进行迭代计算，直到获取 $(e_1, e_2, \cdots, e_n)$ 的模拟样本数据，基于下面的积分变换：

$$x_1 = F_1^{-1}(e_1), x_2 = F_2^{-1}(e_2), \cdots, x_n = F_n^{-1}(e_n) \tag{5-34}$$

可将在 $(0, 1)$ 区间内服从标准均匀分布的模拟样本，转化为服从拟定边缘分布特征的序列矩阵。

5.3 基于 RAMS 的地铁信号系统运营维护管理模型

地铁机电系统的运营安全无疑至关重要。由于地铁承担着城市大规模公共交通的任务，每天运送数以百万计的乘客，因此，任何一次运行故障都可能导致大规模的社会影响和经济损失。近几年来，由于各种机电设备故障，包括列车故障、电气设备故障、信号系统故障等，地铁系统频繁发生运行中断或降级运行的情况，严重影响了运营效率和乘客的出行体验。

地铁的安全性、速度、运输能力和效率与信号系统有着紧密的联系，该系统作为地铁调度指挥和运营管理的核心，发挥着至关重要的作用。

相较于其他机电系统，地铁由于其独特的特点，对信号系统在安全性、通行能力、信号显示、抗干扰能力、可靠性、自动化程度、限制条件等方面有如下更高的要求：

1）安全性要求高。地铁运营环境比较恶劣，特别是在地下隧道中，空间受限，行车密度大，对故障排除来说是一个极大的挑战。一旦发生事故，救援工作将变得异常困难，可能会导致更加严重的损失。

2）通行能力要求高。地铁通常不设置辅助线路，所有列车都必须停靠在主线上，先行列车的延误会直接影响后续列车的运行秩序，但其有利于地铁运营系统实现自动化行车调度。

3）信号显示要求高。在曲线路段，地铁信号显示受到隧道壁的遮挡，导致信号显示距离受限，如何在有限的空间内保证信号显示的可见性成为一项关键任务。

4）抗干扰能力要求高。地铁全都使用直流电力牵引，对信号设备有较高的电气干扰阻挡需求。

5）可靠性要求高。地铁运营涉及大量的乘客和高密度的运行列车，一旦信号系统发生故障或失效，可能导致列车脱轨、相撞等严重事故，直接威胁乘客的生命安全，并对城市交通造成严重影响。

6）自动化程度要求高。通过自动化系统，可以实现列车之间的安全距离控制、速度控制，以及列车的自动停车和启动，从而大大降低人为因素引发的事故风险。此外，自动化还可以执行更精确的时刻表，减少列车之间的间隔时间，为乘客提供更加可靠、舒适的出行体验。

7）限制条件多。受到土建限制，地铁室外设备和车载设备的体积必须小，且必须考虑到施工和维护操作的空间。

信号系统是非常具有代表性的机电系统，主要有以下几个原因：

1）信号系统是地铁机电系统中一个非常复杂和关键的部分，包含了多种传感器、控制器和软件系统，需要进行精确的时间同步和高速的数据通信，是实现自动驾驶、避免列车碰撞和确保行车安全的核心。

2）信号系统故障和事故通常是导致地铁运行中断和经济损失的主要原因，因此通常通过信号系统来研究地铁机电系统的运营安全问题。

3）信号系统的性能直接影响着地铁的运行效率和安全性。一个高效的信号系统可以实现更短的列车间隔距离，从而提高地铁的运输能力，而一个安全的信号系统可以预防列车碰撞和脱轨等严重事故，从而保证乘客的生命安全。

因此，信号系统非常适合作为地铁机电系统的一个代表。所以，此处将以信号系统为例，介绍如何运用 RAMS 管理体系来提高地铁机电系统的运行可靠性、可用性、维护性和安全性。

5.3.1　地铁信号系统运营维护 RAMS 理论

20 世纪 50 年代，设备维护模式主要为设备出现故障后再进行维护作业，这种维护模式无计划性，设备属于被动维护，影响安全与生产且维护费用高，经济损失大，设备处于不受控状态。目前，这种维护模式基本已被淘汰，但设备的被动维护模式还是无可避免。20 世纪 60 年代，国内外的设备维护管理主要采用基于时间的预防性维护管理模式，这种维护模式基本不考虑设备的健康状态，往往会造成过度维护，不必要的维护往往会缩短设备的使用寿命，造成维护资源的大量浪费。计划性维护对于设备运行安全的提高也起到了一定的作用。20 世纪 80 年代，随着计算机技术、控制技术及设备故障诊断技术的快速发展，使得设备维护可预知，这种预知维护模式极大地避免了过度维护与维护不足。设备预知维护是以状态监测技术为基础的，状态监测技术的迅速发展得益于传感器、计算机、神经网络技术的更新换代，并越来越智能化，在诊断故障的同时可预测故障及其发展方向。设备故障诊断及故障预测信息均可通过网络上传至设备管理信息系统，为运营提供维护决策依据，但设备预知维护不能从根本上解决设备故障问题。为了从根本上解决设备故障问题，基于 RAMS 的地铁信号系统评估方法是目前国际上主流的以优化设备维护管理制度及流程的一种系统的工程方法。该方法是以可靠性为目标的设备主动维护模式，能够以最小的资源消耗保持设备或生产系统固有的可靠性与安全性。

RAMS 是地铁信号系统可靠性（Reliability）、可用性（Availability）、可维修性（Maintainability）与安全性（Safety）四种特性的组合，可以用定性或定量的指标来表示，可保证达到规定的功能，且在一定时间内安全、可用。标准定义中的 RAMS 概念比较抽象，RAMS 其实可以分成 RAM 和 S 两个概念，如图 5-7 所示。

RAM 代表地铁信号系统高的可用性，根据 RAMS 的相关理论，设备的可用性（A）和可维修性（M）在一定程度上取决于其可靠性（R）。因此，深入研究地铁信号系统的可靠性势在必行。S 代表地铁信号系统高的安全性，即设备不发生事故的能力。可靠性（R）和安全性（S）在实际操作过程中是相互矛盾的，设备的可用性越高，设备投入使用之后所需要的维护时间

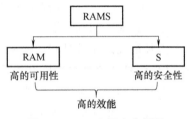

图 5-7　RAMS 概念分解图

就越少，费用就越低。为了达到设备的高可用性，设备的开发及制造费用也将提高。因此，如何找到地铁信号系统在高的可用性和高的安全性之间的平衡点，保障地铁信号系统高的效能，是目前一个亟待解决的重要工程课题。

1. 地铁信号系统的构成

信号系统是地铁工程中最复杂的系统，涉及机械、自动化控制、通信及计算机软件等多个领域。信号系统通过网络将多个子系统有机地结合在一起，并与车辆、牵引制动、供电等系统共同完成列车的行驶控制任务。

基于无线通信系统的 CBTC（Communication Based Train Control System，基于通信的列车控制系统）是目前地铁信号系统的主流技术。CBTC 信号系统由列车自动监控（ATS）、列车自动防护（ATP）、列车自动驾驶（ATO）、计算机联锁、数据通信（DCS）、维护支持系统（MSS）六个主要的子系统构成，如图 5-8 所示。ATS 子系统主要功能是实现中心级、车站级的控制。ATP 子系统主要功能是实现基于通信的列车控制 CBTC 模式，并且可以实现自动升降级运行，还可以根据运营需求提供需要的列车运行间隔设计。ATO 子系统主要功能是实现全线的列车自动加速、惰行、减速、对标停车、自动折返等，大大提高效率，减少驾驶员手动操作步骤。计算机联锁子系统主要功能是在 CBTC 模式下结合移动闭塞要求为列车提供相关的进路信息；在联锁级别模式下，由轨旁设备提供列车位置信息，实现传统的联锁功能。DCS 子系统采用最新的 LTE 技术实现地面设备、地车设备间的无线及有线数据传输，包括地面的双环冗余有线网络 DCS，实现中心、车站、轨旁的信息传输；地车的信息传输网络 DCS 可以实现地车双向、大容量数据信息传输。MSS 子系统是信号系统的运营管理和维护的辅助系统，提供系统的维护建议与管理方法。

2. 基于 RAMS 的地铁信号系统评估体系

借鉴国内外专家、学者与科研院所对 RAMS 的研究成果，基于 RAMS 的地铁信号系统评估体系如图 5-9 所示。

该 RAMS 评估体系以安全性为导向，以满足系统高的安全性指标和高的可用性指标为前提，重点对设备的可靠性和系统的安全风险进行分析，对设备的维护策略进行研究。在系统需求及设计阶段，通过分析设备的运行条件、操作条件、故障状况及可能存在的人为因素，对设备进行可靠性方面的优化设计，并进行可靠性评

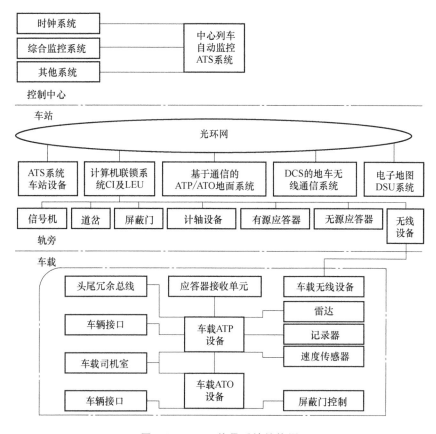

图 5-8 CBTC 信号系统结构图

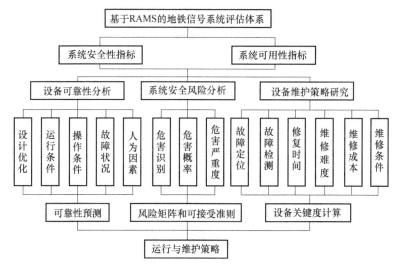

图 5-9 基于 RAMS 的地铁信号系统评估体系

估及敏感度计算；对系统失效、设备故障将产生的危害（风险源）进行识别，评估危害的产生概率及后果的严重度，确定系统风险矩阵及风险的可接受准则，从而进行连续动态的安全风险评估；通过设备故障定位、故障修复时间、维修成本等六个方面研究设备维护策略，计算设备的关键度，从而为制定维护策略提供依据，以满足系统高的安全性和高的可用性指标要求。

5.3.2 地铁信号系统的可靠性分析

从地铁信号系统的可靠性（R）角度出发，综合运用威布尔（Weibull）分布函数预测、提出了信号系统可靠性评估解析模型，推导了信号系统架构的结构参数、系统与子系统的可靠性评估指标，并计算了系统各级可靠性评估指标对设备故障率、维护率与可用度的敏感度。其可靠性评估结果与敏感度计算结果为信号系统的维护策略提供了理论依据。

1. 可靠性理论分析与计算

在分析地铁信号设备可靠性之前，首先要介绍概率统计中常用的可靠性评估指标，主要有可靠性、累计分布函数和概率密度函数等。

可靠性函数 $R(t)$ 的表达式为

$$R(t) = \lim \frac{N_s(t)}{N} \tag{5-35}$$

式中　　$N_s(t)$——在 t 时刻正常工作的样本数；

N——统计的样本总数。

表示在 $0 \sim t$ 时间范围内设备运行正常工作的概率。

累计分布函数的表达式为

$$F(t) = 1 - R(t) \tag{5-36}$$

表示在 $0 \sim t$ 时间范围内设备失效的概率。

概率密度函数的表达式为

$$f(t) = F'(t) = \lim_{\Delta t \to 0} \frac{\Delta N_f(t)}{\Delta t \cdot N} \tag{5-37}$$

式中　　$\Delta N_f(t)$——在 t 时单位时间 Δt 内失效的样本数。

表示在 $0 \sim t$ 时间范围内设备发生失效的概率。

可靠性预测的关键在于通过拟合失效数据得出地铁信号设备失效分布的规律。设备的失效概率密度函数或累计失效概率函数统称为设备的失效分布，通常设备的可靠性、寿命等可靠性评估指标可通过抑制设备的失效分布函数求得。在研究设备的可靠性理论中，常见寿命分布模型有指数分布（Exponential）、正态分布（Normal）、对数正态分布（Lognormal）、威布尔（Weibull）分布、伽马（Gamma）分布等。不同分布模型结合其拟合能力，适用于不同的设备失效情况。常见分布模型及适用情况见表 5-8。

表 5-8　常见分布模型及适用情况表

分布类型	失效概率密度函数	参数	适用情况
Exponential-2	$f(t) = \lambda e^{-\lambda(t-\gamma)}$	故障率 $\lambda > 0$，位置参数 $\gamma > 0$	半导体、电子元器件
Normal	$f(t) = \dfrac{1}{\sigma_t \sqrt{2\pi}} e^{-\frac{1}{2}\left(\frac{t-\mu}{\sigma_t}\right)^2}$	失效时间均值 μ，方差 $\sigma > 0$	磨损性材料零件
Lognormal	$f(t) = \dfrac{1}{\sigma_t \sqrt{2\pi}} \exp\left[-\frac{1}{2}\left(\frac{\ln t - \mu}{\sigma_t}\right)^2 \right]$	失效时间均值 μ，方差 $\sigma > 0$	绝缘、晶体管、机械疲劳等
Weibull-2	$f(t) = \dfrac{\beta}{\alpha}\left(\dfrac{t}{\alpha}\right)^{\beta-1} \exp\left[-\left(\dfrac{t}{\alpha}\right)^{\beta} \right]$	尺度参数 α，形状参数 β	磨损、腐蚀、机电产品累计故障
Weibull-3	$f(t) = \dfrac{\beta}{\alpha}\left(\dfrac{t-\delta}{\alpha}\right)^{\beta-1} \exp\left[-\left(\dfrac{t-\delta}{\alpha}\right)^{\beta} \right]$	尺度参数 α，形状参数 β，位置参数 δ	磨损、腐蚀、机电产品累计故障
Gamma	$f(t) = \dfrac{(\alpha x)^{\beta-1} \cdot \alpha e^{-\alpha x}}{\Gamma(\beta)}$	尺度参数 α，形状参数 β	多种失效机理

在目前的信号系统设备可靠性研究中，以研究电子设备可靠性为主，由于电子设备是以偶然失效为主，在经过早期失效阶段后其失效率维持在一个稳定的数值，并不会出现失效趋势明显呈现递增的时期，所以一般采用指数分布来确定其失效情况，但信号系统设备通常由机械、电气、电子等多种类型的部件集成，某些机械性的设备在全寿命周期中失效率符合浴盆效应曲线，如图 5-10 所示，即可分为早期失效、偶发失效和损

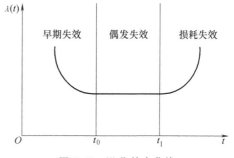

图 5-10　浴盆效应曲线

耗失效三个时期，指数分布无法描述机械部件的疲劳、磨损、腐蚀等损伤累积和老化的过程，因此用指数分布来确定其可靠性模型并不准确。为对信号系统设备的可靠性进行准确评估，须通过分析设备的结构特点、失效性质，并研究其发展趋势，针对不同的设备采取相对应的失效分布函数。

一般情况下，给定设备的统计数据，利用分布模型及数学优化技术对失效数据进行拟合，以便对设备的可靠性及寿命进行预测。Weibull 分布近年来成为可靠性研究的热点，该分布通过最弱环节模型或串联模型获得，材料缺陷和应力集中源对材料疲劳寿命的影响能够在该分布上充分体现，且 Weibull 分布在不同阶段具备不同的失效分布增减率，能够描述出整个寿命周期失效率浴盆效应曲线，且自身具备极强的数据拟合能力，可描述设备全寿命周期的失效过程。指数分布、正态分布等均可通过 Weibull 分布变换得到，即电子设备服从指数分布也可采用 Weibull 分布

进行评估。目前，Weibull 分布广泛应用于机械、电子、航天等产品的可靠性研究中。

对 Weibull 分布函数取值时，需要考虑截尾数据的情况，若将截尾数据按照完整数据处理会导致结果存在一定误差，并导致设备的可靠性预测不准确。信号系统设备现场数据一般都是不规则的截尾数据，是由于设备故障时间、原因、部分记录不准确，统计开始的时刻不一致，当统计时间结束时有的设备没有发生故障，统计设备中存在大量的返修件等原因造成的。为了反映出数据的真实信息，需要对统计的数据进行筛选预处理，将统计数据转换成符合要求的格式，提高分析数据的效率，删除不符合要求的数据，提高数据的可信度。之后采用平均秩次法对初步筛选的数据进行预处理。

平均秩次法是将样本数据按照其失效时间的顺序进行排列，为其中每一次失效的时间确定一个顺序号（秩次），对于一个样本不完整的寿命周期数据，当遇到在过程中丢失或中途停止无法预计的故障时，可以根据失效样本和中止样本估计出所有可能的失效秩次，求出其平均秩，利用中位秩计算出失效分布函数。常用的平均秩次增量公式为

$$\begin{cases} \Delta A_k = \dfrac{n + 1 - A_{k-1}}{n - i + 2} \\ A_k = A_{k-1} + \Delta A_k \end{cases} \tag{5-38}$$

式中　A_k——设备失效的平均秩次；其中，k 代表设备失效时间的顺序号；
　　　i——所有设备的排列顺序号。

利用中位秩公式

$$F_n(t_i) = \frac{i - 0.3}{n + 0.4} \tag{5-39}$$

可以算出设备失效的分布函数：

$$F'_n(t_i) = \frac{A_{k-1} + \dfrac{n + 1 - A_{k-1}}{n - i + 2} - 0.3}{n + 0.4} \tag{5-40}$$

完整的 Weibull 分布函数为三参数函数，参数 α 表示尺度，参数 β 表示形状，参数 δ 表示位置（见表 5-8），当位置参数 δ 为 0 时，可简化成双参数的 Weibull 分布函数。当 $\beta < 1$ 时，设备失效为递减分布，说明设备运行在早期失效阶段；当 $\beta = 1$ 时，设备运行在偶然失效阶段，设备的失效是各种不确定的偶然因素造成的；当 $\beta > 1$ 时，设备失效为递增分布，表明设备运行在损耗失效阶段，适用于疲劳、老化失效引起的设备失效情况。由于三参数 Weibull 分布模型结构较为复杂，计算较为烦琐，不便于在实际工程中应用，因此主要考虑采用简化后的双参数 Weibull 分布函数，并利用最小二乘法对信号系统设备进行可靠性预测。双参数 Weibull 分

布函数公式为

$$f(t) = \frac{\beta}{\alpha}\left(\frac{t}{\alpha}\right)^{\beta-1}\exp\left[-\left(\frac{t}{\alpha}\right)^{\beta}\right] \tag{5-41}$$

其失效分布函数为

$$F(t) = 1 - \exp\left[-\left(\frac{t}{\alpha}\right)^{\beta}\right] \tag{5-42}$$

设

$$\begin{cases} x = \ln t \\ y = \ln\left\{\ln\left[\dfrac{1}{1-F(t)}\right]\right\} \\ a = \beta \\ b = -\beta\ln\alpha \end{cases} \tag{5-43}$$

则式（5-42）可变为

$$y = ax + b \tag{5-44}$$

对于上述线性回归方程，a 和 b 的最小二乘估计解为

$$\begin{cases} \hat{a} = \dfrac{\displaystyle\sum_{i=1}^{n} x_i y_i - n\overline{xy}}{\displaystyle\sum_{i=1}^{n} x_i^2 - n\overline{x}^2} \\ \hat{b} = \overline{y} - \hat{a}\overline{x} \\ \overline{x} = \dfrac{1}{n}\displaystyle\sum_{i=1}^{n} x_i \\ \overline{y} = \dfrac{1}{n}\displaystyle\sum_{i=1}^{n} y_i \end{cases} \tag{5-45}$$

采用 Weibull 分布模型建立关键组件的失效分布函数，根据式（5-36）、式（5-42）可得到关键组件的可靠性函数：

$$R(t) = 1 - F(t) = \exp\left[-\left(\frac{t}{\alpha}\right)^{\beta}\right] \tag{5-46}$$

根据关键组件的冗余方式，地铁信号系统中任一关键组件失效都会导致整体失效。可以认为，地铁信号系统的可靠性是由各个关键组件的可靠性串联构成的，串联系统的特点是当所有关键组件正常运行时整体系统方可正常运行，每个关键组件的可靠性的乘积即为整体关键组件的可靠性。令各关键组件的可靠性为 $R_i(t)$，$i = 1, 2, \cdots, n$，且 $R_1(t) = R_2(t) = \cdots = R_N(t)$，则地铁信号系统的可靠性可表示为

$$R(t) = \prod_{i=1}^{N} R_i(t) = R_i(t)^N \tag{5-47}$$

单个关键组件的可靠性为

$$R_i(t) = \sqrt[N]{R(t)} \tag{5-48}$$

2. 地铁信号系统可靠性评估指标的敏感度分析

根据 5.3.1 节的介绍，地铁信号系统分为六大子系统，每个子系统都具有独立的功能，但又相互联系、相互影响，某个子系统的组件故障或功能失效都会给整个系统带来安全风险隐患，依据子系统故障后对行车安全风险影响程度分析，联锁子系统为地铁信号系统最关键的子系统。为评价信号系统与子系统的结构设计合理性，评价信号组件的故障维护参数对（子）系统可靠性评估指标的影响程度，提出了运用数据状态矢量模型与概率相结合的方法定义信号联锁子系统组件故障维护参数（$K_1 \sim K_6$）信号（子）系统结构参数与可靠性评估指标（L_{LWP}、L_{LWF}、L_{TFUR}，L_{CFP}、L_{LCCF}、L_{EMSI}）。其中，可靠性评估指标中前三个指标为信号子系统级的可靠性评估指标，后三个指标为信号系统级的可靠性评估指标，推导了信号（子）系统的可靠性指标对信号组件的故障率、修复率及修复时间的敏感度。上述定义的参数与参数间的运算法则构建成为地铁信号（子）系统的可靠性评估体系模型。

（1）信号联锁子系统组件故障维护参数的定义 设信号联锁子系统组件 K 每年的故障率为 λ_k（次/年），组件 K 每年故障的修复率为 μ_k（次/年），定义组件 K 的无效度 $u_k = P(S_k = 0)$ 和有效度 $a_k = P(S_k = 1)$ 分别为

$$a_k = \frac{\mu_k}{\lambda_k + \mu_k} \tag{5-49}$$

$$u_k = \frac{\lambda_k}{\lambda_k + \mu_k} \tag{5-50}$$

信号系统的可靠性评估指标定义为统一的表达式：

$$E(F) = \sum_{x \in X} F(x) P(x) \tag{5-51}$$

式中 x——在某时刻信号系统所有组件的状态矢量，设 S_k 为第 K 个组件的状态，则随机状态矢量 $x = (S_1 \cdots S_k \cdots S_n)$，且假设 S_k 只有正常运行与故障退出两种状态，当组件正常运行时，S_k 取 1 值，否则，取 0 值，x 为状态空间集，描述 x 状态组合的各种可能；

$F(x)$——以状态元素 x 为未知量的可靠性评估指标测试函数；

$P(x)$——概率。

如系统由 n 个组件构成，各组件的状态独立且随机，则

$$P(x) = P(S_1) \cdots P(S_k) \cdots P(S_n) \tag{5-52}$$

（2）信号（子）系统结构参数与可靠性评估指标的定义 联锁故障概率 L_{LWP} 表示由于联锁主机、信号机、转辙机、道岔、计轴、IBP、站台门、接地装置等轨旁组件故障导致某个信号联锁子系统故障的可能性，由式（5-51）可得联锁故障概

率 L_{LWP} 的解析表达式为

$$L_{\text{LWP}} = \frac{\mu_k}{\lambda_k + \mu_k}(K_1 - K_2) + K_2 \qquad (5\text{-}53)$$

其中，系数 K_1 和 K_2 的表达式为

$$K_1 = \sum_{x \in X, S_k = 1} \delta(x) P(S_1) \cdots P(S_{k-1}) P(S_{k+1}) \cdots P(S_m) \qquad (5\text{-}54)$$

$$K_2 = \sum_{x \in X, S_k = 0} \delta(x) P(S_1) \cdots P(S_{k-1}) P(S_{k+1}) \cdots P(S_m) \qquad (5\text{-}55)$$

则 L_{LWP} 对组件 K 的年故障率 λ_k、有效度 a_k 及年修复率 μ_k 的敏感度为

$$\frac{\partial L_{\text{LWP}}}{\partial \lambda_k} = \frac{a_k(K_2 - K_1)}{\lambda_k + \mu_k} \qquad (5\text{-}56)$$

$$\frac{\partial L_{\text{LWP}}}{\partial a_k} = K_1 - K_2 \qquad (5\text{-}57)$$

$$\frac{\partial L_{\text{LWP}}}{\partial \mu_k} = \frac{\mu_k(K_1 - K_2)}{\lambda_k + \mu_k} \qquad (5\text{-}58)$$

联锁失效频率 L_{LWF} 表示因组件故障，联锁子系统平均每年失效的次数，单位是次/年，由式（5-51）可得联锁失效频率 L_{LWF} 的解析表达式为

$$L_{\text{LWF}} = \frac{\lambda_k \mu_k}{\lambda_k + \mu_k}(K_2 - K_1) + \frac{\mu_k}{\lambda_k + \mu_k}(K_3 - K_4) + K_4 \qquad (5\text{-}59)$$

其中，系数 K_3 和 K_4 的表达式为

$$K_3 = \sum_{x \in X, S_k = 1} \delta(x) \Big(\sum_{i=1, i \neq k}^{m} \theta_x^{in}(i) \Big) P(S_1) \cdots P(S_{k-1}) P(S_{k+1}) \cdots P(S_m) \qquad (5\text{-}60)$$

$$K_4 = \sum_{x \in X, S_k = 0} \delta(x) \Big(\sum_{i=1, i \neq k}^{m} \theta_x^{in}(i) \Big) P(S_1) \cdots P(S_{k-1}) P(S_{k+1}) \cdots P(S_m) \qquad (5\text{-}61)$$

则 L_{LWF} 对组件 K 的年故障率 λ_k、年修复率 μ_k 的敏感度为

$$\frac{\partial L_{\text{LWF}}}{\partial \lambda_k} = a_k^2(K_2 - K_1) - \frac{a_k(K_3 - K_4)}{\lambda_k + \mu_k} \qquad (5\text{-}62)$$

$$\frac{\partial L_{\text{LWF}}}{\partial \mu_k} = \mu_k^2(K_2 - K_1) - \frac{\mu_k(K_3 - K_4)}{\lambda_k + \mu_k} \qquad (5\text{-}63)$$

联锁组件故障修复时间 L_{TFUR} 表示平均每年联锁子系统功能修复关联设备的维护时间，单位是 min，由式（5-52）可得联锁组件故障修复时间 L_{TFUR} 的解析表达式为

$$L_{\text{TFUR}} = \frac{\mu_k}{\lambda_k + \mu_k}(K_5 - K_6) + K_6 \qquad (5\text{-}64)$$

其中，系数 K_5 和 K_6 的表达式为

$$K_5 = \sum_{x \in X, S_k = 1} \delta(x) T_c(x) P(S_1) \cdots P(S_{k-1}) P(S_{k+1}) \cdots P(S_m) \qquad (5\text{-}65)$$

$$K_6 = \sum_{x \in X, S_k = 0} \delta(x) T_c(x) P(S_1) \cdots P(S_{k-1}) P(S_{k+1}) \cdots P(S_m) \tag{5-66}$$

则 L_{TFUR} 对组件 K 的年故障率 λ_k、年有效度 a_k 及年修复率 μ_k 的敏感度为

$$\frac{\partial L_{TFUR}}{\partial \lambda_k} = \frac{a_k(K_6 - K_5)}{\lambda_k + \mu_k} \tag{5-67}$$

$$\frac{\partial L_{TFUR}}{\partial a_k} = K_5 - K_6 \tag{5-68}$$

$$\frac{\partial L_{TFUR}}{\partial \mu_k} = \frac{\mu_k(K_5 - K_6)}{\lambda_k + \mu_k} \tag{5-69}$$

CBTC 故障概率 L_{CFP} 表示在不考虑外部因素影响、其他子系统的可靠性和行车越站行驶的特殊情况下，因为线路上某相邻的两个及以上的联锁子系统同时失效导致信号系统丧失 CBTC 功能的可能性的大小。设 $S_i = 1$ 表示第 i 个联锁设备正常运行，$S_i = 0$ 表示第 i 个联锁设备失效，由式（5-52）可得 CBTC 故障概率 L_{CFP} 的解析表达式为

$$L_{CFP} \cong L_{LWP}^1 L_{LWP}^2 + 2\sum_{i=2}^{n-1} L_{LWP}^i L_{LWP}^{i+1} + L_{LWP}^{n-1} L_{LWP}^n \tag{5-70}$$

L_{CFP} 对组件年故障率 λ_k 的敏感度为

$$\frac{\partial L_{CFP}}{\partial \lambda_k} = \frac{\partial L_{LWP}^1}{\partial \lambda_k} L_{LWP}^2 + \frac{\partial L_{LWP}^2}{\partial \lambda_k} L_{LWP}^1 + 2\sum_{i=2}^{n-1} \left(\frac{\partial L_{LWP}^i}{\partial \lambda_k} L_{LWP}^{i+1} + \frac{\partial L_{LWP}^{i+1}}{\partial \lambda_k} L_{LWP}^i \right) +$$
$$\frac{\partial L_{LWP}^{N-1}}{\partial \lambda_k} L_{LWP}^N + \frac{\partial L_{LWP}^N}{\partial \lambda_k} L_{LWP}^{N-1} \tag{5-71}$$

式中　N——单线地铁联锁的个数；

L_{LWP}^i——第 i 个联锁设备失效的概率。

CBTC 失效频率 L_{LCCF} 表示地铁列车每年 CBTC 功能失效的平均次数，由式（5-51）定义可得 CBTC 失效频率 L_{LCCF} 的解析表达式为

$$L_{LCCF} \cong L_{LWF}^1 L_{LWF}^2 + 2\sum_{i=2}^{n-1} L_{LWF}^i L_{LWF}^{i+1} + L_{LWF}^{n-1} L_{LWF}^n \tag{5-72}$$

L_{LCCF} 对组件年故障率 λ_k 的敏感度为

$$\frac{\partial L_{LCCF}}{\partial \lambda_k} = \frac{\partial L_{LWF}^1}{\partial \lambda_k} L_{LWF}^2 + \frac{\partial L_{LWF}^2}{\partial \lambda_k} L_{LWF}^1 + 2\sum_{i=2}^{n-1} \left(\frac{\partial L_{LWF}^i}{\partial \lambda_k} L_{LWF}^{i+1} + \frac{\partial L_{LWF}^{i+1}}{\partial \lambda_k} L_{LWF}^i \right) +$$
$$\frac{\partial L_{LWF}^{N-1}}{\partial \lambda_k} L_{LWF}^N + \frac{\partial L_{LWF}^N}{\partial \lambda_k} L_{LWF}^{N-1} \tag{5-73}$$

地铁运营延误期望 L_{EMSI} 表示平均每年由于 CBTC 失效导致整条线路延误的累积时间，单位为 min，其表达式为

$$L_{EMSI} = L_{LMF} \times L_{TFUR} \times 8760 \times 60 \tag{5-74}$$

L_{LWP}、L_{LWF}、L_{TFUR} 是某个信号联锁子系统的可靠性评估指标，当信号系统的结构和可靠性评估的深度与广度（如转辙机故障阶数、信息传输组合故障阶数）确定之后，结构参数 $K_1 \sim K_6$ 是常数。解出这些参数后，当系统结构不发生变化，仅系统组件的可靠性参数发生变化时，就可以利用上述解析表达式直接计算出组件变化后联锁子系统、CBTC 系统的可靠性评估指标。L_{LWP}、L_{LWF}、L_{TFUR} 是子系统级的可靠性评估指标，L_{CFP}、L_{LCCF}、L_{EMSI} 为系统级可靠性评估指标，基于子系统级可靠性评估指标推导得出。利用式（5-56）~式（5-58）、式（5-62）、式（5-63）、式（5-67）~式（5-69）、式（5-71）、式（5-73）可以算出与某个节点相接的设备可靠性评估指标对故障率、有效度及维护次数的敏感度。依据信号系统可靠性评估解析理论，实现信号系统可靠性评估与可靠性评估指标对相关参数敏感度的计算，其可靠性评估结果与敏感度计算结果为信号系统的维护策略提供了理论依据。

5.3.3　地铁信号系统的动态安全风险评估

从地铁信号系统的安全性（S）角度出发，根据风险程度的定义，运用故障树分析法对信号系统的运行现状进行了连续动态的安全风险评估，并结合安全风险矩阵与可接受准则提出安全性约束，为信号系统的维护策略提供理论依据。

1. 风险程度的定义

风险程度表示系统某一个危险状态发生的概率和该危险状态下造成后果严重度的组合。目前，大部分系统及设备风险评估以静态风险模型为基础，即认为整个系统总的风险、各组件失效概率，以及组件失效导致的风险的概率是固定不变的。静态风险的表达式为

$$R_{risk} = P_Y \times S(Y) \tag{5-75}$$

式中　R_{risk}——风险程度的大小；

Y——系统的危险状态；

P——危险状态 Y 发生的概率；

$S(Y)$——危险状态 Y 导致事故的严重度。

在静态风险模型中，未考虑到组件在系统全寿命周期内失效风险的动态属性。由电子、机械组件组成的系统在不间断地运行，系统的外部条件、运行参数、工作环境、组件的可靠性等都在不断地发生变化，组件失效的概率具有动态特性，其导致的风险也具有动态属性。则式（5-75）可表示为

$$R_{risk}(t) = P_Y(t) \times S(Y) \tag{5-76}$$

式中　Y——联锁子系统运行在 t 时刻的某一个危险状态；

$P_Y(t)$——t 时刻发生 Y 危险状态的概率。

2. 风险源识别与分析

地铁信号系统风险源的识别与分析方法包括初步危害分析、系统危害分析、接口危害分析、操作和支持危害分析及共因失效分析。

1）初步危害分析（Preliminary Hazard Analysis，PHA）的目的是在系统定义阶段识别因信号系统失效而可能产生危险条件的危险源。PHA 是一个识别危险源、危险源原因、后果、风险水平和减轻措施的安全分析工具，系统设计后续的危险源和风险分析将为初步危险源分析提供支持。PHA 的执行经验来自于已开通运营的信号系统。PHA 用于识别信号系统必须控制的初始危险源，并将该初始危险源作为最顶层事件，组织进行故障树的定性分析，分析潜在的危险源，并对其进行风险分析。

2）系统危害分析（System Hazard Analysis，SHA）分别从系统功能的角度和数据准备的角度展开危险源的识别。SHA 会根据初步危险源的识别结果，使用故障树向下分解出各子系统的潜在原因，针对信号系统的功能，组织进行功能失效的危险源分析，同时实现故障树分析和功能故障模式分析相结合，从而识别系统级所有可预见的危险源，找出其潜在的原因、后果，并对其进行风险分析，然后确定适当的措施，并根据这些措施建立初始的系统级安全需求，以将每个危险源的风险降至可接受的程度。

3）接口危害分析（Interface Hazard Analysis，IHA）用于识别及评估信号系统内外部接口间的危险源，以及其对信号系统整体系统安全运营可用性的潜在影响。IHA 识别可能出现危险条件的原因及影响，这些危险条件可能是由于独立的、依赖性的和同时发生的失效导致的。分析将考虑系统的内外部接口。

4）操作和支持危害分析（Operating and Support Hazard Analysis，OSHA）用于识别和评估由制造、运输、存储、安装、测试和试运行、运营以及维护导致的危险源。它会对系统整体安全和信号系统运营可用性产生潜在的影响，识别可能会导致危险条件发生的原因及影响。OSHA 同样受控于设计安全回顾已验证设计变更不会引入新的危险源或是现有危险源的风险升级。识别危险源及其减轻措施，并对减轻措施前后的危险源进行风险评估，以确保减轻措施的风险水平符合安全准则。

5）共因失效分析（Common Cause Failure Analysis，CCFA）在工业系统工程设计中，一般通过冗余架构来提高系统的安全性与可靠性。CCFA 常用于分析由于某种原因引起的冗余系统同时失效的概率与风险。

3. 故障树分析

故障树分析（FTA）是一个由上到下的分析评估过程，如图 5-11 所示。评估由多项故障或由多种原因相互影响或具有冗余设计的系统，以及会引起安全风险（如列车晚点、冲标、撞车、掉道、人员死亡等）的组合事件发生频率。软件、人为操作及环境因素等影响也可以利用在故障树进行分析。

最顶层事件发生的直接原因是根据危害分析的结果推断出来的。以这个导致最顶层事件发生的原因作为中间事件，不断地重复这个原因-结果分析，最终得到故障树的基本事件，基本事件一般是人的错误或者组件的故障。

利用最小割集和事件的发生概率，结合故障树的最顶层事件、中间事件、基本事件的逻辑关系，从上往下逐级建模分析，查找导致最顶层事件发生的最终原因。

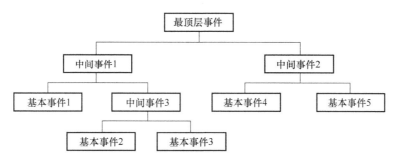

图 5-11 故障树分析评估过程

根据最小割集原理，将最顶层事件逐级向下分解成基本事件，该基本事件或其组合即是导致最顶层事件产生的根本原因。故障树的函数用最小割集表达为

$$\Phi(E_1, E_2, \cdots, E_n) = \sum_{j=1}^{N} K_j \qquad (5\text{-}77)$$

式中　E_i——基本事件；

　　　n——基本事件的总数；

　　　K_j——最小割集；

　　　N——最小割集的总数。

最顶层事件发生概率由最小割集发生概率的和表示，公式为

$$P_T(t) = P_{K_1}(t) + P_{K_2}(t) + \cdots + P_{K_m}(t) \qquad (5\text{-}78)$$

式中　$P_T(t)$——最顶层事件发生的概率；

　　　$P_K(t)$——最小割集发生的概率。

4. 信号系统风险接受准则

最低合理可行原则（As Low As Reasonably Practicable，ALARP）是在地铁领域风险分析方面最具代表性的风险接受准则。在 ALARP 中，风险被分为以下三大类：大到不可接受的风险、小到可以忽略的风险、介于两者之间的风险。对于第三种风险，必须采取合理可行的方法，使风险降低到最低可接受程度。

ALARP 一般与风险矩阵结合用于风险的定性分析。风险矩阵是用于确定系统的安全完整性等级（Safety Integrity Level，SIL）的风险分析方法。SIL 的划分标准见表 5-9。

表 5-9　SIL 划分标准

安全完整性等级（SIL）	每小时每个功能可容忍危害率（THR）
4	$10^{-9} \leqslant THR < 10^{-8}$
3	$10^{-8} \leqslant THR < 10^{-7}$
2	$10^{-7} \leqslant THR < 10^{-6}$
1	$10^{-6} \leqslant THR < 10^{-5}$

风险矩阵的横轴为事件后果的严重程度，纵轴为事件发生的概率，该概率为系统完全没有采取任何风险降低措施情况下的概率，矩阵中间的空格为事件的 SIL 值，每一危险源的风险取决于其发生频率及严重程度，如图 5-12 所示。

				后果				
				5	4	3	2	1
				轻微事故	严重事故	危急事故	重大事故	特别重大事故
安全		死亡数目				<3人	3~49人	50人以上
		重伤数目			<3人	3~49人	50人以上	
		轻伤数目		<3人	3~49人	50人以上		
概率	A	每周发生次数	≥100	R1	R1	R1	R1	R1
	B	每月发生次数	$10 \leq x < 100$	R1	R1	R1	R1	R1
	C	每年发生次数	$1 \leq x < 10$	R2	R1	R1	R1	R1
	D	十年内发生次数	$10^{-1} \leq x < 1$	R2	R1	R1	R1	R1
	E	百年内发生次数	$10^{-2} \leq x < 10^{-1}$	R3	R2	R1	R1	R1
	F	不大可能出现	$10^{-3} \leq x < 10^{-2}$	R3	R3	R2	R1	R1
	G	非常不可能出现	$10^{-4} \leq x < 10^{-3}$	R4	R3	R3	R2	R1
	H	发生可能性极少	$10^{-5} \leq x < 10^{-4}$	R4	R4	R3	R3	R2
	I	不可能发生	$10^{-6} \leq x < 10^{-5}$	R4	R4	R4	R3	R3
	J	难以置信的	$x < 10^{-6}$	R4	R4	R4	R4	R3

图 5-12　风险矩阵

基于 ALARP 原理结合风险矩阵方法，可将 ALARP 进行划分，如图 5-13 所示。

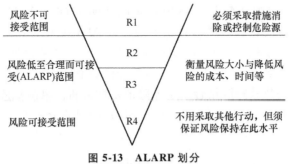

图 5-13　ALARP 划分

图 5-13 中，R1 表示风险不可接受，须采取措施消除或控制危险源；R2 表示在合理可行的情况下，将进一步采取措施将风险降低至可接受范围；R3 表示风险可以接受，但若有合理可行的措施，则进一步采取措施降低风险；R4 表示风险可接受，不需要采取其他措施。

对于风险等级为 R1 的危险源，不予以接受，须从设计阶段着手，将危险源消除或降至 R4 等级；对于 R4 风险等级的危险源，则不用采取额外的风险降低或控制措施，该等级的风险均为可接受级别；对于风险等级为 R2 和 R3 的危险源，需根据降低风险的成本、时间等资源结合风险的大小将风险控制在合理而可接受的范围，其中对于风险等级为 R2 的危险源宜在设计阶段着手处理，将危险源消除或降至 R4 等级。在没有可行的设计方法的情况下，或降低风险的设计成本无法接受，需召开专家评审会议，专家组通过对风险的后果以及降低风险的成本进行综合讨论，并考虑采用运营、维护程序或为运营及维护员工提供训练等方法来使风险降至 R3 等级。R3 等级的危险源一般可以接受，若有可行的措施，则仍会寻求机会将该类危险源降至 R4 等级。项目可以通过召开专家组评审会议的方式来选择接受风险等级为 R3 的危险源事项，保证此危险源的风险接受结果符合 ALARP 原则。

5.3.4　基于 RAMS 的地铁信号系统运营维护管理策略

根据设备故障后对信号系统的安全性、可用性、可维护与经济性的影响程度定义设备综合关键度，提出基于设备综合关键度的设备维护分类方法，以信号系统的动态安全风险评估的阈值与设定的系统可用度为约束条件，建立系统的平均可靠性与维护费用的多目标函数，采用多目标优化算法获取 Pareto 解集。基于以上的分析与研究，提出基于设备综合关键度与多目标优化算法解集相结合的信号系统维护策略。

1. 基于设备综合关键度的设备维护模式分类研究

地铁信号系统的维护模式分为计划修、状态修、事后修，前两种模式属于预防性维护，如图 5-14 所示。

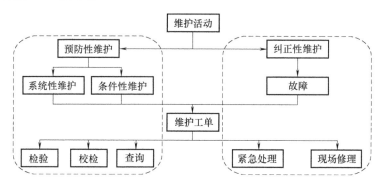

图 5-14　地铁信号系统维护作业图

根据设备的重要性与故障率，计划修又分日巡视、日检、双周检、月检等不同的等级，地铁信号设备维护模式主要包含维护方法、维护频次等，为保障地铁行车安全、降低设备维护成本，优化组合设备全寿命周期对维护模式势在必行。国内外的地铁信号设备维护管理都经历过基于时间的预防性维护管理模式，这种模式基本不考虑设备的健康状态，往往会造成过度维护，不必要的维护往往会缩短设备的使用寿命，造成维护资源的大量浪费。随着计算机技术、控制技术及设备故障诊断技术的快速发展，使得设备维护可预知，这种预知维护模式极大地避免了过度维护与维护不足。以往的地铁信号设备维护模式往往过于片面，对设备维护的频次只做加法，不做减法，对设备是做预防性维修还是故障后维修以及更新时机等问题存在把握不准确的现象，缺乏信号设备故障后对安全、可用性、维护价值与维护成本的综合研究。为了有效地选择信号设备维护模式，提出了信号设备的综合关键度与维护方法相匹配的思路。

结合地铁系统可靠性评估指标对节点设备维护参数的敏感度分析，评价地铁信号系统设备的综合关键度主要从三个维度出发：一是设备故障后影响行车安全风险的关键度；二是设备故障后影响行车服务可靠性的关键度，三是设备故障对信号系统维护费用影响的关键度。信号 CBTC 系统的 DCS 子系统、ATS 子系统的设备故障后仅仅存在影响行车服务可靠性、维护费用的风险，CBI 子系统的设备故障后可能同时影响行车安全、服务可靠性与维护费用的风险。通过分析信号 CBI 子系统设备对行车的安全风险影响度及列车服务可靠性、故障率、故障检测难度、故障定位难度、故障维护难度、维护恢复时间、维护价值八个方面三个维度及设备本身可维护性的影响，综合评估设备的关键度。

设备故障信息采集来源复杂，利用传统层次分析法（Analytic Hierarchy Process，AHP）计算设备的关键度。随着中间层次的增加与底层元素的增多，检验难度也随之增大，受测评专家意见的主观性影响，判断矩阵的一致性计算变得非常复杂。一旦判断矩阵通不过一致性检测，就需要对故障数据重新调研、收集及分析，导致多次重复构造判断矩阵。判断矩阵一致性检测可以检查专家对同一元素前后判断的一致性，但无法确保专家打分与实际情况相同。为便于不同类型与量纲数据之间的比较，对评估指标进行归一化、规范化处理，先根据信号系统构架建评估对象的指标体系，对指标数据预处理，模糊化后的判断矩阵更容易通过一致性检测，专家的判断更科学合理。因此，为了计算设备的关键度，提出了基于模糊层次分析法的关键组件评估模型，如图 5-15 所示。

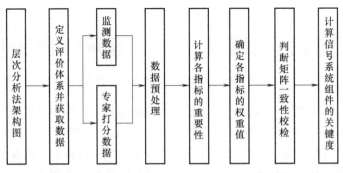

图 5-15　基于模糊层次分析法的关键组件评估模型

2. 地铁信号设备多目标维护策略的实现

依据国家与行业相关的标准与规范，地铁交通的可用性及安全性都需要维持在一个较高水平，维护策略应综合考虑它们与可靠性和维护费用的相互关系。

（1）目标优化及参数定义 由于整个系统的可靠性并不是固定不变的，因此应考虑周期 $t \in [t_e, t_s]$ 的平均可靠性。

优化目标一：系统的平均可靠性。

$$R_{avg}(t) = \frac{\int_{t_s}^{t_e} R_0(t) \prod_{i=0}^{M} \{1 - \sigma_i [1 - R_i(t)]\} \, dt}{t_e - t_s} \tag{5-79}$$

优化目标二：系统的维护费用。

$$C_{sys} = \sum_{i=1}^{M} \left\{ \left[\int_{t_s}^{t_e} \left(-\frac{R_i'(t)}{R_i(t)} \right) dt \right] (T_{i,FM} c_w + C_{i,FM}) + \sum_{j=0}^{N} \left[\mu_{ij} \cdot (T_{i,AM,\mu} c_w + C_{i,AM,\mu}) \right] \right\} \tag{5-80}$$

约束条件一：系统的技术可用度。

$$A_t = 1 - \frac{\sum_{i=1}^{M} \left\{ \left[\int_{t_s}^{t_e} \left(-\frac{R_i'(t)}{R_i(t)} \right) dt \right] T_{i,FM} + n_1 T_{i,AM,1} + n_2 T_{i,AM,2} + n_3 T_{i,AM,3} \right\}}{t_e - t_s} \tag{5-81}$$

约束条件二：系统的安全性。

$$\frac{R_i(t)}{f_i(t)} n_{i,r} > T_{i,NM} \tag{5-82}$$

式中 α, β ——系统中关键部件的 Weibull 分布模型的形状参数和尺度参数，可以因此而得到关键部件的动态可靠性函数 $R_i(t)$；

$C_{i,AM,\mu}$ ——部件 i 采用定期事前维护类型 μ 时，工作人员对设备修理直至其能重新投入运营环境所花费的费用（均值），$C_{i,AMM,\mu} = T_{i,AM,\mu} c_w + C_{i,AM,\mu}$，$T_{i,AM,\mu}$ 为系统部件 i 采用事前维护类型 μ 时所需要花费的平均时间；

σ_i ——该设备无法正常运行后，信号系统因此整体失效的概率。

（2）优化问题的多目标函数算法理论研究 基于 RAMS 的地铁信号系统运营维护目标及约束表达式如下：

$$\begin{cases} \min(1 - R_{avg}) \\ \min C_{sys} \\ s.t. \, A_a > 0 \\ \frac{R_i(t)}{f_i(t)} \cdot n_{i,r} - T_{i,CZ} > 0 \end{cases} \tag{5-83}$$

通常，求解时并不是得出一个单独的理想数值，往往是大量数值的组合，而这样一大堆的数值集合实际上并不能得出一个可以直接应用的结果，需要寻求一个满足要求的最终解。目前，较为流行的算法有多目标进化算法、多目标模拟退火算法、多目标蚁群优化算法、多目标粒子群优化算法等。与其他全局优化算法类似，多目标粒子群优化算法也面临着过早收敛的难题，尤其是在复杂的多值搜索问题中。为了解决这个困扰研究人员很久的问题，提出过各种类型的改进算法，其中比较直观的办法是扩大规模法：将初始值集合中的粒子数量扩大，可以对整个求解过程的优化起到一定的作用，但是并不能完全解决收敛过早的问题，对寻找全局最优解造成一定的困难，会在一定程度上增加运算量。为了解决这个问题，下面从初始种群的生成、关键控制参数的选定、适应度的选择、种群个体多样性以及约束处理五个方面进行改进。

1) 初始种群的生成。传统进化算法采用随机函数生成初始集合，使得初始种群的分布范围带有强烈的未知性。一旦初始集合中并未展现出最优解的相关信息，或者迭代次数到达预设数值时，求解最值的操作便不能最终扩展至整个全局空间，且容易导致过早的收敛行为。在具体工程实践中，想要提前准确地估计最值所在范围，大多数情况是无法实现的，只能通过理性、逻辑性强的办法生成初始集合才可以实现使算法以较快速度获取最优解。

2) 关键控制参数的选定。传统的多目标粒子群优化算法并不采用交叉、变异等操作，尽管算法结构相对简单，计算量小，但也会导致出现局部最优而放弃全局最优搜索的尴尬局面。可以考虑引入杂交运算和变异运算，最大限度地调整、优化群体，获取更接近真实前端的最优解集。杂交概率并不是一个很容易确定的参数，它必须要充分考虑求解问题的特点。适当增大数值，可以优化迭代过程中个体交叉的完整性，但如果考虑不当，盲目增大数值，又容易扩大搜索的随机性，使得优秀个体在迭代中丢失；而交叉概率过小又会减慢进化的速度，导致搜索优秀个体的停滞。同理，变异概率这个参数的大小也要结合求解问题认真研究确定。适当增大数值，可以在迭代过程中增加形成个体的数量，丰富整个群体的多样性，但无限增大该参数，会使得在迭代时筛选掉大量优秀个体，变成了纯粹无目的、无意义的随意搜寻。当参数等级设置过低时，会造成大量没有成熟的收敛。因此，必须由两种概率相互结合，共同完成对空间的搜索。

3) 适应度的选择。在求解计算的过程中，以下目标需要尽可能地达成：得到理想的优秀个体集合；不会产生过早的退出迭代；集合中的个体不能集中在某一个区域，应该较为均匀、广泛地出现在整个空间中。因此，在种群迭代时，可以对其适应度大小进行设定。该类个体的顺序赋值是1，所有数值为1的个体就被归类为第一级非支配个体集，并往下计算其余等级。该方式可以弥补适应度加权组合方法的缺点。另外，为了避免最优个体被遗弃，很多算法加入了保留策略：一种方案是将父种群与子种群的混合杂交，获取新一代的群体；另一种方案是采用外部集理念，保留当前群体中的最优个体。应避免在求解时出现不必要的性能倒退局面。

4）种群个体多样性。在问题求解计算的过程中，如果整体多样性下降速度过快，则很容易在收敛时出现大量非劣解的遗失。增加群体规模能够在一定程度上解决这个问题，但是又蕴含了其他不良风险：其一是导致运算量大幅度上涨；其二是规模增加会导致某些高适应度的个体大量繁衍，对种群的多样性反而构成威胁，这个和自然界的进化过程是极其相似的。为解决这个问题，一些研究人员在种群迭代过程中，对各类种群个体的数量设定密度参数，该参数值越大，说明该类个体的数量越多，在迭代时的重要性将会下降，在生成新一代群体时，被复制的概率就越低。

5）约束处理。处理多目标优化问题的约束条件通常有三种方式：其一是各个目标在求解中的重要度；其二是让搜索空间中的各最值拥有更优秀的适应度；其三是以关联的子群替代原整体，依据子群设定不同的约束条件，分别求解计算子群中的最优解集合后再整合。

（3）基于粒子群优化算法的目标优化计算　基于粒子群优化算法的二维多目标优化求解，整个搜索算法大致如下：

初始设定种群内各粒子的空间坐标 X 及带方向的运行速度 V。求解目标共两个，即平均可靠性与维护费用，同时个体需要满足可用性及安全性约束。基于粒子群优化算法的二维多目标优化求解的流程图如图5-16所示。

所有通过粒子群优化算法得到的解，在理论上都可以作为最优维护策略的备选方案，每一种维护策略的备选方案都是信号系统平均可靠性与维护费用的有机统一，不同的方案都会对应不同的可靠性与维护费用。

（4）优化结果和信号设备维护策略的制定　设备综合关键度的评估结果可以为地铁信号设备维护策略提供一种思路：对处于设备综合关键度最高区域或最低区域的信号设备可委托外单位进行维护，设备处于综合关键度最低区域对应的委外方案可减少信号设备维护成本，设备处于综合关键度最高区域对应的委外方案可保障信号设备维护的可靠性与有效性，处于综合关键度中间区域的信号设备由地铁公司员工进行维护，随着技术的进步与员工水平的提高，可以适当调整信号设备维护策略。运用综合关键度对信号设备进行定性分类维护，能使地铁运营维护人员抓住信号设备维护工作中的主要矛盾，有效减少设备维护的工作量，提高设备维护的工作效率与信号系统的可用性。

1）对于信号设备维护人员的组织与管理。在地铁信号设备的维护策略中，决策人员应关注维护人员的组成与安排。地铁行业迅速发展的同时，带来人才紧缺、员工技术水平偏低等问题。要求每个员工掌握整个系统不现实，但要求员工集中精力掌握其岗位要求的最关键的能力则可起到事半功倍的作用。从技能等级来看，维

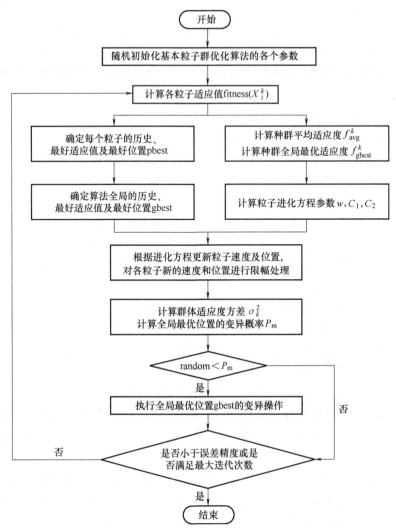

图 5-16 基于粒子群优化算法的二维多目标优化求解流程图

护人员可划分为基层、中级、高级。基层人员应掌握信号系统设备的基础检修技能，重点掌握各类单点关键设备（如转辙机、紧急停车按钮等）的日常故障处理技能，掌握各类非关键设备的更换技能；中级人员应掌握所有信号系统设备的检修技能，全面掌握信号系统原理，重点掌握冗余关键设备、单点设备故障处理技能，或是在定期事前维护中对设备的状态做出正确判断；高级人员则应具备对整个信号系统的宏观了解，掌握信号系统的原理、接口、供电等知识，并可熟练运用某个设备或系统，具有较强的人员管理能力。三种人员的比例应该呈现金字塔形状，既能保证设备维护工作的有序进行，又能降低人员成本，如图 5-17 所示。

　　2）对于信号设备的分类管理方法分析。一是针对信号系统冗余关键设备，需

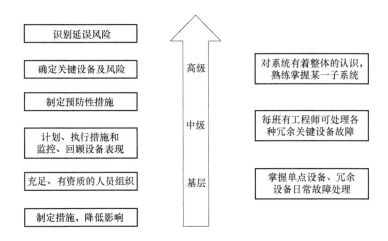

图 5-17　地铁信号设备维护人员管理层级

要判断设备故障后的报警设施是否正常工作。故障分析可以防患于未然，减少信号系统设备故障对运营的影响。制定信号系统设备清单，逐项核对其故障现象及影响，判断是否具有故障报警功能，明确各子系统的维护单元功能是否完善。在日常维护中，加强对其维护管理，及时发现隐患，降低冗余单元同时故障的概率，避免类似故障的发生，提升系统故障检测、识别及定位的能力。但信号系统中某些冗余设备在单系故障的情况下，存在不报警的隐患。二是针对关键单点设备的维护质量，安排高级别人员在一定周期内参与现场关键设备的维护，检查维护质量，并形成检查报告。例如，针对折返道岔转辙机，安排高级维护人员每月现场维护并进行质量检查。要求员工每两小时对关键异常报警进行检查，并将结果汇报给管理人员，达到实时监控的目的。

参 考 文 献

[1]　赵立祥，刘婷婷. 海因里希事故因果连锁理论模型及其应用 [J]. 经济论坛，2009
　　（9）：94-95.

[2]　欧阳帆. 基于博德事故因果连锁理论的内河水上交通事故成因分析 [J]. 水运管理，
　　2007，29（12）：31-33.

[3]　于建星. 现代性视域中的工程风险及其规避研究 [M]. 南京：东南大学出版社，2017.

[4]　况星尧. 应用事故轨迹交叉理论积极预防建筑生产安全事故 [J]. 重庆科技学院学报：社
　　会科学版，2011（10）：60-62.

[5]　刘永胜. 基于故障树分析法的建筑施工安全管理探析 [J]. 价值工程，2021，40
　　（9）：51-52.

[6]　李霞. COPULA 方法及其应用 [M]. 北京：经济管理出版社，2014.

[7]　赵依潇，张安琪，张香成. 基于安全检查表的基坑工程施工安全现状调查 [J]. 科技展

望，2017（17）：43.

[8] 张叶，何嘉鹏，阎丽萍. 基于专家调查法的高层民用建筑火灾疏散改进灰关联安全评价模型 [J]. 南京工业大学学报：自然科学版，2008，30（5）：48-53.

[9] 张志慧. 基于 BIM 的深基坑施工安全风险智能识别研究 [D]. 北京：中国矿业大学，2020.

[10] 张萌. 基于深度学习的脚手架高空作业险态智能识别方法研究 [D]. 镇江：江苏大学，2022.

[11] 何川，刘四进，张玉春，等. 水下隧道衬砌结构服役安全及其保障对策思考 [J]. 中国工程科学，2017，19（6）：44-51.

[12] 关宝树. 隧道工程维修管理要点集 [M]. 北京：人民交通出版社，2004.

[13] 王士民，于清洋，彭博，等. 水下盾构隧道管片衬砌结构渐进性破坏机理模型试验研究 [J]. 土木工程学报，2016，49（4）：111-120.

[14] 郭小红. 厦门翔安海底隧道风化槽衬砌结构可靠度分析 [J]. 隧道建设，2011，31（4）：411-415.

[15] 黄慷，杨林德. 崇明越江盾构隧道工程耐久性失效风险研究 [J]. 现代隧道技术，2004，41（2）：8-13.

[16] NIKOLAIDIS E，GHIOCEL D M，SINGHAL S. Engineering design reliability handbook [M]. Boca Raton：CRC Press，2005.

[17] 李岳. 基于多元 Copula 函数的结构体系可靠性分析 [D]. 长沙：湖南大学，2018.

[18] 胥犇，王华牢，夏才初. 盾构隧道结构病害状态综合评价方法研究 [J]. 地下空间与工程学报，2010，6（1）：201-207.

[19] 林春金. 运营隧道衬砌渗漏水机理及注浆治理研究 [D]. 济南：山东大学，2017.

[20] 林楠，李攀，谢雄耀. 盾构隧道结构病害及其机理研究 [J]. 地下空间与工程学报，2015（S2）：802-809.

[21] 杨茜. 盾构隧道纵向长期不均匀沉降及实时监测方法研究 [D]. 北京：北京交通大学，2013.

[22] 朱鑫. 隧道结构表面病害特征快速检测研究 [D]. 成都：西南交通大学，2014.

[23] 孙富学. 海底隧道衬砌结构寿命预测理论与试验研究 [D]. 上海：同济大学，2006.

[24] 高永，孙俊. 南京地铁盾构隧道纵横断面结构安全评估研究 [J]. 都市快轨交通，2015（6）：60-64.

[25] 黄栩，黄宏伟. 软土基坑工程开挖对下卧已建盾构隧道的影响研究 [M]. 上海：同济大学出版社，2018.

[26] 林盼达，张冬梅，闫静雅. 运营盾构隧道结构安全评估方法研究 [J]. 隧道建设，2015，35（S2）：43-49.

[27] 郑永来，韩文星，童琪华，等. 软土地铁隧道纵向不均匀沉降导致的管片接头环缝开裂研究 [J]. 岩石力学与工程学报，2005，24（24）：4552-4558.

[28] 张勇. 城市轨道交通车辆 RAMS 控制体系研究 [D]. 南京：东南大学，2010.

[29] 李晓明，景建国，陈世均. 以可靠性为中心的维修在大亚湾核电站的应用及其推广 [J]. 核科学与工程，2001（S1）：19-24.

［30］ 孙帮成. 轨道交通 RAMS 工程基础 ［M］. 北京：机械工业出版社，2014.

［31］ 朱国巍，王文宁，王康. 徐州地铁一号线 CBTC 信号系统设计 ［J］. 科技风，2019（19）：86；96.

［32］ PATEL J K，READ C B. Handbook of the Normal Distribution ［M］. New York：Marcel Dekker，1996.

［33］ RINNE H. The Weibull distribution ［M］. Boca Raton：Chapman & Hall，2009.

第6章 地铁工程全寿命周期
安全风险分析诊断实践

6.1 用于设计阶段/施工前期风险源识别

安全风险自动识别系统已成功应用在沈阳地铁、武汉地铁、郑州地铁工程风险智能分析项目中。下面以武汉地铁二号线螃蟹岬站工程为例介绍施工安全风险自动识别全过程。

6.1.1 工程背景

螃蟹岬站为地下双层车站，车站外包长度为 189.9m，标准段外包宽度为 18.7m。车站总建筑面积为 11561.2m^2，坑深度达 17m，周边地下管线复杂，采用明挖法施工。围护结构采用钻孔灌注桩加旋喷桩止水帷幕，布设钢支撑及混凝土支撑。

6.1.2 案例分析

1. 工程图样自动识别

通过系统操作引导界面读入 DXF 格式的工程图样（一般包括车站总平面图、围护结构平面布置图、支撑平面布置图、围护结构剖面图、地质纵剖面图、构造详图等），工程图样识别子系统根据内置的图元识别算法，自动识别地铁车站工程图样中的结构构件信息及工程地质水文条件信息等，获得与地铁施工安全风险辨识直接相关的工程技术参数。表 6-1 列出了地铁车站工程图样识别的主要技术参数。

以螃蟹岬站工程基坑围护结构平面布置图（图 6-1）中构件识别为例，利用基于图形模板匹配算法检索空心圆集合，找出与钻孔灌注桩规则相符的图元，其中对标注引线的识别利用了基于语法规则匹配算法，识别标注文字可获得"桩径 = 1000mm""桩心距 = 1300mm"；识别出钻孔灌注桩后，采用基于拓扑结构匹配算法识别与之相切的旋喷桩信息。其他图样中工程参数的识别与之类似。其识别结果显示界面如图 6-2 所示。

表 6-1　图样识别的主要技术参数

序号	图样类别	识别单元/构件	技术参数		识别方法	关联风险
			编码	名称		
1	总平面图	建筑物	FID.200	结构形式	人工交互	C.015
			FID.201	基础形式		
			FID.202	层高		
			FID.203	基础埋深		
			FID.207	距基坑距离		
		地下管线	FID.300	管线类别	人工交互	C.016
			FID.301	管线材质		
			FID.302	距基坑距离		
			FID.303	管线走向		
			FID.304	管线埋深		
			FID.305	管线接头形式		
2	围护结构平面布置图	车站	FID.001	外包长度	图形模板匹配+语法规则匹配	C.001 C.005
			FID.002	标准段宽度		
			FID.004	端头井个数		
			FID.007	围护结构形式		
		钻孔灌注桩	FID.020	桩径	图形模板匹配	C.001 C.005
			FID.021	桩心距		
		旋喷桩	FID.060	桩径	拓扑结构匹配	
			FID.061	桩心距		
3	支撑平面布置图	支撑系统	FID.070	支撑形式	图形模板匹配	C.013
			FID.071	混凝土支撑层数		
			FID.072	钢支撑层数		
			FID.075	钢支撑直径		
			FID.076	钢支撑厚度		
			FID.079	支撑立柱架设		
4	围护结构剖面图	车站	FID.003	标准段深度	语法规则匹配	C.001 C.005
		钻孔灌注桩	FID.022	桩长		
			FID.025	入岩状态		
			FID.026	入土比		
		地层加固	FID.101	加固深度		
5	地质纵剖面图	基坑底地层	FID.100	地层土质	统计方法匹配	C.001 C.005 C.009
			FID.102	土层厚度		

（续）

序号	图样类别	识别单元/构件	技术参数		识别方法	关联风险
			编码	名称		
5	地质纵剖面图	不良地质	FID.105	存在淤泥层	统计方法匹配	C.001 C.005 C.009
			FID.106	存在有害气体		
			FID.107	存在溶洞		
		地下水	FID.103	承压水位距基坑底距离	语法规则匹配	
			FID.104	基坑内外水头差		

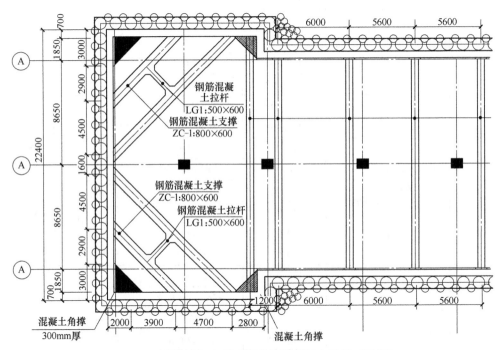

图 6-1　螃蟹岬站工程基坑围护结构平面布置图（局部）

图 6-2　地铁车站平面布置图识别结果显示界面

通过工程图样识别子系统对整套螃蟹岬地铁车站围护结构施工图总体识别结果见表 6-2。

表 6-2　螃蟹岬地铁车站围护结构施工图总体识别结果汇总

图样张数	图元总数	主要构件				处理时间	人工交互	人工读图
		灌注桩	旋喷桩	支撑	地质剖面			
17	14085	385 根	422 根	120 根	6 组	10min	2 次	2d

2. 地铁工程施工风险识别

根据施工图识别获取的工程技术参数，按照上节中描述的推理过程，获得螃蟹岬地铁车站施工安全风险自动识别结果，界面如图 6-3 所示。

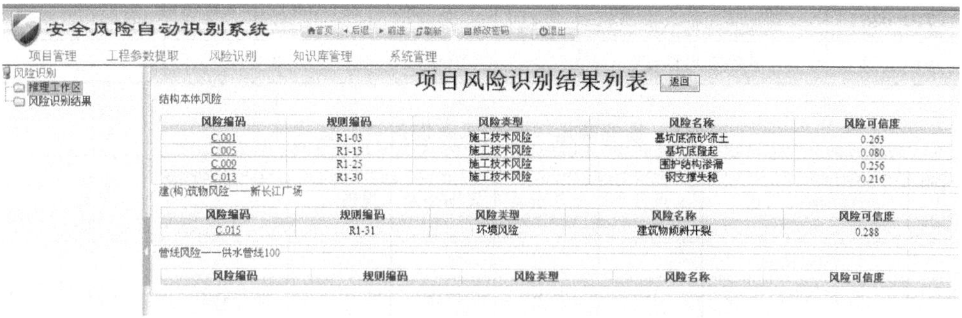

图 6-3　螃蟹岬地铁车站施工安全风险自动识别结果界面

以基坑坑底流土流砂风险为例，其风险识别推理和计算过程如下。

（1）获取图样识别结果并进行推理　工程图样识别子系统可读取风险识别所需的工程技术参数，例如，围护结构形式、围护桩的属性（桩径、埋深）、基坑地质条件（各层土名称、弹性模量 E、内摩擦角 φ 等），工程图样识别的结果以 XML 格式文件存储。XML 格式文件中元素表示为如下形式：<钻孔灌注桩入岩状态>未入岩</钻孔灌注桩入岩状态>，其含义是钻孔灌注桩入岩状态为未入岩。

初始化推理工作区，主要完成两项工作，其中一项工作是将 XML 格式文件中的元素与知识库中规则前提表相匹配，构造适合本工程的规则前提表。例如，检索知识库规则前提表中的记录，找到前提名称 =“钻孔灌注桩入岩状态”and 值 =“未入岩”的记录，将之填充到推理缓冲区中的规则前提表中。表 6-3 所列为部分螃蟹岬地铁车站风险识别规则前提表。

从工程意义上解释，前提编码为致险因素的代号，前提名称表示致险因素的名称，事实可信度表示致险因素不同工程参数取值的可信度。例如，“钻孔灌注桩入岩状态”为“未入岩”，其成为一个致险因素的可信度为 0.7，若“钻孔灌注桩入岩状态”为“入岩”，其成为一个致险因素的可信度为 0，即此项不作为致险因素考虑。

初始化推理工作区的另一项工作是，筛选出适合于本工程的风险识别规则，从获得的技术参数可知，候选的识别规则工点分类＝"车站"，工法分类＝"明挖法"。部分螃蟹岬地铁车站风险识别规则表见表6-4。

表6-3 螃蟹岬地铁车站风险识别规则前提表（部分）

前提编码	前提名称 （事实名称）	符号	值	事实可信度 $CF(e_i)$	备注
FID.100	基坑坑底地层土质	＝	粉质黏土	0.2	土质条件一般
FID.025	钻孔灌注桩入岩状态	＝	入岩	0.0	阻隔地下水渗流
FID.104	基坑内外水头差	＜	4m	0.2	水头压力较小
FID.101	基坑坑底软弱地层加固	＝	未加固	0.8	浮重度小
FID.026	钻孔灌注桩入土比	＜	0.7	0.56	影响渗流路径
FID.102	基底土层厚度	＞	200mm	0.2	

表6-4 螃蟹岬地铁车站风险识别规则表（部分）

规则编码	规则前提描述	工点分类	工法分类	规则类型	规则组号	规则可信度 $CF(h,e)$	阈值 λ	结论编码
R1-1	﹁ FID.100 ∨ ﹁ FID.025 ∨ ﹁ FID.101	10	1110	排他	01	0.1	0.9	C.001
R1-2	FID.100 ∧ FID.025 ∧ FID.104 ∧ FID.101 ∧ FID.026 ∧ FID.102	10	1110	组合	01	1.0	0.8	C.001
R1-3	FID.100(0.3) ∧ FID.025(0.075) ∧ FID.104(0.25) ∧ FID.101(0.15) ∧ FID.026(0.15) ∧ FID.102(0.075)	10	1110	组合	01	0.8	0.2	C.001

注："规则前提描述"一列括号内的数字为致险因素在规则中的权重值ω_i。

从工程意义上解释，"规则前提描述"是指各致险因素的组合情况。例如，FID.100（0.3）是指代码FID.100的致险因素，其权重值ω_i为0.3，工点分类10指车站类，工法分类1110是指该规则适合明挖、暗挖、盖挖三种工法。

取表6-4中规则R1-1、R1-2计算规则前提组合可信度，均不满足大于规则阈值的要求，取规则R1-3，按公式$CF(e) = \sum_{i=1}^{n} \omega_i \times CF(e_i)$，自表6-3，表6-4获取

$CF(e_i)$ 和 ω_i 值，计算规则前提组合可信度 $CF(e) = 0.0 \times 0.075 + 0.56 \times 0.15 + 0.2 \times 0.3 + 0.8 \times 0.15 + 0.2 \times 0.075 + 0.2 \times 0.25 = 0.329$，$CF(e)$ 大于规则阈值（$\lambda = 0.2$），因此 R1-3 规则可用。将规则可信度与规则前提组合可信度相乘得到结论可信度：$CF(h) = CF(h,e) \times CF(e) = 0.8 \times 0.329 = 0.263$。

（2）输出结果　根据计算结果，检索结论解释表，给出此风险的类型、风险名称、风险描述、致险因素、可能后果、风险可信度、控制措施等，基坑坑底流土流砂风险识别结果显示界面如图6-4所示。

图6-4　风险识别结果显示界面

（3）工程风险实情验证　根据 SRIS 风险识别结果，施工单位严格按规程实施了降水工作，控制了基坑内外水头差，对基坑底部软弱地层进行了加固，减小了风险发生的可能性，同时为应对发生概率较大的风险，做好了抢险物资、设备和人员的准备。2009 年 7 月 15 日发生一起基坑侧壁渗漏风险事件。如图 6-5 所示，螃蟹岬车站⑧轴附近两根钻孔灌注桩体距基坑底 5 ~ 10m 范围内出现持续渗水的现象。致险因素主要是钻孔灌注桩施工质量不良导致止水效果差；暴雨天气导致基坑侧壁 2.5m 处污水箱涵内出现局部渗漏现象，加快了浅层滞水向基坑侧壁渗流。业主方组织现场风险分析会，7 月 17 日至 7 月 21 日施工方对渗水部位进行注浆处理，7月 21 日底板已经浇筑完毕，中板正在施工中，基坑侧壁渗水现象已得到有效控制（图 6-6）。

图6-5　基坑侧壁渗漏

图6-6　注浆加固处理后

6.2 用于施工阶段安全风险智能分析

6.2.1 工程背景

本节采用某地铁区间作为案例进行建模仿真，将基于系统论的风险智能分析模型应用于实际工程中，对地铁施工阶段的安全风险进行智能分析。该区间总长1200m，总投资 2.67 亿元，采用泥水盾构法施工，计划工期 90d。地表沉降监测点在盾构始发 100m 范围内沿着隧道中线以 15m 的间距进行布置，之后以 30m 的间距进行布置，隧道埋深为 10.25~15m，土质以黏土和粉质黏土为主。同时，对周边14 幢建筑物和 4 条管线布置了相应的沉降观测点进行变形监控，周边建筑物和管线的相关参数见表 6-5 和表 6-6。

表 6-5 周边建筑物参数

里程/m	基础类型	基础埋深/m	结构形式	高度/m	使用年限/年	距隧道中线水平距离/m	用途
25	桩基	38.33	钢混	7.9	12	16	住宅
100	桩基	41.24	框剪	12.4	8	22	宾馆
160	条形基础	4.33	砖混	8.5	10	12	住宅
250	桩基	45.56	框剪	29.5	14	14.5	住宅
370	桩基	38.75	钢混	10.1	4	9	机关
430	条形基础	4.85	砖混	8.3	15	11	住宅
490	桩基	35.55	钢混	33.6	10	11	住宅
580	条形基础	3.61	砖混	6.8	11	19	住宅
700	条形基础	5.11	砖混	7.4	9	10	住宅
790	桩基	37.25	钢混	25.0	10	17	住宅
850	桩基	22.78	砖混	13.2	7	6.5	商用
970	条形基础	4.70	砖混	6.9	6	11.5	机关
1030	条形基础	4.90	砖混	8.5	5	11.5	住宅
1120	条形基础	5.60	框架	8.0	8	11	住宅

表 6-6 周边管线参数

起止里程/m	管线材质	接头类型	工作压力	管线埋深/m	横断面直径/mm	与隧道位置关系	距隧道中线水平距离/m	用途
50~250	铸铁	法兰	无压	3.0	300	平行	7.5	给水
400~750	混凝土	灰节	无压	1.8	800	平行	9.0	排水
820~820	钢	焊接	有压	2.2	450	相交	0	燃气
950~1100	钢	焊接	无压	3.5	500	平行	6.5	给水

（s）RVM 和 BBN 中的相关参数沿用第 4 章所建模型的参数。SD 模型中安全管理承诺的设置采用了"sea anchor and adjustment"的思路，设初始值为 50%，即在项目开始之初，安全与生产是同等重要的，之后依据模型变量之间的影响关系逐渐改变。项目的支付模式为每月结算一次，即在每月末根据当月完成的工程量进行结算。因此，项目进度越快，资金压力越小，但加快进度的同时也会提高对人工、材料等资源的需求，并有可能增加安全风险。不难看出，项目的安全压力主要来自地铁施工中的风险等级和发生的事故等级，而项目的生产压力则主要来自如何以尽量少的成本尽快完成地铁施工项目。

6.2.2 案例分析

正如前文所述，安全并不是地铁施工中的唯一目标，地铁施工过程实际上是一个不断平衡多个组织绩效目标的动态过程，因此，在建模时不能孤立地去分析地铁施工中的安全问题，而应当系统地分析在安全、进度、成本多个组织目标下地铁施工安全风险的动态演化过程，从而对安全风险进行智能分析。本节将主要从进度、成本、安全三个组织目标来分析地铁施工安全风险智能分析模型仿真结果。

1. 进度绩效

图 6-7 所示为是在 90d 工期内该地铁区间施工的进度绩效。图中虚曲线表示的是每天盾构掘进的平均开挖速度，而阶梯图表示的是累计开挖长度。从局部上看，整个施工过程中盾构掘进速度在生产压力所确定的最小掘进速度和安全压力确定的最大掘进速度的共同作用下依据安全管理承诺的高低不断进行调整，呈现出一定的震荡现象；从总体上看，在项目初始阶段开挖速度处于相对平稳的状态，反映出在项目初始阶段盾构处于试掘进状态，而到了施工中后期，随着工期临近，进度压力

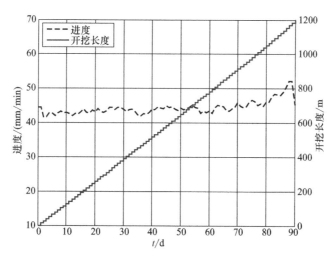

图 6-7 掘进速度与开挖进度的动态过程

不断上升，掘进速度也有明显提高的趋势。因此项目开挖过程并不是一个匀速过程，而是一个总体趋势上由慢到快、局部轻微震荡的动态调整过程。

2. 成本绩效

图 6-8 所示为组织成本绩效，其资金主要来源于每月月末结算的工程款，而工程款则取决于当月进度绩效。资金的流出主要包括两方面：一方面是盾构掘进所产生的原材料、人工等成本；另一方面则是事故所导致的经济损失。从图 6-8 可以看出，资金在每个月施工过程中逐渐下降以支付必要的成本开支，并对施工中所发生的事故进行赔偿，在每月月末得到当月工程款。第 0d 的资金量和第 90d 的资金量之间的差额就是项目的利润。可以计算出，施工过程中发生的事故使得项目利润从预期的 10.10% 下降到 7.32%，下降了 2.78 个百分点。

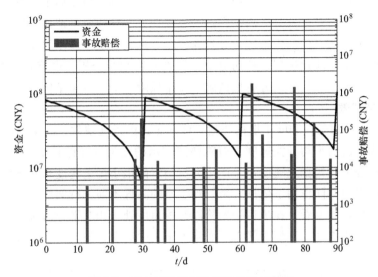

图 6-8 财务状况与事故造成的经济损失

3. 安全绩效

图 6-9 所示为该盾构区间总体安全风险的变化趋势以及发生的事故后果。由表 4-13 可知，红色、橙色、黄色、绿色四种风险等级分别对应不可接受、不期望、可接受、可忽略四条风险接受准则，可以看出，在整个施工工期内，该区间共有 45d 处于绿色风险等级，有 42d 处于黄色风险等级，且黄色风险等级更多、更集中地出现在施工的中后期，在第 64d、65d 和 76d 出现了橙色风险等级。此外，整个施工期间共发生了 16 起事故，其中 10 起可忽略事故、4 起需考虑事故和 2 起严重事故。这些事故大部分发生在区间处于黄色风险等级较长的时间段内，其中 2 起严重事故发生在施工区间处于黄色风险与橙色风险等级过渡前后。不难发现，施工中后期项目安全风险等级较集中地处于黄色甚至橙色等级，此时也是事故发生较为频繁、事故后果相对严重的时期。

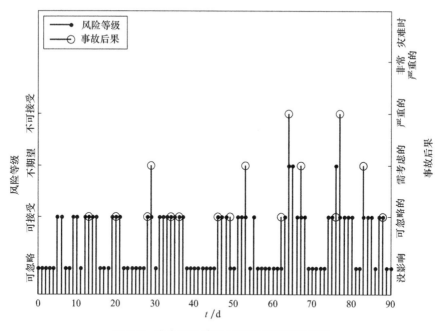

图 6-9　安全风险等级与事故后果变化趋势

图 6-10 所示为施工过程中周边建筑物、管线及地表三种安全风险的时空演化趋势。图中横轴表示时间，纵轴表示空间，阶梯图表示盾构开挖面每天所处的空间位置，即施工进度，正方形代表周边建筑物风险、三角形代表周边管线风险、圆形代表地表风险。以第 20d 为例，从图中可以看出在第 20d，盾构开挖面处于256.64m 处，此时在 250m 处即盾构开挖面后方 6.64m 处的建筑物风险等级为黄色（即可接受）。从图 6-10 可以看出，图 6-9 显示的盾构区间两次处于橙色风险（即不期望），第一次是由于从第 63~65d 盾构从 808.14m 处掘进到 848.52m 处，期间在 820m 处的一条管线在第 63d 达到黄色风险等级，之后连续两天处于橙色风险。第二次是在第 76d 时由于盾构开挖面周围同时有建筑物、管线和地表处于黄色风险等级导致区间整体风险达到橙色。

4. 事故分析

任何事故的发生都有其组织管理原因，事故分析不应局限于事故发生时刻的原因分析，而应回溯到过去找出整个灾难孵化期内事故原因是如何产生和叠加并最终导致事故发生的。因此，针对仿真中出现的严重事故，可以利用仿真分析结果系统分析事故发生的前因后果。

从进度绩效和成本绩效分析不难看出，前期试掘进过程中进度采取了较为保守的参数设置，随着工期临近，进度压力不断上升，掘进速度也有明显提高的趋势。前期轻微事故造成的经济损失累积也会导致成本压力上升。此外由于进度与成本是紧密结合的，因此一方压力上升也会导致另一方的压力随之上升。从图 6-11 可以

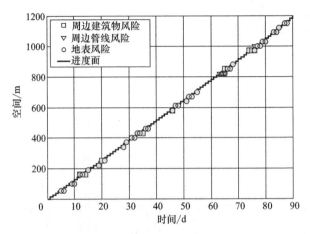

图 6-10 安全风险时空演化趋势

看出，由于前期安全压力较小，组织更注重生产，由此造成的轻微或需考虑的事故迫使组织中期开始逐渐将注意力放在安全上，但由于此时进度、成本压力也逐渐体现出来，导致组织在处理安全问题时显得力不从心。从图 6-10 可知，在施工进入第 63d 时，盾构已掘进 808.14m，此时在前方 820m 处出现一条管线。从图 6-12 可以看出此时执行各项措施的施工人员安全工作的堆积量已经较高，达到 262 个工时，由于进度压力，盾构掘进速度仍然维持在较快的水平，导致相应的安全措施无法满足进度需求，因此事故的发生也就在所难免。

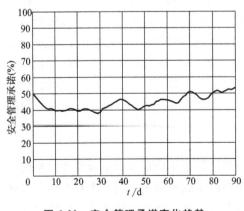

图 6-11 安全管理承诺变化趋势

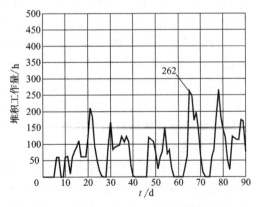

图 6-12 堆积的安全工作量的变化趋势

图 6-13 显示了从组织管理因素到技术因素导致事故发生的整个过程，描述了整个施工系统是如何受系统变量之间的相互作用逐渐迁移到事故发生的边缘，可以看出，事故的发生并不是在发生前某一时刻的技术原因所导致的，而是在施工中前期就由于组织管理等各方面的因素逐渐累积和叠加进而发展形成的。

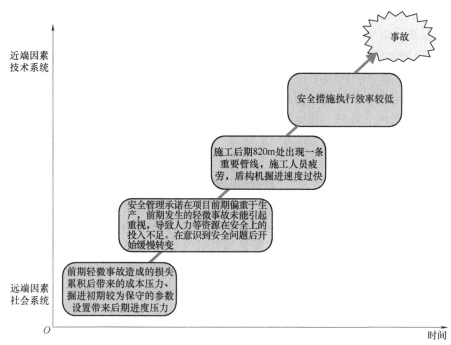

图 6-13　事故发生原因分析

6.3　用于运营阶段设施维护

6.3.1　工程背景

武汉地铁某区间盾构地铁隧道段，从后湖大道站出发，沿着建设大道，下穿黄孝河明渠，最后到达市民之家站，如图 6-14 所示。

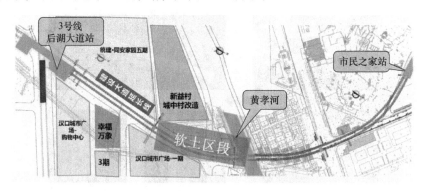

图 6-14　某区间隧道段周边环境情况

该区间左线长 1329.59m，右线长度 1352.74m，于 2015 年 12 月 28 日试运行，

在 2016 年 5 月 10 日首次监测到地面沉降存在，随后沉降量不断增加，相关结构病害逐渐显现并劣化。以该区段左线为例，区间截面的沉降为 W 形，其中里程 Z26+470~Z26+590（环号：510~580）的沉降最为严重，该超大沉降区域位于黄孝河南岸的淤泥质软土区。区间左右线隧道均采用 V 形坡，最大坡度为下坡 25‰，目前病害集中区位于黄孝河南岸的淤泥质软土区，该区间隧道上有 16m 的淤泥质土，有 10.8m 的淤泥下卧层。

6.3.2 案例分析

以武汉地铁某区间运营地铁盾构隧道为工程背景，根据调研所监测到的样本数据，分别建立 8 维 C-Vine Copula、D-Vine Copula 的地铁运营隧道结构安全影响因素相依性模型，其中 C-Vine Copula 是基于 Kendall 秩相关性系数最大法确定的模型结构，D-Vine Copula 是基于汉密尔顿最短路径法确定的模型结构，并分别应用极大似然法和 AIC、BIC 准则实现了两种模型的参数估计，基于模型抽样算法生成了两种模型的模拟值，并利用 RSME 值拟合评价法对模型参数进行精确度检验，应用多维散点矩阵图进行模型相依性检验。结果表明，C-Vine Copula 和 D-Vine Copula 均能很好地表达多维参数的相依性，并未有明显差异。同时为了进一步检验此结论，将 Vine Copula 与传统的多维 Guassian Copula 和 t-Copula 模型进行对比分析，得出 Vine Copula 在多维参数联合分布表达能力方面比传统 Guassian Copula 和 t-Copula 模型更优的结论。

1. 样本数据采集

选取该区间隧道左线 Z26+470~Z26+590 区段进行研究。为监测运营地铁隧道的安全状态，综合应用激光扫描点云技术对部分重要数据进行采集与分析，其中激光扫描点云技术具体操作步骤包括选择测量点和标靶位置、通过激光扫描仪建立点云图、利用点云数据提取隧道轴线和基于点云数据进行数据采集，如图 6-15 所示。

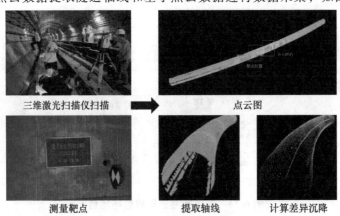

图 6-15　现场数据采集与分析过程

该区段主要针对地铁运营隧道结构安全常见的几种影响因素进行监测，实际监测到的指标以及各个指标的监测方法见表6-7。

表6-7 实际监测到的指标以及各个指标的监测方法

编号	项目	单位	表征形式	指标监测方法
V1	收敛值	mm	隧道横断面最大直径与原设计直径差值	三维激光扫描仪
V2	渗透水面积	m^2	隧道每环渗透水面积	直尺目测
V3	裂缝最大宽度	mm	隧道每环裂缝最大宽度	游标卡尺
V4	裂缝密度	mm^2	隧道每环裂缝面积	游标卡尺
V5	管片剥离面积	cm^2	隧道每环管片剥离面积	直尺目测
V6	错台值	mm	隧道环间错台值	游标卡尺
V7	螺栓锈蚀率	%	结合螺栓表面面积损失情况评定	直尺目测或游标卡尺
V8	差异沉降	mm	隧道相邻管环之间的累积沉降差	全站扫描仪或三维激光扫描仪

影响地铁运营隧道结构安全的各指标监测数据的统计量不仅是分析监测样本数据的重要参考指标，也是识别各指标边缘分布拟合函数的基本量。本次监测指标统计量见表6-8。

表6-8 本次监测指标统计量

编号	项目	均值	标准差	变异系数	偏度	峰度
V1	收敛值	62.76	8.307	0.132	0.069	-0.637
V2	渗透水面积	0.11	0.056	0.507	0.383	0.264
V3	裂缝最大宽度	0.12	0.047	0.382	0.292	-0.378
V4	裂缝密度	73.46	31.416	0.428	0.108	-0.530
V5	管片剥离面积	21.99	18.107	0.823	2.171	4.890
V6	错台值	5.48	1.480	0.270	0.434	-0.822
V7	螺栓锈蚀率	3.47	1.590	0.458	0.586	-0.106
V8	差异沉降	8.08	2.956	0.366	0.253	-0.1055

2. 样本边缘分布拟合

对各检测指标进行边缘分布拟合是构造 Vine Copula 模型最基础的一步。因此，首先依据专家知识，选取了五种分布类型对各指标监测实测值进行边缘分布拟合，包括正态分布、对数正态分布、Weibull 分布、指数分布、Gamma 分布，在确定各备选边缘分布函数后，选用 K-S 检验和 A-D 检验，以及 AIC、BIC 准则四种优选方法对备选的五种边缘分布函数类型进行最优拟合检验。

表6-9 给出了五种备选边缘分布函数的统计量以及最优边缘分布拟合检验结果（N、W、E、G、LN 分别表示正态分布、Weibull 分布、指数分布、Gamma 分布、

对数正态分布），其中各检验的临界值都是显著性水平为95%时的取值，当检验的统计量结果小于临界值时，才可作为备选边缘分布函数，其中统计量最小的边缘分布函数被认定为最优边缘分布函数。

表 6-9　各指标的不同备选边缘分布函数的统计量

监测指标		检验方式	N	W	E	G	LN	检验结果
V1	收敛值	K-S	T	**0.07668**	0.0860	0.2479	0.1190	0.0807	N
			P	0.82587	0.6560	2.495E-4	0.2480	0.7526	
		A-D	T	0.28668	**0.0867**	0.481	0.8670	0.3465	W
			P	0.61297	0.1586	0.233	0.0281	0.4721	
		AIC		505.1078	509.7787	731.7984	**505.0727**	505.5448	G
		BIC		509.6331	514.3041	734.0611	**509.5981**	510.0702	G
V2	渗透水面积	K-S	T	0.08633	**0.0777**	0.248	0.1189	0.15261	W
			P	0.65626	0.1586	2.495E-4	0.2483	0.06566	
		A-D	T	0.5937	**0.5033**	7.335	0.8674	1.71714	W
			P	0.11927	0.2121	1.64E-6	0.028	1.914E-4	
		AIC		−205.667	**−211.018**	−169.815	−205.506	−196.871	W
		BIC		−201.142	**−206.493**	−167.552	−200.980	−192.345	W
V3	裂缝最大宽度	K-S	T	0.1130	**0.10128**	0.321	0.1029	0.1366	W
			P	0.3020	0.1586	5.22E-7	0.4158	0.1287	
		A-D	T	0.5132	**0.45706**	12.414	0.7215	1.2005	W
			P	0.1875	0.25	0	0.0654	0.0037	
		AIC		−230.383	**−232.934**	−154.125	−231.334	−227.337	W
		BIC		−225.857	**−228.409**	−151.862	−226.809	−222.812	W
V4	裂缝密度	K-S	T	0.05598	**0.05183**	0.2851	0.0941	0.1211	W
			P	1	0.1	1.33E-4	0.5355	0.2296	
		A-D	T	**0.2138**	0.2617	10.0519	0.7830	1.555	N
			P	0.8455	0.25	0	0.0452	4.822	
		AIC		694.009	**692.000**	754.129	699.694	707.946	W
		BIC		698.534	**696.526**	756.392	704.219	712.471	W
V5	管片剥离面积	K-S	T	0.24628	0.1674	0.2207	0.1409	**0.10655**	LN
			P	2.80E-4	0.0817	0.0016	0.10792	0.37186	
		A-D	T	5.977	2.484	4.917	1.89726	**0.75916**	LN
			P	7.50E-15	0.01	2.756E-5	0.005	0.0460	
		AIC		615.768	574.052	582.860	570.0146	**552.483**	LN
		BIC		620.294	578.577	585.123	574.5400	**557.008**	LN

（续）

监测指标		检验方式		N	W	E	G	LN	检验结果
V6	错台值	K-S	T	0.1335	0.127	0.4270	0.1146	**0.1071**	LN
			P	0.1451	0.1	2.88E-12	0.2868	0.3658	
		A-D	T	1.0756	1.0899	0.4338	0.7188	**0.5983**	LN
			P	0.0075	0.01	1.14E-12	0.0637	0.6162	
		AIC		265.898	266.281	383.142	261.251	**260.836**	LN
		BIC		270.423	270.806	385.405	385.405	**265.362**	LN
V7	螺栓锈蚀率	K-S	T	0.088	**0.0635**	0.2991	0.0697	0.1046	W
			P	0.6289	0.1	3.979E-6	0.9592	0.3944	
		A-D	T	0.7347	0.3234	9.59527	**0.2360**	0.5319	G
			P	0.0530	0.25	5.916E-7	0.25	0.1682	
		AIC		270.313	**264.538**	320.635	264.572	269.566	W
		BIC		274.839	**269.063**	322.898	269.097	274.091	W
V8	差异沉降	K-S	T	0.05841	**0.05023**	0.3482	0.0859	0.11151	W
			P	1	0.1	3.798E-8	0.6639	0.3178	
		A-D	T	0.2541	**0.2120**	13.0964	0.3932	0.9456	W
			P	0.7217	0.25	0.001	0.25	0.0158	
		AIC		358.382	**357.781**	440.696	362.929	371.810	W
		BIC		362.908	**362.306**	442.958	367.454	376.336	W

　　综合对比四种最优边缘分布检验方法的检验结果，将检验结果出现次数最多的分布函数作为拟合该项监测指标样本数据的概率分布特性最优的边缘分布。

　　由表6-9可知，四种检验方法所得的结果基本一致，总结各指标最优边缘分布函数的统计量、P值，见表6-10。

表6-10　各指标最优边缘分布函数的统计量、P值

指标	指标名字	分布函数	K-S 统计量	P值 (K-S)	A-D 统计量	P值 (A-D)	AIC	BIC
V1	收敛值	Gamma	0.1190	0.2480	0.8670	0.0281	505	509
V2	渗透水面积	Weibull	0.0777	0.1586	0.5033	0.2121	−211	−206
V3	裂缝最大宽度	Weibull	0.10128	0.1586	0.4571	0.25	−232	−228
V4	裂缝密度	Weibull	0.05183	0.1	0.2617	0.25	692	696
V5	管片剥离面积	对数正太	0.10655	0.3658	0.7592	0.0460	552	557
V6	错台值	对数正太	0.1071	0.3658	0.5983	0.1162	260	265
V7	螺丝锈蚀率	Weibull	0.0635	0.1	0.3234	0.25	264	269
V8	差异沉降	Weibull	0.05023	0.1	0.2120	0.25	357	362

3. Vine Copula 构建

为满足 Copula 模型建模要求，首先将各监测数据的最优边缘分布进行概率积分变换转换为 [0，1] 范围内的均匀分布序列，然后下面分四个步骤进行 C-Vine 和 D-Vine 模型的构建。

（1）Vine Copula 结构估计　由于 C-Vine 结构存在根节点，所以在选取结构估计时，需要凸显出结构的中心节点，而 D-Vine 结构中各节点重要性相同，只需要计算遍历初始节点到其他节点的最短路径。因此，C-Vine 和 D-Vine 的结构估计分别采用了 Kendell 秩相关、最大准则和汉密尔顿最短路径准则。

通过将 C-Vine 的指标系数 Kendell 秩相关矩阵的每行求和，并将求和的顺序按照从大到小排列，排列顺序为 2—6—1—3—4—7—5—8，结构根节点为 V2 渗透水面积，这说明渗透水量与其他所有影响因素的相依性强度最高，这是因为存在众多其他影响因素直接影响隧道的渗透水面积。通过汉密尔顿最短路径准则计算出 D-Vine Copula 的排序结果为 7—2—5—6—8—1—4—3，当按照这个顺序进行模型结构设计时，此模型的遍历效果最优。C-Vine Copula 和 D-Vine Copula 的结构分解图如图 6-16 和图 6-17 所示。

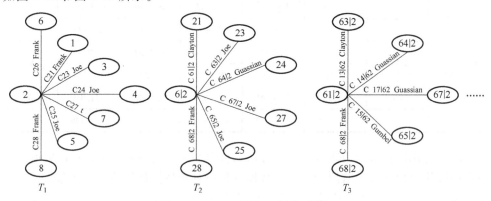

图 6-16　C-Vine Copula 结构分解图

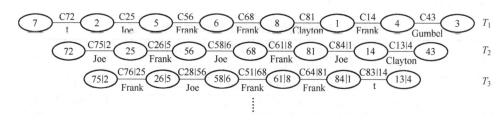

图 6-17　D-Vine Copula 结构分解图

（2）Vine Copula 参数估计　Vine Copula 通过藤结构的形式将多个节点连接起来，从而将多维参数联合分布函数分解成了多个二维 Copula，这样就将多维参数联合分布函数估计问题转化成了二维 Copula 最优选择和参数估计问题。通过选取最常见的六种 Copula 函数（Guassian Copula、t-Copula、Clayton Copula、Gumbel Copula、Frank Copula、Joe Copula）作为二维 Copula 最优识别时的备选 Copula 函数。基于极大似然法可以估计出备选 Copula 的参数，通过 AIC 值、BIC 准则可以识别出最优的 Copula 函数，本案例所构建的 C-Vine、D-Vine 的节点间最优 Copula 函数、Copula 参数、AIC 值、BIC 值、极大似然值、上尾相依性系数的计算结果分别见表 6-11 和表 6-12。

表 6-11　C-Vine 参数估计表

树	树枝	最优 Copula 函数	θ / v(若有)	AIC	BIC	极大似然值	相依性系数 上尾	相依性系数 下尾
T_1	C43	Gumbel	1.82	−44.67	−40.14	15.63	0.54	—
	C14	Frank	3.06	−29.26	−27.00	4.75	—	—
	C81	Clayton	0.80	−7.51	−5.25	18.01	—	0.42
	C68	Frank	5.25	−34.03	−31.77	7.75	—	—
	C56	Frank	2.36	−13.50	−11.24	8.29	—	—
	C25	Joe	2.03	−14.58	−12.32	19.12	0.59	—
	C72	t	0.71 / 3.13	36.24	−33.97	0.4870	0.44	0.44
T_2	C13∣4	Joe	1.11	1.02	3.28	7.12	0.13	—
	C84∣1	Frank	0.94	−12.25	−9.99	0.12	—	—
	C61∣8	Joe	1.22	1.75	4.01	2.18	0.23	—
	C58∣6	Frank	−0.38	−2.35	−0.09	0.80	—	—
	C62∣5	Joe	1.47	0.39	2.65	0.59	0.40	—
	C75∣2	Clayton	0.14	0.80	3.06	1.57	—	0.01
T_3	C83∣14	Frank	−0.40	0.85	5.37	0.29	—	—
	C64∣81	Joe	1.38	1.41	3.67	0.26	0.35	—
	C51∣68	Frank	2.20	−5.94	−3.68	3.97	—	—
	C28∣56	Frank	0.61	−5.96	−3.70	3.98	—	0.16
	C76∣25	t	0.02 / 2.80	1.73	3.99	0.13	0.13	0.13
T_4	C63∣814	Joe	1.06	−0.32	1.94	1.16	0.07	—
	C54∣681	Joe	1.14	−1.52	0.74	1.76	0.16	—
	C21∣568	Frank	1.47	0.93	3.19	0.53	—	—
	C78∣256	Guassian	−0.18	1.47	3.73	0.26	—	—
T_5	C53∣6814	Gumbel	1.23	−2.51	−0.25	2.25	0.24	—
	C24∣5681	Gumbel	1.13	−1.18	1.07	1.59	0.16	—
	C71∣2568	Guassian	−0.24	−4.04	−1.77	3.02	—	—

（续）

树	树枝	最优 Copula 函数	θ / v(若有)	AIC	BIC	极大似然值	相依性系数 上尾	相依性系数 下尾
T_6	C23 │ 56814	Clayton	0.13	1.96	4.23	0.01	—	—
	C74 │ 25681	Frank	−0.13	1.25	3.51	0.37	—	—
T_7	C73 │ 256814	Clayton	0.11	1.28	3.54	0.35	—	—
	Total			−220.5	−150.4	141.3	—	—

表 6-12　D-Vine 参数估计表

树	树枝	最优 Copula 函数	θ / v(若有)	AIC	BIC	极大似然值	相依性系数 上尾	相依性系数 下尾
T_1	C28	Frank	2.06	−17.04	−14.77	9.52	—	—
	C25	Joe	2.03	−14.78	−12.52	8.39	0.59	—
	C27	t	0.71 / 3.13	−22.42	−20.15	12.21	0.44	0.44
	C24	Joe	1.79	−18.98	−16.72	10.49	0.53	—
	C23	Joe	1.82	−44.67	−40.14	24.33	0.54	—
	C21	Frank	3.23	−29.26	−27.00	15.63	—	—
	C26	Frank	3.40	−5.76	−3.49	3.88	—	—
T_2	C68 │ 2	Frank	4.31	−3.98	−1.71	2.99	—	—
	C65 │ 2	Joe	1.17	−0.11	2.15	1.05	0.19	—
	C67 │ 2	Joe	1.08	−4.21	−1.95	3.10	0.10	—
	C64 │ 2	Guassian	0.31	1.57	3.83	0.21	—	—
	C63 │ 2	Gumbel	1.21	0.98	3.25	0.51	0.23	—
	C61 │ 2	Clayton	0.36	−24.77	−22.51	13.38	—	0.15
T_3	C18 │ 62	Frank	1.60	−2.08	0.17	2.04	—	—
	C15 │ 62	Gumbel	1.20	−2.83	−0.57	2.41	0.22	—
	C17 │ 62	Guassian	−0.21	−0.99	1.27	1.49	—	—
	C14 │ 62	Guassian	0.27	−2.65	−0.39	2.32	—	—
	C13 │ 62	Clayton	0.31	−2.32	−0.06	2.16	—	0.31
T_4	C38 │ 162	Guassian	−0.01	−17.33	−15.07	9.66	—	—
	C35 │ 162	Clayton	0.25	−0.04	2.21	1.02	—	0.06
	C37 │ 162	Clayton	0.23	−0.55	1.70	1.27	—	0.05
	C34 │ 162	Frank	3.31	1.98	4.25	0.01	—	—
T_5	C35 │ 8162	Joe	1.10	1.35	3.62	0.32	0.12	—
	C37 │ 8162	Frank	−1.04	−0.48	1.77	1.24	—	—
	C34 │ 8162	Frank	−0.55	1.37	3.63	0.31	—	—

（续）

树	树枝	最优 Copula 函数	θ v（若有）	AIC	BIC	极大 似然值	相依性系数 上尾	相依性系数 下尾
T_6	C45|38162	Guassian	−0.13	0.56	2.82	0.71	—	—
	C47|38162	Clayton	−0.15	0.74	3.01	0.62	—	0.01
T_7	C75|438162	Frank	−0.10	1.97	1.27	0.01	—	—
	Total			−204	−139	24		

由表 6-11、表 6-12 可知，根据 AIC、BIC 准则识别出不同节点间的最优 Copula 函数并不完全一致，证明了在构建参数的联合概率分布函数时选择最优的 Copula 函数的重要性。表 6-11、表 6-12 分别给出了 C-Vine Copula 和 D-Vine Copula 中各藤上的两节点间的尾部相依性系数，对于一个结构体系而言，尾部相依性系数的大小描述了当多维变量中的某一个变量取较大值（较小值）时，另外一个变量也相应取较大值（较小值）的概率情况，也能够表征某一个影响因素剧烈增加或减小时，结构体系内其他影响因素随之发生变化的可能性。Vine Copula 能够较好地捕捉本案例中各影响因素的尾部相依性，同时我们也能发现 C-Vine Copula 和 D-Vine Copula 在捕捉影响因素相依性方面的差异，C-Vine 仅能捕捉根节点与其他节点间的尾部相依性，而 D-Vine 能够捕捉相邻节点的尾部相依性。

（3）C-Vine Copula 与 D-Vine Copula 验证　为了验证两个模型的抽样检验效果，引用均方根误差 RMSE 来验证 C-Vine 和 D-Vine 模型拟合原始监测指标值的效果差异。

通过 C-Vine Copula 和 D-Vine Copula 构造的联合分布函数，结合 Vine Copula 模型的抽样算法，模拟了 1000 组数据。

通过观察各监测指标的实测值 S 与 C-Vine Copula、D-Vine Copula 模拟样本之间的 RMSE 值（表 6-13 和表 6-14），我们可以发现两种模型模拟值统计量和原始样本统计量基本相同，其均值、标准差、变异系数、偏度与实际值拟合效果良好，同时 C-Vine Copula 和 D-Vine Copula 在拟合原始数据精确度方面差异较小。

表 6-13　C-Vine Copula 与 D-Vine Copula 拟合优度检验表 （一）

指标	均值			标准差		
	S	D-Vine Copula	C-Vine Copula	S	D-Vine Copula	C-Vine Copula
V1	62.76	62.74	62.71	8.306	8.386	8.338
V2	0.11	0.11	0.11	0.056	0.056	0.056
V3	0.12	0.12	0.12	0.047	0.047	0.047
V4	73.46	73.36	73.45	31.416	31.578	31.649
V5	21.9	21.86	21.94	18.108	18.072	18.260

（续）

指标	均值			标准差		
	S	D-Vine Copula	C-Vine Copula	S	D-Vine Copula	C-Vine Copula
V6	5.48	5.48	5.42	1.480	1.495	1.479
V7	3.47	3.47	3.47	1.590	1.589	1.583
V8	8.08	8.07	8.05	2.956	2.958	2.976
RMSE	—	0.059	0.035	—	0.034	0.099

表 6-14　C-Vine Copula 与 D-Vine Copula 拟合优度检验表（二）

指标	变异系数			偏度		
	S	D-Vine Copula	C-Vine Copula	S	D-Vine Copula	C-Vine Copula
V1	0.132	0.134	0.133	0.069	0.289	0.270
V2	0.507	0.511	0.513	0.383	0.618	0.629
V3	0.382	0.384	0.383	0.292	0.273	0.245
V4	0.428	0.431	0.433	0.108	0.407	0.092
V5	0.823	0.829	0.830	2.171	2.053	2.073
V6	0.270	0.273	0.271	0.434	0.421	0.787
V7	0.458	0.451	0.456	0.586	0.504	0.424
V8	0.366	0.369	0.370	0.253	0.255	0.194
RMSE	—	0.004	0.004	—	0.164	0.183

（4）Vine Copula 与传统多维 Copula 模型的对比分析　为了验证 Vine Copula 的优势，将 Vine Copula 与传统多维 Copula 模型 Guassian Copula、t-Copula 进行了对比分析。

为进一步量化说明 Vine Copula 模型对比传统多维 Copula 模型的优势，在同等环境下，对传统多维 Copula 模型（Guassian Copula、t-Copula）抽样 10000 次，并使用 RMSE 拟合评价法对样本进行评估。

结合表 6-15 的 Vine Copula 的 RMSE 评估值，整理出四种模型的 RMSE 评估值见表 6-14，从表 6-15 中可以发现，Vine Copula 模型相较传统多维 Copula 模型，在均值、标准差、偏度方面，RMSE 普遍较低，而在变异系数方面，四种模型相差不大。综合来看，在多维参数联合分布表达方面，Vine Copula 函数比传统的多维 Guassian Copula 和 t-Copula 函数更优，而在 Vine Copula 各模型中，均值拟合最好的是 C-Vine Copula 函数，而标准差、偏度拟合最好的是 D-Vine Copula 函数。

另外，为进一步说明各模型的优势，在同等环境下，采用 AIC、BIC 最优识别准则，求得各个模型的 AIC、BIC 值，表 6-16 给出了 Vine Copula 模型与传统多维 Copula 模型（Guassian Copula、t-Copula）的 AIC、BIC 对比分析结果。

表 6-15　**Vine Copula 和传统多维 Copula 拟合检验表**（$N = 10000$ 次）

类型	Copula	RMSE（均值）	RMSE（标准差）	RMSE（变异系数）	RMSE（偏度）
Vine Copula	D-Vine	0.059	**0.034**	**0.004**	**0.164**
	C-Vine	**0.035**	0.099	**0.004**	0.183
传统多维 Copula	Guassian	0.154	0.116	**0.004**	0.325
	t	0.131	0.058	**0.004**	0.318

表 6-16　**Vine Copula 模型与传统多维 Copula 模型对比分析结果表**

类型	Copula	AIC	BIC
Vine Copula	D-Vine	−204.7671	−139.1494
	C-Vine	**−220.5889**	**−150.4459**
传统多维 Copula	Guassian	−166.2146	−102.8596
	t	−169.5368	−106.1817

依据 AIC、BIC 准则，Vine Copula 模型的 AIC、BIC 值明显小于 Guassian Copula、t-Copula 模型，说明 Vine Copula 在地铁运营隧道结构安全影响因素相依性方面更有优势，另外，C-Vine Copula 模型的 AIC、BIC 值比 D-Vine Copula 模型略小，即 C-Vine Copula 模型相比 D-Vine Copula 模型在多维参数联合分布表达方面效果略优，但二者差异不大。

第7章　总结与展望

本书介绍了地铁全寿命周期安全风险的概述、风险识别模型及智能化管理应用系统。书中的结论可以用来指导地铁设计、施工和运营阶段安全风险的智能识别、分析、诊断。为了使这些结论和所提出的方法及模型被地铁安全风险管理者有效利用，书中给出了地铁设计阶段/施工前期风险源识别、施工阶段安全风险智能分析、运营阶段设施维护方面的应用案例。本书从基础的理论扎根，逐步引导至实践应用，深入浅出地阐明了地铁全寿命周期的安全风险分析诊断策略。不同于传统的安全风险分析诊断，本书聚焦于智能化管理，提出了诸多具有前瞻性和操作性的理论模型和实践策略。

本书在综合分析构建系统安全模型的现状、动机和挑战的基础上，提出在设计阶段自动化评估施工前期风险，辅助风险动态控制与智能分析；在施工阶段建立进度、成本、安全三个目标下的地铁施工安全风险分析模型，通过仿真系统性地分析了各个因素之间的相互作用关系和由此带来的系统安全风险的动力学特性，从而为预防地铁施工过程中的重大灾难事故提供了安全管理依据；在运营阶段构建地铁信号系统的可靠性解析模型、敏感度分析及设备失效 Weibull 拟合预测模型，系统分析了信号设备故障数据的时间分布规律，建立了信号系统动态安全风险预测模型，提出了基于综合关键度与多目标最优解集的信号系统维护策略，开发了信号系统运营维护综合管理平台。因此，书中所揭出的方法及获得的结论，对于地铁建设的安全风险管理工作者，以及其他行业的安全风险管理相关人员来说都是很有帮助的。

本书建议从以下几个方面继续进行相关的研究：

1）全寿命周期风险的智能处理机制优化。

2）与运行费用相关的全寿命周期安全风险的优化方法和流程。

3）将系统边界从组织内扩展到组织间，研究多个组织主体控制下地铁施工过程的安全风险问题。

4）结合数据采集技术、计算机技术、拓扑学、人工智能与动态故障树分析等知识，深入研究地铁信号设备动态可靠性预测模型、地铁信号系统节点敏感度分析模型，优化地铁信号系统的安全风险评估方法与地铁信号系统的网络结构。